Contratos Eletrônicos, *Smart Contracts* e Responsabilidade Civil

Contratos Eletrônicos, *Smart Contracts* e Responsabilidade Civil

2023

Daniella Losasso Goerck

ALMEDINA

CONTRATOS ELETRÔNICOS, *SMART CONTRACTS* E RESPONSABILIDADE CIVIL

AUTOR: Daniella Losasso Goerck

DIRETOR ALMEDINA BRASIL: Rodrigo Mentz
EDITORA JURÍDICA: Manuella Santos de Castro
EDITOR DE DESENVOLVIMENTO: Aurélio Cesar Nogueira
ASSISTENTES EDITORIAIS: Larissa Nogueira e Letícia Gabriella Batista
ESTAGIÁRIA DE PRODUÇÃO: Laura Roberti

DIAGRAMAÇÃO: Almedina
DESIGN DE CAPA: Roberta Bassanetto

ISBN: 9786556278797
Julho, 2023

Dados Internacionais de Catalogação na Publicação (CIP)
(Câmara Brasileira do Livro, SP, Brasil)

Goerck, Daniella Losasso
Contratos eletrônicos, smart contracts e
responsabilidade civil / Daniella Losasso Goerck. --
São Paulo : Almedina, 2023.
Bibliografia.
ISBN 978-65-5627-879-7
1. Contratos (Direito) - Brasil 2. Contratos
eletrônicos - Aspectos jurídicos 3. Direito digital
4. Responsabilidade civil - Brasil I. Título.

23-152110 CDU-34:331.116

Índices para catálogo sistemático:
1. Contratos : Direito 34:331.116
Eliane de Freitas Leite - Bibliotecária - CRB 8/8415

AVISO: O presente trabalho não representa parecer legal ou a opinião de Pinheiro Neto Advogados sobre o assunto tratado, mas apenas de seu autor, para fins acadêmicos.

Este livro segue as regras do novo Acordo Ortográfico da Língua Portuguesa (1990).

EDITORA: Almedina Brasil
Rua José Maria Lisboa, 860, Conj.131 e 132, Jardim Paulista | 01423-001 São Paulo | Brasil
www.almedina.com.br

Dedico esta obra à minha família que sempre me incentiva, apoia e inspira, principalmente aos meus pais, Mariangela e Rui, que nunca mediram esforços para me ajudar a alcançar meus sonhos – Vocês são as pessoas mais importantes da minha vida e sou eternamente grata por ter o privilégio de ser filha de Vocês; aos meus professores Erik Gramstrup e Rogério Donnini, entre muitos outros que contribuem para a minha formação e aperfeiçoamento; ao Pinheiro Neto Advogados por ter incentivado o desenvolvimento desse projeto; ao meu mentor Pedro Barata e a todos aqueles que estão ao meu lado diariamente.

PREFÁCIO

Fui honrado, com grande satisfação, com a tarefa de apresentar esta inovadora e original obra e o farei com referência, primeiramente, à biografia da autora e, em segundo momento, ao seu conteúdo.

A jovem e brilhante autora foi minha aluna no curso de Direito Civil da Faculdade de Direito Pontifícia Universidade Católica de São Paulo, época em que já dava sinais de interesse nos temas ligados ao Direito e Tecnologia. Tive, portanto, a oportunidade de conhecê-la bem, ao longo dos cinco anos de formação no bacharelado. Ainda em seu curso de graduação, em que já demonstrava as qualidades da vivacidade e aguda inteligência, procurou-me com o intento de promover pesquisa sobre a validade dos contratos eletrônicos como meio de prova no processo civil brasileiro. Dita pesquisa foi aliada à sua participação no grupo de estudos sobre Hermenêutica Jurídica, em que apresentou parte das conclusões a que chegou no presente livro. Ressalto, portanto, que a temática geral aqui desenvolvida é fruto de reflexão e estudo há anos, em que pese a juventude da autora.

Mas a experiência de Daniella Goerck com a temática de fundo não se resumiu à área acadêmica. Sem dúvida que o fez com profundidade em suas pesquisas, mas também aliou os conhecimentos teóricos aos práticos, na medida em que atuou na área de resolução de conflitos ('dispute resolution') e tecnologia em escritório renomado na capital paulista. As categorias, noções e conceitos sobre que discorre não foram adquiridos apenas pelo estudo e reflexão, nos quais sempre se destacou a autora, mas também no trabalho e experiência profissional, em que se destacou pelo respeito e admiração que inspira em seus colegas.

Finalmente, a autora decidiu prosseguir suas pesquisas transformando esse tesouro reunido de estudos e prática em uma dissertação de mestrado.

Foi desse projeto que nasceu a presente obra, para cuja conclusão tive o prazer, tanto por meu interesse no tema, como pela afinidade intelectual com a autora, de cooperar com modestas opiniões e apontamentos. Mas devo asseverar que, qualquer que tenha sido essa influência, o mérito do trabalho – que não é pouco – é integralmente devido à agudeza e à dedicação de Daniella.

Passemos, então, concisamente, pela estrutura do trabalho. O objetivo geral da pesquisa e da obra consequente era o de determinar qual o regime de responsabilidade civil aplicável aos '*smart contracts*', mas não do ponto de vista contratual e sim sob o viés do autor do algoritmo. Ao traduzir na linguagem da tecnologia da informação a linguagem jurídica do contrato, em que termos o desenvolvedor do '*smart contract*' responderia? Seria responsável em termos clássicos, por culpa em sentido *lato* ou nos termos mais frequentes na sociedade contemporânea, isto é, objetivamente? Como o leitor terá a ocasião de apreciar, a autora responde no primeiro sentido, o da responsabilidade subjetiva do autor do algoritmo, com fulcro em sólidos fundamentos – fundamentos esses que, em minha opinião, consubstanciam-se na parte mais interessante e motivadora da obra. A responsabilidade dos contratantes enquanto tais não foi objeto de indagação direta porque, como o próprio trabalho esclarece, esses contratos são de execução automática, o que reduz o interesse na responsabilidade das partes, do ponto de vista jurídico. Como corolário, a autora tece críticas aos sistemas estrangeiros que adotaram a responsabilidade objetiva, mesmo porque poderiam resultar em desincentivo ao desenvolvimento da tecnologia envolvida, deixando implícito que preferiria a opção oposta no sistema jurídico pátrio.

Como foi dito, minha porção predileta está justamente nos alicerces que a autora edificou com o propósito de apresentar tais conclusões. Primeiramente, são revistos os temas da responsabilidade civil e sua faceta em matéria de negócios jurídicos. A seguir, passa-se sobre a questão do documento digital, sua validade jurídica e sobre o impacto da tecnologia nos conceitos empregados pelos operadores do Direito. Seguindo-se uma estrita lógica dedutiva – do geral para o particular – a autora chega aos contratos eletrônicos, passando sobre o problema de sua conceituação. Devemos chamar de contratos eletrônicos aqueles que o seriam por conta de sua formação em rede de computadores, ou também aqueles cujo cumprimento depende dessa rede? As antigas noções de formação contratual entre partes presentes e partes ausentes são aplicáveis aos contratos eletrônicos? Dado que a internet e as redes em geral relativizaram nossas noções de tempo e lugar dos negócios jurídicos, onde e quando se pode considerar aperfeiçoado o contrato eletrônico?

Isso já seria bastante, mas a pesquisa não para por aí. Para chegar ao coração do tema, a autora trata de perquirir o que são os '*smart contracts*' (contratos autoexecutáveis) e para tanto explica no que consiste sua tecnologia de base, o hoje conhecido '*blockchain*'. A automação no cumprimento dessa espécie de negócio jurídico é analisada com espeque nos tradicionais planos da existência, da validade e da eficácia.

Definidas as noções centrais para a compreensão da tecnologia envolvida, a autora parte, constatando a ocasional ausência de regulamentação legal do tema e com estribo no estudo de casos internacionais, para a justificativa de sua opção pela responsabilidade subjetiva do "empresário", é dizer, do desenvolvedor do algoritmo, com base, dentre outros, em argumentos ligados à eficiência econômica. E deixa entrever seu interesse em futuras pesquisas sobre o impacto da inteligência artificial – que, devo dizer, aguardo com ansiedade.

Dessa descrição sumária, pode-se inferir que uma das dificuldades está em apresentar ao operador típico do direito – normalmente leigo - os aspectos técnicos envolvidos, sem incorrer em exagero. Uma das grandes virtudes da obra está em lograr um agradável equilíbrio nessa apresentação: a autora não se perde em minúcias, mas não deixa de apresentar aqueles aspectos com o rigor necessário. Recomenda-se, portanto, tanto ao operador do direito que simplesmente esteja curioso com os impactos do progresso técnico, como também para o profissional que necessite de uma apresentação ordenada e sistemática. Igualmente, pode ser de muita utilidade para o estudante que deseje auxílio para desbravar o caráter críptico do assunto.

O leitor perceberá, sobretudo, porque a autora é tão apreciada em seu meio profissional, tanto por seus pares, como também por seus professores e orientadores, dado que alia a profundidade à simplicidade e sinceridade na apresentação, traços esses intensos de sua personalidade.

São Paulo, maio de 2023.

ERIK FREDERICO GRAMSTRUP
Professor da Pontifícia Universidade Católica de São Paulo.

LISTA DE ABREVIATURAS E SIGLAS

DAO	–	Organização Autônoma Descentralizada (*Decentralized Autonomous Organizations*)
EUA	–	Estados Unidos da América
IA	–	Inteligência Artificial
ICP-Brasil	–	Infraestrutura de Chaves Públicas Brasileira
LINDB	–	Lei de Introdução às Normas do Direito Brasileiro
MP 2.200-2/01	–	Medida Provisória n. 2.200-2, de 24 de agosto de 2001
NFT	–	Token Não Fungível (*Non-fungible Token*)
PL 21/2020	–	Projeto de Lei n. 21/2020
UNCITRAL	–	Comissão das Nações Unidas para o Direito Comercial Internacional (*United Nations Commission on International Trade Law*)

SUMÁRIO

1
INTRODUÇÃO

O desenvolvimento da humanidade demonstra que a forma pela qual as pessoas se relacionam foi alterada significativamente ao longo dos acontecimentos históricos. Assim, o aperfeiçoamento tecnológico impactou não somente a política, a economia e a cultura, mas também o próprio Direito e a maneira de as relações jurídicas serem criadas e se modificarem com o tempo.

Ou seja, a tecnologia alterou profundamente, em um curto espaço de tempo, o modo de vida, o comportamento e os relacionamentos humanos. Se no passado existia um formalismo exacerbado para que os negócios fossem válidos no ordenamento jurídico – além de envolver um grande lapso temporal e a necessidade de deslocamento de grandes distâncias para sua formalização –, hoje a tecnologia permite que sujeitos localizados em qualquer lugar do mundo se relacionem de forma simultânea e informal.

Porém, antes mesmo de os impactos dessa nova forma de se relacionar serem analisados pelas Ciências Sociais ou pelo Direito[1], o desenvolvimento tecnológico propiciou a criação da Internet e revolucionou o setor de telecomunicações, colocando o mundo na Era da Informação, em decorrência da Revolução Digital[2]. E é nesse cenário que se insere o tema central desta obra.

[1] MIRAGEM, Bruno. Responsabilidade por danos na sociedade de informação. *In:* NERY, Rosa Maria de Andrade; NERY JUNIOR, Nelson (org.). **Responsabilidade civil**: direito à informação. v. 8. São Paulo: RT, 2010, p. 844-845.

[2] CASTELLS, Manuel. **Sociedade em rede**: a era da informação: economia, sociedade e cultura. 17. ed. Trad. Roneide Venancio Majer. v. 1. São Paulo: Paz e Terra, 2016, p. 90.

O desenvolvimento tecnológico fomentou um desejo por contratos mais fluidos, customizados, fundados na celeridade e na segurança, tudo isso sem a intermediação humana. Como resposta, foram criados os *smart contracts*. Nele, as condições do negócio jurídico são fixadas por meio de protocolos informacionais capazes de desempenhar ações sem qualquer intermediação humana, caso sejam cumpridas condições pré-estabelecidas entre as partes.

O objetivo desta obra é compreender o regime de responsabilidade civil nessa nova forma de contratação, já que o adimplemento dos termos acordados pelos envolvidos não depende apenas das partes, mas também de terceiros que desenvolvem e programam o *smart contract*. Para delimitar e esclarecer o seu escopo, a obra analisa apenas as relações regidas pelo Código Civil, deixando de fora aquelas reguladas pelo Código de Defesa do Consumidor, já que existem regimes de responsabilidade civil diferenciados para as relações consumeristas, o que não é abordado nesta publicação.

O conceito de *smart contract* é trabalhado no quarto capítulo, todavia, destaca-se desde já que ele pode ser definido como um contrato autoexecutável, escrito em código de programação – ou seja, utilizando algoritmos[3] que se fundamentam na premissa "se A, então B". Portanto, seu cumprimento independe das partes, derivando apenas da autoexecução do próprio protocolo informacional.

Para melhor abordar o tema, sistematizam-se as principais características da responsabilidade civil contratual, destacando aspectos relevantes da responsabilidade civil contratual no segundo capítulo desta obra, ressaltando os impactos gerados pelo desenvolvimento tecnológico. A partir disso, no terceiro capítulo, indicam-se os principais aspectos do direito digital e dos contratos eletrônicos presentes de forma ativa na sociedade da informação. Em seguida, no quarto capítulo, explica-se detalhadamente o conceito de *smart contract*, seu funcionamento e principais características.

[3] "Algoritmos são fórmulas matemáticas. Basicamente, uma série de instruções colhidas de símbolos e signos que são solucionados por microprocessadores, gerando novas fórmulas, em ciclo constante de *inputs* e *outputs*, com dados que são recebidos, processados pelo algoritmo, e devolvidos como resultado do processamento". FALEIROS JÚNIOR, José Luiz de Moura. A evolução da inteligência artificial em breve retrospectiva. *In*: BRAGA NETO, Felipe *et al.* (org.). **Direito digital e inteligência artificial**: diálogos entre Brasil e Europa. Indaiatuba: Foco, 2021, p. 3-26, p. 17.

Por fim, o quinto capítulo trata especificamente da aplicação da responsabilidade civil em caso de danos decorrentes de relações jurídicas firmadas mediante *smart contracts*. Demonstram-se os prejuízos que podem ser causados em razão do seu uso, por meio de exemplos de dois casos concretos que, apesar de terem causado danos, não tiveram qualquer resposta pelo ordenamento jurídico. Por fim, sugere-se a aplicação da responsabilidade civil nas relações firmadas mediante *smart contracts*.

2
A RESPONSABILIDADE CIVIL CONTRATUAL

O presente capítulo trata, mediante análise doutrinária, dos principais elementos para caracterização da responsabilidade civil contratual no ordenamento jurídico. Para compreender com mais clareza esta obra, é fundamental contextualizar a evolução desse instituto, além de tratar dos requisitos para sua caracterização e classificação, principalmente sobre a responsabilidade civil contratual. Por isso, a primeira seção desenvolve brevemente a evolução histórica da responsabilidade civil, enquanto a segunda explica os seus principais requisitos e classificações e a terceira destaca as características da responsabilidade civil contratual.

2.1. Evolução da responsabilidade civil

Apesar de as primeiras formas organizadas de sociedade e civilizações pré-romanas não terem desenvolvido uma teoria que tratasse especificamente da responsabilidade civil, suas contribuições foram relevantes para a evolução histórica do instituto. Isso porque influenciaram o direito romano a estabelecer princípios e a sistematizar o conceito de pena àquele que causa dano a outrem, ainda que baseado na vingança privada[4]. Para além disso, a retaliação, que antes pertencia a um grupo dominante, passou a ser reconhecida pelo poder público.

[4] "Na origem, porém, a ideia predominante é a vingança privada, no que, aliás, não se distanciam as civilizações que o precederam". PEREIRA, Caio Mário da Silva. **Responsabilidade civil.** Atual. Gustavo Tepedino. 12. ed. Rio de Janeiro: Forense, 2018, p. 3.

A pena de Talião estabeleceu que a ocorrência de um dano seria suficiente para provocar uma reação imediata e instintiva[5], o que foi posteriormente tratado pela Lei das XII Tábuas, que possibilitou a busca pela recomposição de um dano, visto que a vítima passou a ter a opção de se vingar ou de receber uma determinada quantia em dinheiro. Nessa fase, não havia qualquer diferença entre a responsabilidade penal e civil[6]:

> Remontando à *Lex XII Tabularum*, lá se encontram vestígios da vingança privada, marcada, todavia, pela intervenção do poder público, no propósito de discipliná-la de uma certa forma: Tábula VIII, lei 2ª, onde se lê: *si membrum rupsit, ni cum eo pacit, talio esto*. Nesta fase da vindicta não se podia cogitar da ideia de culpa, dada a relevância do fato mesmo de vingar. Nesta fase, nenhuma diferença existe entre responsabilidade civil e responsabilidade penal[7].

Foi somente com o desenvolvimento da sociedade e a divisão do trabalho que a pena perdeu seu caráter pessoal e adquiriu a faceta patrimonial. A *Lex Aquilia*[8] é considerada um marco e princípio fundamental para

[5] Gonçalves, Carlos Roberto. **Responsabilidade civil**. 11. ed. São Paulo: Saraiva, 2009, p. 4.

[6] Nesse sentido, Geneviève Viney: "*il est certain, d'abord, que, si le droit romain a bien connu la distincion entre délits publics' et 'délits privés', il n'a jamais complètement distingué la peine de la réparation (et par conséquent la responsabilité civile de la responsabilité pénale). Certes, il a créé, à l'époque classique, des actions à but principalment indemnitaire (les actions 'réipersécutoires') et d'autres actions dites'pénales', destinées principalment à frapper d'une sanctions l'auteur du délit, l'opposition entre ces deux types d'actions n'a jameis été systématisée et, au Bas-Empire, elle a même eu tendance à s'effacer en raison de la création des actions dites 'mixtes' qui tendance à la fois au prononcé d'une peine et à une condamnation à dommages et intérêts*". Em tradução nossa: "é certo, em primeiro lugar, que o direito romano nunca distinguiu completamente a punição da reparação (e, portanto, a responsabilidade civil da responsabilidade penal) porque, no período clássico, criava ações principalmente para fins de compensação (ações de 'reparação') e outras ações ditas 'criminais', destinadas principalmente a punir o autor do delito, a oposição entre esses dois tipos de ação nunca foi sistematizada e, no Baixo Império, tendeu mesmo a desaparecer devido à criação das chamadas ações 'mistas', que tendem tanto a pronunciar uma sentença como a determinar o pagamento de uma indenização". Viney, Geneviève. **Introduction à la responsabilité**: traité de droit civil – Sous la Direction de Jacques Ghestin. 4. ed. Paris: L.G.D.J., 2019. Disponível em: https://www.nxtbook.fr/lextenso-editions/LGDJ/978-2-275-04536-8/index.php?ap=1#/p/2. Acesso em: 13 jul. 2022, p. 18.

[7] Pereira, Caio Mário da Silva. **Responsabilidade civil**. Atual. Gustavo Tepedino. 12. ed. Rio de Janeiro: Forense, 2018, p. 3.

[8] "A evolução da responsabilidade civil foi evidente no direito romano com o surgimento da *Lex Aquilia*, que deu seu nome à responsabilidade extracontratual. Por essa lei as penas pecuniárias fixas dão lugar a uma pena proporcional ao dano causado. Cria-se, dessa forma,

a reparação do dano pelo fato de ter consagrado a máxima *in lege Aquilia et levíssima culpa venit*[9]. Ainda, utiliza-se do elemento volitivo para fundamentar a responsabilidade baseado na fórmula "sem culpa, nenhuma reparação", conforme indicado por Von Ihering[10].

Com isso, a *Lex Aquilia* trouxe elementos para designar a responsabilidade extracontratual em contrapartida à contratual, além de incluir o elemento "culpa" como essencial para a reparação do dano, denominando-a responsabilidade extracontratual ou delitual (aquiliana). No mais, substituiu as penas fixas por uma pena proporcional ao prejuízo causado[11]. Assim,

> a evolução do instituto da responsabilidade extracontratual ou aquiliana se operou, no direito romano, no sentido de se introduzir o elemento subjetivo da culpa contra o objetivismo do direito primitivo, expurgando-se do direito a ideia de pena, para substituí-la pela de reparação do dano sofrido[12].

Logo, a concepção de pena foi sendo alterada para a ideia de reparação de dano, incorporada pelo Código Civil de Napoleão e refletida no Código Civil brasileiro de 1916, em razão da grande influência que aquele exerceu sobre este.

O Código Civil brasileiro de 1916 estabeleceu, em seu art. 159, "aquele que, por ação ou omissão voluntária, negligência, ou imprudência, violar direito, ou causar prejuízo a outrem, fica obrigado a reparar o dano"[13], ou

a noção de culpa como fundamento da responsabilidade civil. Se a pessoa agisse sem culpa estaria isenta de qualquer responsabilidade. Nesse último estágio do direito romano, são admitidos para reparação não somente os danos materiais, mas também os morais. Mesmo que não existisse um corpo lesado (*corpus laesum*), era possível se utilizar, fora da Lei Aquília, a *actio utilitatis* causa". DONNINI, Rogério. **Responsabilidade civil pós-contratual**: no direito civil, no direito do consumidor, no direito do trabalho e no direito ambiental e no direito administrativo. São Paulo: Saraiva, 2010, p. 76.

9 Em tradução nossa, "a culpa, ainda que levíssima, obriga a indenizar". Essa máxima foi atribuída a Ulpiano. CALIXTO, Marcelo Junqueira. **A culpa na responsabilidade civil**: estrutura e função. Rio de Janeiro: Renovar, 2008, p. 127.

10 DIAS, José de Aguiar. **Da responsabilidade civil**. t. 1. 3. ed. Rio de Janeiro: Forense, 1954, p. 44.

11 DONNINI, Rogério. **Responsabilidade civil pós-contratual**: no direito civil, no direito do consumidor, no direito do trabalho e no direito ambiental e no direito administrativo. São Paulo: Saraiva, 2010, p. 10.

12 LIMA, Alvino. **Culpa e risco**. São Paulo: RT, 1963. p. 28.

13 BRASIL. **Lei n. 3.071, de 1º de janeiro de 1916**. Código Civil dos Estados Unidos do Brasil. Brasília, DF: Presidência da República, [1916]. Disponível em: http://www.planalto.gov.br/ccivil_03/leis/l3071.htm. Acesso em: 25 jun. 2022.

seja, manteve a culpa como um elemento fundamental para caracterizar a responsabilidade civil.

Apesar de o Código Civil ter sido alterado em 2002, a culpa foi mantida como requisito caracterizador da responsabilidade civil ao prever que "aquele que, por ação ou omissão voluntária, negligência ou imprudência, violar direito e causar dano a outrem, ainda que exclusivamente moral, comete ato ilícito" (art. 186). Ainda, ampliou o conceito de ato ilícito ao indicar que seriam considerados os casos que violassem o fim econômico, social ou limites da boa-fé e bons costumes (art. 187). Nessas hipóteses, o agente causador do dano passou a ser obrigado a repará-lo (art. 927)[14].

Ademais, o Código Civil também previu hipóteses em que a possibilidade de reparação do dano independeria de culpa. Isso foi estabelecido para os casos nos quais a atividade desenvolvida pelo agente causador do dano implicasse, por sua natureza, risco para terceiros (art. 927, parágrafo único)[15], o que foi denominado teoria do risco, desenvolvida na era da industrialização, com o objetivo de garantir a reparação dos danos decorrentes de máquinas utilizadas com frequência cada vez maior[16].

É nesse contexto que o direito digital se desenvolve. A sociedade passa a utilizar a tecnologia de forma mais intensa, se submete a diversas condições e situações antes nem ao menos imagináveis, criando riscos intrínsecos às atividades envolvendo tecnologia. Consequentemente, é natural surgirem questionamentos sobre as principais disposições da responsabilidade civil nas relações digitais, conforme será discutido e desenvolvido mais adiante nesta obra.

2.2. Conceito, pressupostos e classificação da responsabilidade civil

Nesta seção, traz-se elementos relevantes para um entendimento mais completo sobre a responsabilidade civil. Além disso, sublinham-se as diferenças da classificação entre responsabilidade objetiva e subjetiva, com destaque para os elementos referentes à teoria do risco, com o objetivo de esclarecer

[14] BRASIL. **Lei n. 10.406, de 10 de janeiro de 2002**. Institui o Código Civil. Brasília, DF: Presidência da República, [2002]. Disponível em: http://www.planalto.gov.br/ccivil_03/leis/2002/l10406.htm. Acesso em: 23 jun. 2022.

[15] BRASIL. **Lei n. 10.406, de 10 de janeiro de 2002**. Institui o Código Civil. Brasília, DF: Presidência da República, [2002]. Disponível em: http://www.planalto.gov.br/ccivil_03/leis/2002/l10406.htm. Acesso em: 23 jun. 2022.

[16] Guedes, Gisela Sampaio da C.; Tepedino, Gustavo; Terra, Aline de Miranda V. **Fundamentos do direito civil**: responsabilidade civil. v. 4. Rio de Janeiro: Forense, 2020, p. 4.

as noções fundamentais envolvidas neste contexto e, oportunamente, relacioná-los à situação jurídica específica do *smart contract.*

A responsabilidade é inerente à manifestação da atividade humana. A origem do vocábulo "responsabilidade" decorre da palavra *respondere*, do latim, que significa segurança ou garantia de restituição ou compensação por um dano. Assim, o sistema de responsabilidade civil busca minimizar os danos causados a outrem, atuando como uma prevenção dos fatos danosos[17]. Maria Helena Diniz assim define responsabilidade civil:

> a aplicação de medidas que obriguem alguém a reparar dano moral ou patrimonial causado a terceiros em razão de ato do próprio imputado, de pessoa por quem ele responde, ou de fato de coisa ou animal sob sua guarda (responsabilidade subjetiva), ou, ainda, de simples imposição legal (responsabilidade objetiva)[18].

Rogério Donnini também trata da responsabilidade civil como obrigação de reparação de dano causado a um terceiro, seja por meio da restituição ao *status quo ante,* quando possível, seja por meio do pagamento de indenização.

> No sistema brasileiro pode-se afirmar que a responsabilidade civil é a obrigação de reparar, para o agente causador ou por imposição legal, os danos suportados pela vítima, sejam eles materiais, morais ou à imagem. Tem, dessa forma, o agente causador o dever de indenizar, ou seja, tornar o lesado indene (ileso), quando possível, com a sua restituição à situação anterior, vale dizer, antes do evento danoso. Na hipótese de impossibilidade dessa restituição, resta a fixação de quantia em dinheiro (indenização pecuniária)[19].

[17] *"L'impulsion première du système de responsabilité civile, [...], réside dans sa constante recherche d'une minimisation des dommages causés à autrui, c'est-à-dire d'une prévention des faits dommageables"*. Em tradução nossa: "o ímpeto primordial do sistema de responsabilidade civil, [...], reside na sua constante busca pela minimização dos danos causados a outrem, ou seja, pela prevenção de atos lesivos". VINEY, Geneviève. **Introduction à la responsabilité**: traité de droit civil – Sous la Direction de Jacques Ghestin. 4. ed. Paris: L.G.D.J., 2019. Disponível em: https://www.nxtbook.fr/lextenso-editions/LGDJ/978-2-275-04536-8/index.php?ap=1#/p/2. Acesso em: 13 jul. 2022, p. 174.

[18] DINIZ, Maria Helena. **Curso de direito civil brasileiro**: responsabilidade civil. v. 7. 15. ed. São Paulo: Saraiva, 2001, p. 34.

[19] DONNINI, Rogério. **Responsabilidade civil pós-contratual**: no direito civil, no direito do consumidor, no direito do trabalho e no direito ambiental e no direito administrativo. São Paulo: Saraiva, 2010, p. 10.

Ou seja, todo aquele que causar dano a outrem deve repará-lo, pois "o interesse em restabelecer o equilíbrio econômico jurídico alterado pelo dano é a causa geradora da responsabilidade civil"[20]. Nesse cenário, é preciso verificar os casos em que a culpa atua como elemento essencial ou não da responsabilidade civil.

O sistema da responsabilidade civil no ordenamento jurídico brasileiro, assim como ocorre no direito francês, fundamenta-se em um modelo de cláusula geral ou aberta. Isso significa que as situações que podem ser caracterizadas como violações capazes de gerar dano reparável não estão previstas em um rol taxativo[21].

Como mencionado, o art. 186 do Código Civil estabelece que "aquele que, por ação ou omissão voluntária, negligência ou imprudência, violar direito e causar dano a outrem, ainda que exclusivamente moral, comete ato ilícito"[22]. Dessa definição, seriam pressupostos da responsabilidade civil subjetiva: (i) conduta humana (ação ou omissão); (ii) culpa ou dolo do agente; (iii) nexo causal; e (iv) dano experimentado por terceiro.

Entretanto, o próprio diploma, em seu art. 927[23], parágrafo único, prevê hipótese em que não é necessário demonstrar culpa, o que é denominado responsabilidade civil objetiva. Essa previsão evidencia que o dolo ou a culpa não são pressupostos ou elementos essenciais para a caracterização da responsabilidade civil.

Nesse sentido, Pablo Stolze Gagliano e Rodolfo Pamplona Filho ressaltam:

> a culpa, portanto, não é um elemento essencial, mas sim acidental, pelo que reiteramos nosso entendimento de que os elementos básicos ou pressupostos

[20] DIAS, José de Aguiar. **Da responsabilidade civil**. v. 1. 10. ed. Rio de Janeiro: Forense, 1995, p. 42.

[21] VISINTINI, Giovanna. **Tratado de la responsabilidade civil**. v. 2. Trad. Aída Kemelmajer de Carlucci. Buenos Aires: Astrea, 1999, p. 4.

[22] BRASIL. **Lei n. 10.406, de 10 de janeiro de 2002**. Institui o Código Civil. Brasília, DF: Presidência da República, [2002]. Disponível em: http://www.planalto.gov.br/ccivil_03/leis/2002/l10406.htm. Acesso em: 23 jun. 2022.

[23] "Haverá obrigação de reparar o dano, independentemente de culpa, nos casos especificados em lei, ou quando a atividade normalmente desenvolvida pelo autor do dano implicar, por sua natureza, risco para os direitos de outrem". BRASIL. **Lei n. 10.406, de 10 de janeiro de 2002**. Institui o Código Civil. Brasília, DF: Presidência da República, [2002]. Disponível em: http://www.planalto.gov.br/ccivil_03/leis/2002/l10406.htm. Acesso em: 23 jun. 2022.

gerais da responsabilidade civil são apenas três: a conduta humana (positiva ou negativa), o dano ou prejuízo, e o nexo de causalidade[24].

De qualquer forma, Caio Mário da Silva Pereira salienta a relevância da culpa na caracterização da responsabilidade civil:

> Uma comparação de ambas, no plano ontológico evidencia que o conceito de responsabilidade civil baseado na demonstração da culpa do agente importa em derradeira análise, no reconhecimento de que a conduta antijurídica recebe a punição civil, sujeitando o infrator a reparar o dano causado, em razão precisamente de haver-se comportado ao arrepio da norma jurídica A sua total, e abolição substituição integral pela teoria do risco implica desatender, sob o aspecto moral, à qualificação boa ou má da conduta, sujeitando sempre o causador do dano a indenizar a vítima, independentemente de apurar se o comportamento foi contraveniente à norma ou obediente ao seu mandamento[25].

Por conseguinte, a responsabilidade será caracterizada como subjetiva nas hipóteses em que estiver fundamentada na culpa do agente, que deverá ser comprovada. Trata-se da teoria clássica (ou teoria da culpa ou subjetiva), que entende que a prova da culpa *lato sensu* (considerando o dolo) ou *stricto sensu* (imprudência, imperícia ou negligência) é um pressuposto do dano indenizável.

Destarte, na teoria subjetiva, a ideia de culpa é central. "A obrigação de reparar ou de ressarcir o dano se nutre da voluntariedade do ato, como elemento primário e fundamento moral da responsabilidade"[26]. Assim, ela se relaciona diretamente com a ideia de ilícito, conforme indicado por Marcel Planiol:

> Culpa é a violação de uma obrigação preexistente, para a qual a lei determina o pagamento de indenização nos casos em que tiver gerado dano a outrem. A ideia de culpa em si é, portanto, extremamente simples, e está

[24] GAGLIANO, Pablo Stolze; PAMPLONA FILHO, Rodolfo. **Novo curso de direito civil**. v. 3. São Paulo: Saraiva, 2003, p. 29.

[25] PEREIRA, Caio Mário da Silva. **Responsabilidade civil**. Atual. Gustavo Tepedino. 12. ed. Rio de Janeiro: Forense, 2018, **p.** 350.

[26] LOPES, Miguel Maria de Serpa. **Curso de direito civil**. v. 1. 7. ed. Rio de Janeiro: Freitas Bastos, 2000, p. 551.

vinculada à ideia de obrigação: uma pessoa não pode ser culpada se não estiver vinculada antes do ato pelo qual é repreendida[27] (tradução nossa).

Todavia, há casos em que a lei determina a reparação do dano independentemente de culpa – essa é a teoria objetiva ou do risco. Assim, caso o dano e o nexo de causalidade estejam presentes, a responsabilidade civil do agente será caracterizada.

A culpa poderá ser presumida em determinadas hipóteses, caso que caracterizará a responsabilidade objetiva imprópria. Em outras, a prova da culpa não será sequer necessária, o que caracterizará a responsabilidade civil objetiva propriamente dita. Ao tratar da distinção entre responsabilidades subjetiva e objetiva, José de Aguiar Dias destaca: "no sistema da culpa, sem ela, real ou artificialmente criada, não há responsabilidade; no sistema objetivo, responde-se sem culpa, ou, melhor, esta indagação não tem lugar"[28].

Portanto, os pressupostos da responsabilidade civil, seja ela subjetiva ou objetiva, são: conduta (*i.e.*, ação ou omissão), dano e nexo de causalidade.

A conduta é "ato humano, comissivo ou omissivo, ilícito ou lícito, voluntário e objetivamente imputável, do próprio agente ou de terceiro, ou o fato de animal ou coisa inanimada, que cause dano a outrem, gerando o dever de satisfazer os direitos do lesado"[29]. Isso significa que a conduta caracterizadora da responsabilidade civil, seja ela positiva ou negativa, poderá ser praticada tanto pelo próprio agente causador do dano, quanto por terceiros, como filhos, tutelados, curatelados (art. 932, I e II), empregados (art. 932, III), hóspedes e educandos (art. 932, IV); além dos fatos causados por animais (art. 936)[30].

Quanto ao dano, é imprescindível sua comprovação para que a responsabilidade civil gere o dever de indenização ou ressarcimento. Dano "pode

[27] No original: "*la faute est un manquement à une obligation préexistante, dont la loi ordonne la réparation qund il a causé un dommage à autrui. L'idée de faute prise en elle-même est donc extrêmement simples, et elle est dans une relation nécessaire avec l'idée d'obligation: une personne ne peut pas être en faute, si elle n'était tenue de rien avant l'acte qu'on lui reproche*". PLANIOL, Marcel. **Traité élémentaire de droit civil**: conforme au programme officiel des facultes de droit. t. 2. 9. ed. Paris: L.G.D.J., 1923, p. 281.

[28] DIAS, José de Aguiar. **Da responsabilidade civil**. v. 1. Rio de Janeiro: Forense, 1944, p. 94-95.

[29] DINIZ, Maria Helena. **Curso de direito civil brasileiro**: responsabilidade civil. v. 7. 15. ed. São Paulo: Saraiva, 2001, p. 37.

[30] BRASIL. **Lei n. 10.406, de 10 de janeiro de 2002**. Institui o Código Civil. Brasília, DF: Presidência da República, [2002]. Disponível em: http://www.planalto.gov.br/ccivil_03/leis/2002/l10406.htm. Acesso em: 23 jun. 2022.

ser definido como lesão (diminuição ou destruição) que, devido a um certo evento, sofre uma pessoa, contra a sua vontade, em qualquer interesse jurídico, patrimonial ou moral"[31].

> O dano é o grande vilão da responsabilidade civil, encontra-se no centro da obrigação de indenizar. Não haveria que se falar em indenização, nem em ressarcimento, se não fosse o dano. Pode haver responsabilidade sem culpa, mas não pode haver responsabilidade sem dano. O dever de reparar só ocorre quando alguém pratica ato ilícito e causa dano a outrem. Em outras palavras, a obrigação de indenizar pressupõe o dano e sem ele não há indenização devida. Não basta o risco de dano, não basta a conduta ilícita. Sem uma consequência concreta, lesiva ao patrimônio econômico ou moral, não se impõe o dever de reparar[32].

Assim, para se caracterizar o dano, é necessário ocorrer lesão a um bem jurídico, que deve ser demonstrada mediante um real prejuízo à vítima. Ademais, é preciso comprovar a efetividade ou a certeza do dano, uma vez que danos hipotéticos[33] não são indenizáveis, sendo necessário demonstrar a repercussão no patrimônio do agente.

Desse modo, para um dano ser ressarcível, deve resultar em um prejuízo certo, ainda que seus efeitos estejam relacionados a algo futuro, o que deve ser demonstrado pelo efetivo dano ao benefício patrimonial da vítima (*i.e.*, danos emergentes e lucros cessantes). Diante disso, Agostinho Alvim observa: "os danos indiretos ou remotos não se excluem, só por isso; em regra, não são indenizáveis, porque deixam de ser efeito necessário, pelo aparecimento de concausas. Suposto não existam estas, aqueles danos são indenizáveis"[34].

[31] DINIZ, Maria Helena. **Curso de direito civil brasileiro**: responsabilidade civil. v. 7. São Paulo: Saraiva, 1994, p. 48.

[32] CAVALIERI FILHO, Sérgio. **Programa de responsabilidade civil**. 15. ed. São Paulo: Atlas, 2022, p. 116.

[33] "É claro, então, que se a ação se fundar em mero dano hipotético, não cabe reparação. Mas esta será devida se se considerar, dentro da ideia de perda de uma oportunidade (*perte d'une chance*) e puder situar-se a certeza do dano. Daí dizer Yves Chartier que a reparação da perda de uma chance repousa em uma probabilidade e uma certeza; que a chance seria realizada, e que a vantagem perdida resultaria em prejuízo". PEREIRA, Caio Mário da Silva. **Responsabilidade civil**. Atual. Gustavo Tepedino. 12. ed. Rio de Janeiro: Forense, 2018, **p. 60.**

[34] ALVIM, Agostinho. **Da inexecução das obrigações e suas consequências**. 4. ed. São Paulo: Saraiva, 1972, p. 370.

Além da necessidade do dano, a causa desse deve estar diretamente relacionada à conduta do agente que causou o prejuízo. Caso não exista esse vínculo entre conduta e dano, não haverá relação de causalidade, consequentemente, não será reconhecida a responsabilidade civil. Trata-se do nexo de causalidade. Como o nexo causal envolve elementos objetivos, é necessário verificar se o dano ocorreria se a conduta analisada não tivesse acontecido[35]. É a verificação de um liame entre dois eventos, um como consequência do outro.

Apesar de parecer uma definição simples, essa situação gera dificuldades práticas. É necessário limitar o conceito de causa para evitar responsabilizações extremamente amplas. Não por outro motivo, tanto a doutrina nacional quanto a estrangeira não são unânimes acerca das teorias existentes.

A primeira delas é a teoria da equivalência das condições ou da *conditio sine qua non*, pela qual todas as condições de determinado dano são equivalentes. Significa dizer que todos os antecedentes que concorreram de alguma maneira para a ocorrência do dano são considerados causas do dano. Em razão da grande amplitude de situações que podem concorrer para o resultado dano, essa teoria passou a ser criticada[36].

Diante disso, surgiu a teoria da causalidade adequada, pela qual a causa de determinado resultado seria aquela mais apta a produzir referido dano. Anderson Schreiber indica que essa "condição seria a causa adequada do dano (daí o nome da teoria); as demais condições seriam circunstâncias não causais"[37]. Ou seja, é preciso verificar qual das causas relacionadas teria o maior potencial de causar o dano analisado.

Como o termo "adequado" não é definido e depende de interpretações, foi criada a teoria da causalidade eficiente, visto que "as condições que concorrem para um certo resultado não são equivalentes, existindo sempre um antecedente que, em virtude de um intrínseco poder qualitativo

[35] Nesse sentido, destaca-se: "coincidência não implica em causalidade". SAVATIER, La responsabilité civile. Paris: Librairie Générale de Droit et de Jurisprudence, 1939. v. 2, n. 459 *apud* PEREIRA, Caio Mário da Silva. **Responsabilidade civil**. Atual. Gustavo Tepedino. 10. ed. Rio de Janeiro: GZ, 2012, p. 107.

[36] MALAURIE, Philippe; AYNÉS, Laurent. Droit civil: les obligations. Paris: Cujas, 1990. n. 46, p. 47 *apud* PEREIRA, Caio Mário da Silva. **Responsabilidade civil**. Atual. Gustavo Tepedino. 10. ed. Rio de Janeiro: GZ, 2012, p. 110.

[37] SCHREIBER, Anderson. **Novos paradigmas da responsabilidade civil**: da erosão dos filtros da reparação à diluição dos danos. 3. ed. São Paulo: Atlas, 2011, p. 58.

ou quantitativo, elege-se como verdadeira causa do evento"[38]. Portanto, a causalidade dependeria da análise do caso concreto, com a verificação do que teria sido mais eficiente para produzir o dano.

Pela falta de rigor científico dessa última, criou-se a teoria da causa direta e imediata, segundo a qual a causa será apenas o evento diretamente vinculado ao dano. Assim, há uma restrição dos acontecimentos relacionados, uma vez que são considerados apenas aqueles mais próximos do dano. Essa teoria foi positivada no ordenamento jurídico no art. 403 do Código Civil: "ainda que a inexecução resulte de dolo do devedor, as perdas e danos só incluem os prejuízos efetivos e os lucros cessantes por efeito dela direto e imediato, sem prejuízo do disposto na lei processual"[39].

Ao longo do tempo, verificou-se que a teoria da causalidade direta e imediata poderia ser demasiadamente restritiva, o que fez desenvolver a subteoria da necessariedade causal. Nesse aspecto, determinou-se: "haverá dever de reparar [...] quando o evento danoso for efeito necessário de determinada causa"[40].

A dificuldade de se tratar do conceito de nexo de causalidade existe não só no direito brasileiro, mas também pode ser vista nos ordenamentos italiano e francês[41]. Suzanne Carval destaca, por exemplo, que a causalidade não pode ser tratada com uma redação rígida.

> Não se trata aqui da aplicação de um conceito de "causalidade" preconcebido à investigação jurídica tendo ficado claro para aqueles escritores que

[38] SCHREIBER, Anderson. **Novos paradigmas da responsabilidade civil**: da erosão dos filtros da reparação à diluição dos danos. 3. ed. São Paulo: Atlas, 2011, p. 59-60.

[39] BRASIL. **Lei n. 10.406, de 10 de janeiro de 2002**. Institui o Código Civil. Brasília, DF: Presidência da República, [2002]. Disponível em: http://www.planalto.gov.br/ccivil_03/leis/2002/l10406.htm. Acesso em: 23 jun. 2022.

[40] SCHREIBER, Anderson. **Novos paradigmas da responsabilidade civil**: da erosão dos filtros da reparação à diluição dos danos. 3. ed. São Paulo: Atlas, 2011, p. 61-62.

[41] "A noção de causalidade é rica em potencialidades teóricas e a doutrina tem algo a que se debruçar sobre uma questão tão mítica quanto a das causas [...]. Diferentes teorias foram então propostas pela doutrina, mas raramente elas são retomadas pelo Tribunal de Cassação e, especialmente, nenhuma delas jamais foi escolhida como a definição 'oficial' do vínculo causal". FABRE-MAGNAN, Muriel. Droits des obligations: responsabilité civile et quasicontrats. v. 2. 3. ed. Paris: Universitaires de France, 2007, p. 199 *apud* BREDA, Marília Barros; MARQUESI, Roberto Wagner. A força maior como excludente de responsabilidade civil e a pandemia de COVID-19. **Revista Brasileira de Direito Civil em Perspectiva**, s. l., v. 7, n. 2, p. 58-77, jul.-dez. 2021. Disponível em: https://indexlaw.org/index.php/direitocivil/article/download/8248/pdf. Acesso em: 25 jun. 2022, nota de rodapé 4.

> trouxeram as maiores contribuições para a solução do problema; mas o caráter relativo e pragmático dos conceitos que propunham, e que se afirmavam na doutrina jurídica, muitas vezes se perdeu de vista posteriormente: daí a reação da doutrina mais recente, que sublinha a ligação funcional do critério limitador com a finalidade da norma que prescreve a responsabilidade, a fim de delimitar esta última de modo conveniente.
>
> Daí foi um passo curto perceber que o problema não pode ser resolvido com uma redação rígida e unitária, e que em hipóteses particulares também operam limites especiais, vinculados ao propósito da norma única da qual deriva a responsabilidade[42].

Nos casos de responsabilidade objetiva, nos quais não é necessário demonstrar culpa, "acaba por traduzir-se no juízo sobre a existência de nexo de causalidade entre fato e dano"[43]. Nessa hipótese, o nexo causal será rompido em caso de culpa exclusiva da vítima, fato de terceiro, caso fortuito ou força maior, uma vez que essas situações rompem o liame existente entre a atividade do agente e o dano gerado.

Desse modo, conforme será discutido mais adiante, responsabilidade civil é a obrigação de reparar um dano moral ou patrimonial em razão da violação de um dever jurídico. Caso esse dever esteja presente em um contrato, será configurada a responsabilidade civil contratual. Caso decorra de previsão legal, será configurada a responsabilidade civil extracontratual ou aquiliana. Abaixo, Sérgio Cavalieri aponta algumas das principais diferenças entre a responsabilidade contratual e a responsabilidade extracontratual:

> Essas diferenças emanam, em primeiro lugar, de natureza do dever jurídico violado. Na responsabilidade contratual, como já destacado, o dever jurídico violado pelo devedor tem por fonte a própria vontade dos indivíduos. São eles que criam, para si, voluntariamente, certos deveres jurídicos. A responsabi-

[42] CARVAL, Suzanne. La construction de la responsabilité civile. Controverses Doctrinales. Paris: PUF, 1993, p. 2 *apud* BREDA, Marília Barros; MARQUESI, Roberto Wagner. A força maior como excludente de responsabilidade civil e a pandemia de COVID-19. **Revista Brasileira de Direito Civil em Perspectiva**, s. l., v. 7, n. 2, p. 58-77, jul.-dez. 2021. Disponível em: https://indexlaw.org/index.php/direitocivil/article/download/8248/pdf. Acesso em: 25 jun. 2022, nota de rodapé 3.

[43] SCHREIBER, Anderson. **Novos paradigmas da responsabilidade civil**: da erosão dos filtros da reparação à diluição dos danos. 3. ed. São Paulo: Atlas, 2011, p. 56.

> lidade extracontratual, por sua vez, importa violação de um dever estabelecido na lei, ou na ordem jurídica, como, por exemplo, o dever geral de não causar dano a ninguém.
>
> Pois bem, todas as vezes que o dever jurídico violado tem a sua fonte em um contrato, em um negócio jurídico pelo qual o próprio devedor se obrigou, teremos a responsabilidade contratual[44].

Nesse aspecto, tratando especificamente do desenvolvimento da internet, Newton De Lucca destaca:

> um tipo de responsabilidade civil na internet que refuja aos cânones do largo edifício da responsabilidade construído secularmente pelo direito civil. Haverá, apenas e tão somente, características especiais na conduta dos atores que precisarão ser cuidadosamente analisadas em confronto com a teoria geral da responsabilidade civil[45].

Assim, o autor ressalta que os elementos existentes na teoria geral da responsabilidade civil também devem ser observados nas relações jurídicas firmadas no âmbito da internet. Busca-se, com isso, trazer um "gancho" para o próximo capítulo tratar do direito digital e das inovações existentes no mundo do direito em razão do desenvolvimento tecnológico.

2.3. Responsabilidade civil contratual – inadimplemento

Caso o ato que gerou dano para uma das partes tenha decorrido de uma obrigação prevista em um contrato, será caracterizada a responsabilidade civil contratual, conforme regem os arts. 389 a 400 do Código Civil[46].

[44] Cavalieri Filho, Sérgio. **Programa de responsabilidade civil**. 15. ed. São Paulo: Atlas, 2022, p. 364.

[45] De Lucca, Newton. Aspectos da responsabilidade civil no âmbito da internet. *In:* Diniz, Maria Helena; Lisboa, Roberto Senise (org.). **O direito civil no século XXI**. São Paulo: Saraiva, 2003, p. 151-188, p. 431.

[46] BRASIL. Código Civil (2002). "Art. 389. Não cumprida a obrigação, responde o devedor por perdas e danos, mais juros e atualização monetária segundo índices oficiais regularmente estabelecidos, e honorários de advogado; Art. 390. Nas obrigações negativas o devedor é havido por inadimplente desde o dia em que executou o ato de que se devia abster; Art. 391. Pelo inadimplemento das obrigações respondem todos os bens do devedor; Art. 392. Nos contratos benéficos, responde por simples culpa o contratante, a quem o contrato aproveite, e por dolo aquele a quem não favoreça. Nos contratos onerosos, responde cada uma das partes por culpa, salvo as exceções previstas em lei; Art. 393. O devedor não responde pelos

Significa que será necessário analisar tanto o inadimplemento das partes envolvidas em determinado contrato, quanto os termos e os limites da obrigação[47].

Em contrapartida, caso o dano decorra da violação de um dever de conduta do agente *lato sensu*, isto, é, de uma transgressão de um dever legal de não lesar (*neminem laedere*)[48], será caracterizada a responsabilidade extracontratual (arts. 186, 187, 927 e 932 do Código Civil).

Como esta obra visa analisar especificamente a responsabilidade civil no âmbito dos *smart contracts*, esta seção enfatiza as características da responsabilidade civil contratual, ou seja, decorrentes de obrigações previstas no próprio contrato. De qualquer forma, existem diversas situações nas quais não é tão simples identificar se o ato causador do dano decorreria de uma obrigação preexistente, de um negócio jurídico unilateral ou de um contrato, o que leva a responsabilidade extracontratual e contratual a se misturarem em determinadas situações[49].

A responsabilidade civil contratual se relaciona diretamente à extinção de um vínculo firmado por meio de um contrato, o que poderá decorrer de motivos anteriores, contemporâneos ou supervenientes à formação do contrato.

Caso o contrato seja executado e as prestações convencionadas adimplidas, este atingirá o propósito desejado e deixará de produzir efeitos, inexistindo danos aos envolvidos. Além do adimplemento, os contratos podem se extinguir pela sua invalidação, pelo advento de termo ou de condição resolutiva, ou pela impossibilidade definitiva e superveniente do objeto[50].

Ainda, as partes podem estabelecer uma cláusula resolutiva expressa, que prevê as situações que permitirão a resolução do contrato. Nas hipóteses acordadas pelas partes, não será necessária uma intervenção judicial para se extinguir o contrato, razão pela qual a resolução contratual

prejuízos resultantes de caso fortuito ou força maior, se expressamente não se houver por eles responsabilizado; Parágrafo único. O caso fortuito ou de força maior verifica-se no fato necessário, cujos efeitos não era possível evitar ou impedir".

[47] VENOSA, Sílvio de Salvo. **Direito civil** – obrigações e responsabilidade civil. v. 2. 20. ed. São Paulo: Atlas, 2020, p. 376.

[48] RIZZARDO, Arnaldo. **Responsabilidade civil**. 8. ed. São Paulo: Forense, 2019, p. 38.

[49] RIZZARDO, Arnaldo. **Responsabilidade civil**. 8. ed. São Paulo: Forense, 2019, p. 38.

[50] BANDEIRA, Paula G.; KONDER, Carlos N.; TEPEDINO, Gustavo. **Fundamentos do direito civil**: Contratos. v. 3. 3. ed. Rio de Janeiro: Forense, 2022, p. 161.

poderá ser feita mediante mera notificação (art. 474 do Código Civil)[51], o que significa que o efeito jurídico dependerá de uma declaração através da linguagem.

Pressupõe-se que as partes celebrem um contrato visando satisfazer as obrigações nele contidas. Nesse caso, o descumprimento pode representar a perda da utilidade da prestação, assim como o desinteresse das partes em manter a relação contratual. Trata-se da resolução contratual em razão da inexecução dos termos acordados.

Caso essa inexecução não decorra do comportamento de uma das partes, haverá a extinção do contrato com restituição das prestações já efetuadas. Caso seja imputável a um dos contratantes, haverá a extinção por inadimplemento, com a dissolução da relação contratual, e pelo pagamento de indenização para recompor os danos eventualmente causados (art. 475 do Código Civil)[52]. Outra possibilidade, que será aprofundada adiante, é a possibilidade de execução específica dos termos acordados, caso os requisitos necessários para isso estejam presentes.

Isso significa que, caso uma das partes não cumpra os termos contratuais, essa será responsável pelo pagamento de indenização, com fundamento na sistemática da responsabilidade civil contratual. Nesse sentido, o art. 402 do Código Civil[53] estabelece que, uma vez inadimplido o contrato, a parte inadimplente deverá indenizar as perdas e danos a que deu causa, que devem abranger não só aquilo que foi efetivamente perdido (danos emergentes), como também o que a parte deixou de auferir em razão do dano sofrido (lucros cessantes[54]). Nesse caso, o objetivo não é reestabelecer o *status quo ante*, mas as condições razoáveis se a obrigação tivesse sido cumprida na forma convencionada e nos termos da lei. Ainda,

[51] BRASIL. Código Civil (2002). "Art. 474. A cláusula resolutiva expressa opera de pleno direito; a tácita depende de interpelação judicial".

[52] BRASIL. Código Civil (2002). "Art. 475. A parte lesada pelo inadimplemento pode pedir a resolução do contrato, se não preferir exigir-lhe o cumprimento, cabendo, em qualquer dos casos, indenização por perdas e danos".

[53] BRASIL. **Lei n. 10.406, de 10 de janeiro de 2002**. Institui o Código Civil. Brasília, DF: Presidência da República, [2002]. Disponível em: http://www.planalto.gov.br/ccivil_03/leis/2002/l10406.htm. Acesso em: 23 jun. 2022.

[54] "O que esta razoavelmente deixou de lucrar, consiste na diminuição potencial do patrimônio do credor, pelo lucro que deixou de auferir, dado o inadimplemento do devedor. Os lucros cessantes só são devidos quando previstos ou previsíveis no momento em que a obrigação foi contraída". VENOSA, Sílvio de Salvo. **Direito civil**. v. 4. 2. ed. São Paulo: Jurídico Atlas, 2002, p. 182-183.

caso requisitos estejam presentes, é possível que o Poder Judiciário condene a parte inadimplente a cumprir aquilo que foi acordado, mediante execução específica.

Nesse sentido, a responsabilidade civil contratual é a consequência do inadimplemento de uma obrigação prevista em um contrato, seja pelo seu descumprimento, seja pelo descumprimento defeituoso ou inadequado[55]. Assim, caso essa situação gere prejuízos para o credor, este terá a possibilidade de requerer sua reparação. Ou seja, a parte prejudicada deverá comprovar que o inadimplemento lhe gerou prejuízos.

Por se tratar de uma relação contratual, é possível aplicar a exceção do contrato não cumprido (*exceptio non adimpleti contractus* – art. 476[56] do Código Civil) e a onerosidade excessiva (art. 478[57] do Código Civil), o que não ocorre nos casos de responsabilidade extracontratual.

Ademais, além da falta de cumprimento ou inexecução dos termos acordados, a próxima seção aborda o conceito de contrato e os pressupostos adicionais para caracterizar a responsabilidade civil contratual, que decorrem expressamente da caracterização de contrato.

2.3.1. Conceito, pressupostos e requisitos do contrato

Esta seção se dedica sucintamente a apresentar o conceito, os pressupostos e os requisitos do contrato em seus aspectos tradicionais. Trata-se de uma análise relevante para explicitar os pressupostos da responsabilidade civil contratual.

Segundo Caio Mário da Silva Pereira, "contrato é um acordo de vontades, na conformidade da lei, e com a finalidade de adquirir, resguardar, transferir, conservar, modificar ou extinguir direitos", e o resume como um "acordo de vontades com a finalidade de produzir efeitos jurídicos[58].

[55] DONNINI, Rogério. **Responsabilidade civil pós-contratual**: no direito civil, no direito do consumidor, no direito do trabalho e no direito ambiental e no direito administrativo. 3. ed. São Paulo: Saraiva, 2010, p. 32.

[56] BRASIL. Código Civil (2002). "Art. 476. Nos contratos bilaterais, nenhum dos contratantes, antes de cumprida a sua obrigação, pode exigir o implemento da do outro".

[57] BRASIL. Código Civil (2002). "Art. 478. Nos contratos de execução continuada ou diferida, se a prestação de uma das partes se tornar excessivamente onerosa, com extrema vantagem para a outra, em virtude de acontecimentos extraordinários e imprevisíveis, poderá o devedor pedir a resolução do contrato. Os efeitos da sentença que a decretar retroagirão à data da citação".

[58] PEREIRA, Caio Mário da Silva. **Instituições de direito civil**: contratos. v. 3. 25. ed. Rio de Janeiro: Forense, 2022, p. 24.

Nesse mesmo sentido, Maria Helena Diniz explica:

> o contrato é o acordo de duas ou mais vontades, na conformidade da ordem jurídica, destinado a estabelecer uma regulamentação de interesses entre as partes, com o escopo de adquirir, modificar ou extinguir relações jurídicas de natureza patrimonial. Fácil é denotar que a noção de contrato contém dois elementos: a) o estrutural isto é, a alteridade, pois o contrato, como negócio jurídico bilateral (ou plurilateral – p. ex. sociedade com vários sócios), requer a fusão de duas ou mais vontades contrapostas. Realmente, o contrato é um negócio bilateral ou plurilateral, e não a soma de dois ou mais negócios unilateriais[59].

Apesar de não existir uma conceituação para contrato no texto legal, a doutrina estabelece elementos necessários para sua formação. Em termos genéricos, é, principalmente, um acordo de vontades que visa regular, modificar ou extinguir um vínculo jurídico.

Diante do desenvolvimento social, Paulo Nalin propõe uma nova concepção de contrato ao sinalizar que esse é "a relação jurídica subjetiva, nucleada na solidariedade constitucional, destinada à produção de efeitos jurídicos existenciais e patrimoniais, não só entre os titulares subjetivos da relação, como também perante terceiros"[60].

Apesar das diversas conceituações existentes, o contrato deve observar a conjunção de elementos extrínsecos[61] e intrínsecos para ter validade no ordenamento jurídico, o que é tratado como existência de pressupostos e de requisitos[62]. Requisito é a causa do efeito jurídico (intrínseco ao ato), enquanto pressuposto é a condição sob a qual um contrato é desen-

[59] DINIZ, Maria Helena. **Curso de direito civil brasileiro**: teoria geral das obrigações contratuais e extracontratuais. v. 3. 36. ed. São Paulo: Saraiva, 2020, p. 32.

[60] NALIN, Paulo. **Do contrato**: conceito pós-moderno. Curitiba: Juruá, 2005, p. 255.

[61] Emílio Betti destaca que os elementos extrínsecos evidenciam o que "o negócio (contrato) é, quer dizer, como ele se apresenta em face dos outros na vida de relação; é a sua figura exterior". BETTI, Emilio. **Teoria geral do negócio jurídico**. t. 1. Trad. Ricardo Rodrigues Gama. Campinas: LZN, 2003, p. 180.

[62] "Entende-se por elementos as partes integrantes do conceito que se pretende definir. Já os requisitos são os predicados ou qualidades exigidas por determinado conceito, enquanto pressupostos são fatos jurídicos precedentes e indispensáveis ao conceito analisado". BANDEIRA, Paula G.; KONDER, Carlos N.; TEPEDINO, Gustavo. **Fundamentos do direito civil**: contratos. v. 3. 3. ed. Rio de Janeiro: Forense, 2022, p. 57.

volvido, e que pode ser dividido entre sujeito, objeto e situação do sujeito em relação ao objeto[63].

Segundo Orlando Gomes, são pressupostos do contrato: (i) capacidade das partes; (ii) idoneidade do objeto; e (iii) legitimidade para realizá-lo. Todavia, esses pressupostos não são suficientes, visto que a lei exige outras condições para o contrato cumprir sua função econômico-social, elementos intrínsecos e indispensáveis ao contrato: (iv) consenso; (v) causa; (vi) objeto; e (vii) forma. Orlando Gomes destaca que "por simplificação, diz-se que são requisitos essenciais à validade do negócio jurídico: a capacidade do agente, a possibilidade do objeto e a forma, esta quando prescrita em lei"[64]. Cada um desses sete requisitos é trabalhado a seguir.

Quanto à capacidade, o negócio jurídico deve ser firmado por uma pessoa apta a realizá-lo. Ou seja, a pessoa deve possuir não só aptidão genérica para contrair direitos e obrigações, mas também legitimidade para ser parte naquele contrato específico.

> Por outras palavras, não permite a lei que participem da relação contratual os menores de dezesseis anos, devendo ser representados. Para certos atos ou a maneira de os exercer, quanto aos maiores de dezesseis e menores de dezoito anos; aos ébrios e aos viciados em tóxicos; aos que, mesmo por causa transitória ou permanente, não puderem exprimir a sua vontade, neles devendo ser incluídos os que, por enfermidade ou deficiência mental, não tiverem o necessário discernimento para a prática desses atos; e aos pródigos, estão autorizados a celebrarem contratos quando assistidos pelo representante legal, a teor do art. 71 do Código de Processo Civil[65].

Já a idoneidade do objeto é requisito porque o contrato visa regular os interesses das partes envolvidas em determinada relação jurídica. Para isso, o objeto[66] deve ser lícito e possível, determinado ou determinável[67]

[63] GOMES, Orlando. **Contratos**. 25. ed. Rio de Janeiro: Forense, 2007, p. 52.

[64] GOMES, Orlando. **Contratos**. 25. ed. Rio de Janeiro: Forense, 2007, p. 53.

[65] RIZZARDO, Arnaldo. **Contratos**. 19. ed. Rio de Janeiro: Forense, 2020, p. 10.

[66] O elemento objetivo do contrato é uma categoria lógica, e sobre ele se firma o consentimento. Ele pode, portanto, recair sobre coisas, condutas ou sua forma de realização, a depender da abrangência da representação da realidade firmada pelas partes e dos efeitos negociais que visam produzir. BANDEIRA, Paula G.; KONDER, Carlos N.; TEPEDINO, Gustavo. **Fundamentos do direito civil**: contratos. v. 3. 3. ed. Rio de Janeiro: Forense, 2022, p. 60.

[67] "O contrato envolverá objeto determinado ou determinável, isto é, que possa ser identificado, localizado, percebido, medido, aferido. Inviável a aquisição de um bem que se confunde com

(art. 104 do Código Civil[68]). Isso significa que o contrato não pode ser contrário à lei, à moral, aos princípios de ordem pública e aos bons costumes[69].

Além disso, o objeto deve estar em consonância com a vontade manifestada pelas partes, e deve ser física ou juridicamente possível. Ademais, é preciso existir uma "economicidade de seu objeto, que deverá versar sobre interesse economicamente apreciável, capaz de se converter, direta ou indiretamente, em dinheiro"[70].

Nesse sentido, Orlando Gomes destaca que a idoneidade do objeto pode ser excluída "por motivos técnicos ou razões de política legislativa e se apresenta em termos absolutos ou relativos"[71], situação na qual o contrato será considerado nulo.

> A inidoneidade por motivos técnicos ocorre quando as partes utilizam contrato que não comporta o objeto, como o comodato de coisas consumíveis ou o penhor de imóveis. Dir-se-ia melhor que, nesses casos, o contrato tem falsa causa, visto que há desvio em sua função econômica.
>
> Outras vezes, razões de política legislativa levam o legislador a proibir que certos interesses sejam objeto de relação contratual. Não se permite, por exemplo, que a herança da pessoa viva constitua objeto de contrato. Diz-se que há impossibilidade jurídica. Objeto inidôneo são ainda os bens sobre os quais o titular não tem o poder de dispor (inalienáveis).
>
> A inidoneidade do objeto é estabelecida, geralmente, em termos absolutos, mas há formas de inidoneidade relativa. A impossibilidade relativa do objeto não é causa de nulidade do contrato.
>
> Uma vez que a idoneidade do objeto é pressuposto de validade, a consequência de sua falta é a nulidade do contrato. Se bem que a idoneidade do objeto seja elemento extrínseco, a ser apreciado no momento da formação do

outros, ou se torne impossível a sua descrição e individuação. Nesta linha, a venda de certo número de hectares de terra, ou de animais, ou de outros bens, sendo impossível chegar a uma definição". RIZZARDO, Arnaldo. **Contratos**. 19. ed. Rio de Janeiro: Forense, 2020, p. 11.

68 BRASIL. **Lei n. 10.406, de 10 de janeiro de 2002**. Institui o Código Civil. Brasília, DF: Presidência da República, [2002]. Disponível em: http://www.planalto.gov.br/ccivil_03/leis/2002/l10406.htm. Acesso em: 23 jun. 2022.

69 DINIZ, Maria Helena. **Curso de direito civil brasileiro**: teoria geral das obrigações contratuais e extracontratuais. v. 3. 36. ed. São Paulo: Saraiva, 2020, p. 36.

70 DINIZ, Maria Helena. **Curso de direito civil brasileiro**: teoria geral das obrigações contratuais e extracontratuais. v.3. 36. ed. São Paulo: Saraiva, 2020, p. 38.

71 GOMES, Orlando. **Contratos**. 25. ed. Rio de Janeiro: Forense, 2007, p. 54.

contrato, a inidoneidade superveniente, verificada antes que seus efeitos se produzam, compromete sua validade[72].

Já a legitimidade ou legitimação trata da idoneidade de uma parte formar determinado negócio jurídico quando existe um interesse a ser protegido[73]. Isso significa que, em alguns casos, apesar de um agente ser capaz, este não possui legitimidade *ad causam* para aquela relação específica. É um pressuposto diferente da capacidade pelo fato de ser circunstancial, pois está diretamente relacionada à posição de uma pessoa em relação a determinado bem que pode ser objeto de negócios jurídicos em geral. Assim, caso um contrato seja firmado por alguém que não possui legitimidade, será considerado inválido.

Por outro lado, o consentimento trata da integração das vontades das partes mediante a fusão de declarações independentes e distintas, em razão de um fim desejado. As partes devem ter uma real intenção de celebrar o negócio jurídico e, se houver diferença entre a vontade real e a vontade declarada, o consentimento poderá ser considerado viciado, o que ocorre na hipótese de erro, dolo e coação.

Conforme observa Arnaldo Rizzardo,

> é o acordo de duas ou mais vontades, que tenha por fim imediato adquirir, resguardar, transferir, modificar ou extinguir direitos. Para criar um laço obrigacional, mister que haja perfeito acordo, isto é, mútuo consenso sobre o mesmo objeto – *duorum vel plurium in idem placitum consensus*. Não basta que cada parte experimente um ato de vontade interna, considerado pura manifestação psíquica. Importa que a vontade dos declarantes vise como escopo imediato um resultado jurídico de natureza obrigacional, além do que ela se deve traduzir por uma manifestação exterior suficiente e inequívoca, que por si só basta para evidenciar o consentimento[74].

Destaca-se que a manifestação da vontade pode ser verbal, escrita ou simbólica[75], direta ou indireta, expressa, tácita (sendo o silêncio uma

[72] GOMES, Orlando. **Contratos**. 25. ed. Rio de Janeiro: Forense, 2007, p. 54.
[73] GOMES, Orlando. **Contratos**. 28. ed. Rio de Janeiro: Forense, 2022, p. 78.
[74] RIZZARDO, Arnaldo. **Contratos**. 19. ed. Rio de Janeiro: Forense, 2020, p. 16.
[75] Trata-se da declaração mímica ou por sinais. GOMES, Orlando. **Contratos**. 25. ed. Rio de Janeiro: Forense, 2007, p. 57.

espécie da manifestação da vontade tácita) ou presumida. Assim, o consentimento pode se dar mediante declaração, exteriorização da vontade mediante um processo de comunicação entre as partes, ou pelo silêncio. A declaração será direta nos casos em que for emitida para um fim específico; em contrapartida, será indireta quando decorrer do comportamento dos contratantes.

Além disso, o consentimento poderá ser tácito nos casos em que a lei não prever uma forma específica, devendo ser verificado mediante a circunstância indicativa da vontade. O consentimento expresso, por sua vez, é aquele que exterioriza a vontade das partes de forma inequívoca – ou seja, sua principal característica é a forma de expressar a vontade. Por fim, a declaração presumida "deve ser considerada como a vontade de quem, podendo emiti-la, para produzir efeitos jurídicos diversos dos previstos na lei, não faz declaração"[76], o que pode ocorrer inclusive mediante o silêncio.

Quanto à forma, no ordenamento jurídico brasileiro vigora o princípio da liberdade das formas (art. 107 do Código Civil). Os contratos formais ou solenes são a exceção para esse princípio, eis que devem ser estipulados na forma prescrita na lei, sob pena de não terem validade[77].

Por fim, o objeto é o conjunto de atos que as partes se comprometem a praticar ao longo de determinada relação jurídica – ou seja, são as prestações das partes. Esse objeto deve ser possível, lícito e determinável. O intercâmbio entre essas prestações é considerado sua causa[78] e possui diversos sentidos:

> A palavra "causa" é empregada em pelo menos cinco sentidos distintos: (a) causa-fato jurídico *ou causa efficiens*; (b) causa-motivo; (c) causa da juridicidade, isto é, o porquê de determinados atos produzirem efeitos jurídicos, podendo qualificar-se como *causa naturalis* (derivada da natureza das coisas) ou *causa civilis* (advinda da lei civil); (d) causa de atribuição patrimonial, cujas espécies mais comuns são *causa credendi, causa donandi* e *causa solvendi*; e (e) causa final ou causa do contrato propriamente dita, cujas definições principais são a de função econômico-social do contrato (típica, segundo a doutrina que a con-

[76] GOMES, Orlando. **Contratos**. 25. ed. Rio de Janeiro: Forense, 2007, p. 62.

[77] BRASIL. **Lei n. 10.406, de 10 de janeiro de 2002**. Institui o Código Civil. Brasília, DF: Presidência da República, [2002]. Disponível em: http://www.planalto.gov.br/ccivil_03/leis/2002/l10406.htm. Acesso em: 23 jun. 2022.

[78] GOMES, Orlando. **Contratos**. 25. ed. Rio de Janeiro: Forense, 2007, p. 65.

sagrou), muito importante para a compreensão de cada tipo contratual, e a de fim do contrato (fim concreto), influente na validade e eficácia dos contratos[79].

Ao final, verifica-se que existem pressupostos e requisitos extremamente relevantes para se caracterizar o contrato no ordenamento jurídico brasileiro. Em síntese, a capacidade das partes; a idoneidade do objeto; a legitimidade; o consentimento; a forma; e a causa do objeto devem ser observados. Caso esses elementos não existam, não será caracterizado o contrato, por consequência, não haverá responsabilidade civil contratual.

Assim, vê-se tanto os requisitos e os pressupostos necessários para a caracterização de um contrato, quanto as consequências da inexecução dos termos acordados pelas partes.

Neste capítulo, foram tratados brevemente os principais elementos da responsabilidade civil no ordenamento jurídico brasileiro, principalmente da responsabilidade civil contratual, necessários para o entendimento desta publicação. A seguir, serão destacados os impactos do desenvolvimento tecnológico em conceitos jurídicos clássicos e as principais características dos contratos eletrônicos. Todavia, apenas no capítulo 5 será indicada a relação da responsabilidade civil com as relações jurídicas firmadas no meio digital, especificamente, aquelas formalizadas pelos *smart contracts*.

[79] AZEVEDO, Antônio Junqueira de. **Negócio jurídico e declaração negocial**: noções gerais e formação de declaração negocial. 1986. Tese (Professor Titular) – Universidade de São Paulo, São Paulo, 1986, p. 129.

3
DIREITO DIGITAL E OS CONTRATOS ELETRÔNICOS

O avanço tecnológico modificou diretamente as formas como os seres humanos se relacionam e interagem com o mundo físico, impactando no modo pelo qual prestam serviços e criam novas dinâmicas. Essa alteração nas relações humanas gerou a necessidade de se analisar conceitos jurídicos tradicionais para garantir que o Direito continue acompanhando a realidade, produzindo efeitos e tendo efetividade, como também para verificar se seus conceitos tradicionais ainda podem ser aplicados nessa nova realidade virtual.

Assim, na primeira seção deste capítulo, trabalha-se os principais impactos da tecnologia em conceitos jurídicos clássicos a exemplo do território, tempo, estabelecimento comercial, documentos e assinaturas. Todos elementos relevantes para o entendimento mais completo sobre os contratos firmados no meio eletrônicos, conforme tratado na seção seguinte.

3.1. O contrato na contemporaneidade – direito digital, revolução digital, sociedade da informação e internet das coisas

Esta seção aborda o impacto do desenvolvimento tecnológico na forma como se dão atualmente as relações humanas e, consequentemente, no âmbito contratual. A tecnologia está cada vez mais presente na vida dos indivíduos, o que não poderia deixar de ser observado pelo Direito – afinal, o Direito deve acompanhar as mudanças da sociedade, apesar de seu conteúdo, inicialmente, ter sido pensado para uma realidade que sequer imaginava as mudanças significativas que foram trazidas pela evolução tecnológica.

O desenvolvimento transformou a tecnologia em algo indispensável para a construção de conhecimentos e compartilhamento de informações, criando uma sociedade que se relaciona em rede. Assim, a revolução digital é uma realidade que construiu a base para a sociedade da informação.

Para Manuel Castells[80], a informação se tornou matéria-prima da tecnologia, diante disso, as novas tecnologias começaram a impactar diretamente aspectos sociais, econômicos e políticos da sociedade. Ainda, a interação social começou a se dar por intermédio da lógica de redes, nas quais todos estão conectados em um único sistema, e no qual existe uma relevante flexibilidade quanto à possibilidade de reconfigurar e alterar informações e, ao mesmo tempo, a concretização de uma convergência das tecnologias para esse sistema inteiramente integrado.

Daniel Bell[81] ressalta que a mudança que vem sendo gerada pela Revolução Digital é semelhante ao impacto causado pela Revolução Industrial[82].

[80] "A primeira característica do novo paradigma é que a informação é sua matéria-prima: são tecnologias para agir sobre a informação, não apenas informação para agir sobre a tecnologia, como foi o caso das revoluções tecnológicas anteriores. O segundo aspecto refere-se à penetrabilidade dos efeitos das novas tecnologias. Como a informação é uma parte integral de toda atividade humana, todos os processos de nossa existência individual e coletiva são diretamente moldados (embora, com certeza, não determinados) pelo novo meio tecnológico. A terceira característica refere-se à lógica de redes em qualquer sistema ou conjunto de relações, usando essas novas tecnologias da informação. A morfologia da rede parece estar bem adaptada à crescente complexidade de interação e aos moldes imprevisíveis do desenvolvimento derivado do poder criativo dessa interação. Essa configuração topológica, a rede, agora pode ser implementada materialmente em todos os tipos de processos e organizações graças a recentes tecnologias de informação. [...] Em quarto lugar, referente ao sistema de redes, mas sendo um aspecto claramente distinto, o paradigma da tecnologia da informação é baseado na flexibilidade. Não apenas os processos são reversíveis, mas organizações e instituições podem ser modificadas, e até mesmo fundamentalmente alteradas, pela reorganização de seus componentes. O que distingue a configuração do novo paradigma tecnológico é sua capacidade de reconfiguração, um aspecto decisivo em uma sociedade caracterizada por constante mudança e fluidez organizacional. [...] Então, uma quinta característica dessa revolução é a crescente convergência de tecnologias específicas para um sistema altamente integrado, no qual trajetórias tecnológicas antigas ficam literalmente impossíveis de se distinguir em separado. Assim, a microeletrônica, as telecomunicações, a optoeletrônica e os computadores são todos integrados nos sistemas de informação". CASTELLS, Manuel. **Sociedade em rede**: a era da informação: economia, sociedade e cultura. 17. ed. Trad. Roneide Venancio Majer. v. 1. São Paulo: Paz e Terra, 2016, p. 124-125.

[81] BELL, Daniel. **The coming of post-industrial society**. s. l.: Basic Books, 1999.

[82] Manuel Castells também destaca que a revolução digital é, "no mínimo, um evento histórico da mesma importância da Revolução Industrial do século XVIII, induzindo um padrão de

E é nesse contexto que Ricardo Lorenzetti destaca a necessidade de se rever os principais aspectos sociais:

> O surgimento da era digital trouxe a necessidade de repensar aspectos importantes relacionados à organização social, democracia, tecnologia, privacidade, liberdade e observa-se que muitas abordagens não possuem a sofisticação teórica que tais problemas exigem; tornam-se esterilizados, obscurecidos pela retórica, ideologia e ingenuidade[83] (tradução nossa).

Karl Schwab enfatiza que a revolução tecnológica é diferente de qualquer outra revolução já ocorrida, seja quanto aos aspectos de escala, escopo e complexidade, seja em razão da sua velocidade, amplitude e impacto.

> Nessa revolução, as tecnologias emergentes e as inovações generalizadas são difundidas muito mais rápida e amplamente do que nas anteriores, as quais continuam a desdobrar-se em algumas partes do mundo. A segunda revolução industrial precisa ainda ser plenamente vivida por 17% da população mundial, pois quase 1,3 bilhão de pessoas ainda não têm acesso à eletricidade. Isso também é válido para a terceira revolução industrial, já que mais da metade da população mundial, 4 bilhões de pessoas, vive em países em desenvolvimento sem acesso à internet. O tear mecanizado (a marca da primeira revolução industrial) levou quase 120 anos para se espalhar fora da Europa. Em contraste, a internet espalhou-se pelo globo em menos de uma década[84].

Essa nova forma de interação gerada pelo desenvolvimento tecnológico criou uma "Aldeia Global, permitindo que todas as pessoas do mundo pudessem ter acesso a um fato de modo simultâneo"[85]. Isso é acentuado pela velocidade crescente da sociedade em rede:

descontinuidade nas bases materiais da economia, sociedade e cultura". CASTELLS, Manuel. **Sociedade em rede**: a era da informação, economia, sociedade e cultura. v. 1. 17. ed. Trad. Roneide Venancio Majer. São Paulo: Paz e Terra, 2016, p. 88.

[83] No original: "*el surgimento de la era digital há suscitado la necesidad de repensar importantes aspectos relativos a la organización social, la democracia, la tecnologia, la privacidade, la libertad y se observa que muchos enfoques no presentan la sofisticación teórica que semejantes problemas requieren; se esterilizan obnubilados por la retórica, la ideologia y la ingenuidade*". LORENZETTI, Ricardo Luis. **Tratado de los Contratos**. t. 3. Santa Fe: Rubinzal-Culzoni, 2006, p. 833.

[84] SCHWAB, Klaus. **A quarta revolução industrial**. São Paulo: Edipro, 2016, p. 17.

[85] PINHEIRO, Patricia Peck. **Direito digital**. São Paulo: Saraiva, 2021, p. 23.

> enquanto o rádio baseia-se na transmissão de informações de um emissor para vários destinatários sem qualquer interatividade, e o serviço de telefonia restrinja a transmissão de informações de um único emissor para um único destinatário apenas; a *web* permite a troca de informações de muitos usuários para muitos outros ao mesmo tempo, e com total interatividade[86].

Assim, a comunicação humana passa a ter aspectos globais, gerando relações extremamente complexas decorrentes do uso da internet[87]. Nesse sentido, Irineu Francisco Barreto Junior destaca:

> o usuário da rede torna-se um poderoso polo ativo de produção e disseminação de informações e de conteúdo, em escala planetária, relacionados aos mais diversos assuntos, desde cultura, religião e lazer até mesmo em relação à política, à cidadania e às agências globais como a luta pela disseminação de democracia, a educação ambiental e a liberdade de disseminação de informações[88].

As tecnologias de informação, especificamente aquelas que processam dados digitais, como o uso de *Big Data*[89], e as infraestruturas, como *software* e *hardware*, permitem uma relevante variedade de novos modelos

[86] VIEIRA, Tatiana Malta. **O direito à privacidade na sociedade da informação**: efetividade desse direito diante dos avanços da tecnologia da informação. Porto Alegre: Sergio Antonio Fabris, 2007, p. 177.

[87] O Marco Civil da Internet conceitua internet em seu art. 4º, I, como "o sistema constituído do conjunto de protocolos lógicos, estruturado em escala mundial para uso público e irrestrito, com a finalidade de possibilitar a comunicação de dados entre terminais por meio de diferentes redes". BRASIL. **Lei n. 12.965, de 23 de abril de 2014**. Estabelece princípios, garantias, direitos e deveres para o uso da Internet no Brasil. Brasília, DF: Presidência da República, [2014]. Disponível em: http://www.planalto.gov.br/ccivil_03/_ato2011-2014/2014/lei/l12965.htm. Acesso em: 23 jun. 2022.

[88] BARRETO JUNIOR, Irineu Francisco. Proteção da privacidade e de dados pessoais na internet: o marco civil da rede examinado com fundamento nas teorias de Zygmunt Bauman e Manuel Castells. *In:* LIMA, Cíntia Rosa Pereira de; LUCCA, Newton de; SIMÃO FILHO, Adalberto (coord.). **Direito & Internet III**. t. 1. São Paulo: Quartier Latin, 2015, p. 405-430, p. 409.

[89] "O termo refere-se à dimensão e à diversidade dos dados que podem ser utilizados para a aplicação das tecnologias digitais, bem como às várias possibilidades de as combinar e avaliar e de as tratar pelas autoridades públicas e privadas em diferentes contextos. O *Big Data* é utilizado para controlar comportamentos individuais e coletivos, para registar tendências de desenvolvimento, para permitir novos tipos de produção e distribuição, bem como tarefas do Estado, mas também para novas formas de ilegalidade, especialmente o *cibercrime*".
WOLFGANG, Hoffmann-Riem. **Teoria geral do direito digital**. Trad. Italo Fuhrmann. São Paulo: Forense, 2020, p. 27.

de negócio, além de possibilitar a criação de valor por meio do seu uso. Como consequência, diversos setores da sociedade, economia e cultura são diretamente afetados.

> Na Era Digital, o instrumento de poder é a informação, não só recebida mas refletida. A liberdade individual e a soberania do Estado são hoje medidas pela capacidade de acesso à informação. Em vez de empresas, temos organizações moleculares, baseadas no indivíduo. A mudança é constante e os avanços tecnológicos afetam diretamente as relações sociais. Sendo assim, o Direito Digital é, necessariamente, pragmático e costumeiro, baseado em estratégia jurídica e dinamismo.
>
> O modelo de riqueza da Sociedade pós-Digital está baseado em ativos intangíveis, onde, do ponto de vista jurídico, crescem de importância as questões que envolvem a proteção da propriedade intelectual[90].

Nesse contexto surge o conceito de Internet das Coisas (*Internet of Things*), ou seja, a internet deixa de se relacionar somente com computadores e passa a integrar objetos do dia a dia, que também se conectam em rede. Trata-se da extensão da internet para o manuseio de processos cotidianos. Nesse sentido, tem-se indicado até a possibilidade do conceito de Internet de Tudo (*Internet of Everything*), eis que a tecnologia está não só em todos os lugares, mas também em todas as coisas[91].

> A conexão cada vez mais digitalizada entre pessoas, processos, dados e coisas tornou-se até motivo para se falar da *Internet of Everything* – termo usado para descrever um ambiente em que tudo se comunica com tudo o mais. A onipresença de um ambiente digitalizado que pensa junto e à frente para as pessoas também é referida como "inteligência ambiental" (*Ambient Intelligence*)[92]. As telecomunicações digitalizadas são atualmente muito mais do que um meio de troca de comunicação. É uma infraestrutura básica quase onipresente que pode e será utilizada para os mais diversos fins[93].

[90] PINHEIRO, Patricia Peck. **Direito digital**. São Paulo: Saraiva, 2021, p. 25.

[91] BRENNER, Susan W. Law in an era of "smart" technology". Inglaterra: Oxford University Press, 2007, p. 124.

[92] HOFSTETTER, Y. Das ende der demokratie. Wie die künstliche Intelligenz die Politik übernimmt und uns entmündigt. 2016, p. 28 e ss *apud* WOLFGANG, Hoffmann-Riem. **Teoria geral do direito digital**. Trad. Italo Fuhrmann. São Paulo: Forense, 2020, p. 52.

[93] WOLFGANG, Hoffmann-Riem. **Teoria geral do direito digital**. Trad. Italo Fuhrmann. São Paulo: Forense, 2020, p. 52.

Não por outro motivo, o Direito evoluiu e, como consequência, criou-se o direito digital para abranger "todos os princípios fundamentais e institutos que estão vigentes e são aplicados até hoje, assim como introduzindo novos institutos e elementos para o pensamento jurídico, em todas as suas áreas"[94]. Isso porque ataques cibernéticos que geram danos aos sujeitos envolvidos passaram a integrar o cotidiano dos indivíduos na Era Digital. Bruce Schneier destaca que as ameaças do mundo virtual nada mais são do que uma réplica das ameaças do mundo real[95] – todavia, como ocorrem no *ciberespaço*, seu alcance e consequências são diferentes:

> Embora os ataques no mundo digital possam ter os mesmos objetivos e compartilhar muitas das mesmas técnicas dos ataques do mundo físico, eles serão muito diferentes. Serão mais comuns. Serão mais divulgados. Será mais difícil rastrear, capturar e condenar os perpetrores. E seus efeitos serão mais devastadores. A Internet possui três características novas que tornam isso uma verdade. Qualquer uma delas é ruim; as três juntas são horrorizantes.
>
> *Automação* [...]. A automação rápida torna os ataques com uma taxa de retorno mínima em algo lucrativo. Os ataques que eram simplesmente mínimos para serem notados no mundo físico podem rapidamente se tornar uma grande ameaça no mundo digital. Muitos sistemas comerciais simplesmente não ligam para pequenas coisas; é mais barato ignorá-las do que consertá-las. Eles terão de pensar de forma diferente com os sistemas digitais. [...]
>
> A natureza global da Internet complica a investigação criminosa e também a perseguição. Localizar atacantes inteligentes em ocultar seus paradeiros pode ser quase impossível e, mesmo que você os encontre, o que pode ser feito? E o crime só é definido com relação a fronteiras políticas. Mas, se a Internet não possui uma "área" física para controlar, quem mantém a ordem?[96] (grifo original)

Portanto, apesar de existirem diversos avanços decorrentes do uso da tecnologia, a sociedade da informação está sujeita a problemas e novas formas de dano. De qualquer forma, o desenvolvimento cada vez mais rele-

[94] PINHEIRO, Patricia Peck. **Direito digital**. São Paulo: Saraiva, 2021, p. 26.

[95] SCHNEIER, Bruce. **Segurança.com**: segredos e mentiras sobre a proteção na vida digital. Trad. Daniel Vieira. Rio de Janeiro: Campus, 2001, p. 27.

[96] SCHNEIER, Bruce. **Segurança.com**: segredos e mentiras sobre a proteção na vida digital. Trad. Daniel Vieira. Rio de Janeiro: Campus, 2001, p. 29-33.

vante de tecnologias alterou a forma pela qual as pessoas se relacionam e firmam negócios jurídicos. Afinal, a Revolução Digital permitiu que a comunicação ocorresse globalmente, de forma extremamente eficiente e rápida. Os contratos eletrônicos surgiram, então, como uma consequência natural desse cenário.

E, assim como a internet está proporcionando um crescimento exponencial das operações econômicas, isso também está ocorrendo com os contratos firmados no meio eletrônico[97]. Buscando ainda mais eficiência e dinamicidade nas relações jurídicas, foram desenvolvidos os *smart contracts*, uma nova forma de contratação eletrônica por meio da autoexecução das cláusulas programadas, independentemente da conduta das partes envolvidas no negócio jurídico.

Nesse sentido, Pablo Stolze Gagliano e Rodolfo Pamplona Filho criticam o Código Civil em razão de o diploma não tratar da contratação eletrônica.

> Afigura-se-nos totalmente inconcebível que, em pleno século XXI, época em que vivemos uma verdadeira revolução tecnológica, iniciada especialmente após o reforço bélico do século passado, um código que pretenda regular as relações privadas em geral, unificando as obrigações civis e comerciais, simplesmente haja ignorado as relações jurídicas travadas por meio da rede mundial de computadores. Importantes questões atinentes à celebração do contrato à distância, ao resguardo da privacidade do internauta, ao respeito à sua imagem, à criptografia, às movimentações financeiras, aos *home banking*, à validade dos documentos eletrônicos, à emissão desenfreada de mensagens publicitárias indesejadas (SPAMs), tudo isso mereceria imediato tratamento do legislador[98].

De qualquer forma, apesar de não haver legislação específica sobre o assunto, as regras do Código Civil (e do Código de Defesa do Consumidor, para as relações consumeristas) são aplicáveis aos contratos eletrônicos[99]. Não se trata de uma nova classificação ou categoria de contrato, mas da

[97] Rebouças, Rodrigo Fernandes. **Contratos eletrônicos**: formação e validade – aplicações práticas. 2. ed. São Paulo: Almedina, 2018, p. 19.

[98] Gagliano, Pablo Stolze; Pamplona Filho, Rodolfo. **Novo curso de direito civil**. v. 1. São Paulo: Saraiva, 2003, p. 100.

[99] Tartuce, Flávio. **Direito civil**: teoria geral dos contratos e contratos em espécie. v. 3. 17. ed. Rio de Janeiro: Forense, 2022, p. 193.

indicação do meio eletrônico para sua formação, formalização e execução, o que será discutido nas seções seguintes desta obra.

Portanto, o impacto da Revolução Digital e a forma de interação da sociedade da informação atingiu diretamente a dinâmica das relações jurídicas, o que também se refletiu na forma como o Direito é aplicado, principalmente nas relações contratuais e nas questões decorrentes da responsabilidade civil de danos eventualmente gerados em situações submersas à conexão em rede.

3.2. Impactos do desenvolvimento tecnológico em conceitos jurídicos

Como indicado, a Revolução Digital criou novos parâmetros sociais. Conceitos tradicionais como tempo e território se alteraram de forma relevante com o surgimento da realidade virtual. Barreiras antes existentes, como a distância entre locais ou a dificuldade de comunicação entre as partes, passaram a existir concomitantemente a uma realidade em que não há qualquer distância geográfica e que a simultaneidade de comunicação é corriqueira. Muitos estabelecimentos deixaram de ser físicos para existirem apenas no mundo cibernético. Relações foram criadas das mais diversas formas, não fazendo mais sentido que o ordenamento jurídico aceitasse assinaturas e documentos apenas na via física. Assim, o impacto da realidade da sociedade da informação no mundo jurídico é trabalhado nesta seção, especialmente nos conceitos de território, tempo, estabelecimento comercial, documentos e assinaturas.

3.2.1. Território

A internet impactou não só as formas pelas quais os seres humanos se relacionam, mas também atingiu diretamente a ideia de território. Isso porque, trouxe uma nova realidade de espaço, em que fronteiras são indefinidas e interações humanas ocorrem instantaneamente, de forma a superar qualquer distância ou barreira geográfica existente no passado.

Como é notório, a territorialidade é essencial para o direito e está amplamente relacionada à soberania de um Estado. No entanto, a partir do desenvolvimento da internet, os limites territoriais geográficos e as fronteiras se diluíram, o que impactou diretamente nas competências jurisdicionais dos Estados e na atuação do governo sobre a população que ocupa essa base física.

Para o ordenamento jurídico brasileiro, o território é considerado a base geográfica de um Estado, formado pelo solo, subsolo, espaço aéreo, águas territoriais e plataforma continental e é delimitado pelas fronteiras (naturais ou convencionais). É a partir da definição de território que os limites da soberania são fixados, ou seja, essa é a existência de um governo sobre a população que habita a respectiva região[100].

A revolução tecnológica transportou a noção de território para uma nova realidade – a virtual –, apesar de, paralelamente, as partes permanecerem vivendo no mundo físico. Ou seja, o espaço deixa de estabelecer limites às ações e às atividades humanas, pois a nova realidade permite uma interação instantânea, conforme destaca Rogério Donnini:

> O espaço, destarte, passa, em muitas situações, a não estabelecer limites às ações e atividades humanas. A distância entre o início e o final, como a transferência de capitais, a transmissão de informações e comunicação, os contratos nas redes sociais, as atividades econômicas e sociais, entre outros, é quase instantânea. Por isso, há essa transformação de uma modernidade pesada para uma leve[101].

Por evidente, a situação gera questionamentos acerca da lei aplicável nas transações, seja para tratar da hipótese da formação do contrato no mundo virtual, seja para tratar do seu cumprimento e execução nesse novo território. Isso porque uma das principais características da internet é a desterritorialização – movimento pelo qual o território físico perde relevância, deixando de existir um espaço geográfico determinável, mas apenas um ambiente virtual, denominado *ciberespaço*, um

> ambiente gerado eletronicamente, formado pelo homem, as máquinas, a informática e as telecomunicações, onde é possível a prática de atos de vontade, dotado de limites diversos dos tradicionais, norteado e dimensionado fisicamente por comprimentos de onda e freqüências (*sic*), ao invés de pesos e medidas, e não constituído por átomos, mas por correntes energéticas[102].

Nesse sentido, Ricardo Lorenzetti reconhece a existência de um espaço cibernético distinto do espaço físico, pois "não existe um rio nem uma

[100] RESEK, José Francisco. **Direito internacional público**. São Paulo: Saraiva, 1993, p. 229.

[101] DONNINI, Rogério. **Responsabilidade civil na pós-modernidade**: felicidade, proteção, enriquecimento com causa e tempo perdido. Porto Alegre: Sergio Antonio Fabris, 2015, p. 124.

[102] HOESCHL, Hugo Cesar. O ciberespaço e o direito. **Revista Trimestral de Jurisprudência dos Estados**, São Paulo, ano 22, v. 167, p. 15-28, nov.-dez. 1998, p. 19.

montanha"[103] que possa defini-lo geograficamente. Independentemente disso, as relações desenvolvidas no *ciberespaço* envolvem pessoas físicas ou jurídicas, logo, seus efeitos se refletem diretamente no espaço físico no qual as pessoas se encontram.

Destaca-se, ainda, o ambiente cibernético denominado "nuvem" (*cloud*, em inglês), definido como "uma arquitetura por meio da qual dados e aplicativos residem no ciberespaço, permitindo que os usuários os acessem por intermédio de qualquer dispositivo conectado à web"[104]. Esse espaço alterou não só a forma pela qual as informações começaram a ser armazenadas pelas pessoas, mas a maneira como passou a permitir que indivíduos e empresas acessem um conjunto compartilhado de recursos e de informações em um mesmo ambiente, o que não existia em uma realidade de ambientes exclusivamente físicos.

Em conclusão, ainda que o *ciberespaço* se caracterize pela desterritorialização, as consequências decorrentes dos negócios jurídicos formados no meio eletrônico produzem efeitos no mundo real, atingindo partes localizadas em diferentes regiões. E, assim como o telefone mudou paradigmas em um passado não tão distante, o ambiente virtual se transformou em um novo meio de comunicação e de formalização de negócios jurídicos. Isso poderia impactar na soberania dos Estados pelo simples motivo de que os atos praticados no *ciberespaço* são dificilmente controlados ou fiscalizados.

3.2.2. Tempo

Apesar de existirem diversas definições de tempo – nos aspectos filosófico, físico ou religioso – ele pode ser considerado o momento exato de um acontecimento ou um período que se estende entre dois desses, funcionando como um instrumento de referência e medida da vida humana[105]. Por

[103] LORENZETTI, Ricardo Luis. **Comércio Eletrônico**. Trad. Fabiano Menke. São Paulo: RT, 2004, p. 32.

[104] No original: "*an architecture by which data and applications reside in cyberspace, allowing users to access them through any web connected device*". HORRIGAN, J. Use of cloud computing applications and services, 2008. Disponível em: http://www.pewinternet.org/2008/09/12/use-of-cloud-computing-applications-and-services/. Acesso em: 4 out. 2022.

[105] CASCALDI, Luis de Carvalho. **A reparação autônoma do dano por tempo perdido**. 2018. Tese (Doutorado em Direito) – Pontifícia Universidade Católica de São Paulo, São Paulo, 15 mar. 2019. Disponível em: https://tede2.pucsp.br/handle/handle/22245. Acesso em: 25 jun. 2022, p. 36.

oportuno, Rogério Donnini destaca a importância do conceito de tempo ao longo da história:

> a valorização do tempo é bastante antiga, pois sempre esteve afeita ao trabalho do homem e, como consequência, importante meio de sobrevivência e produção de riquezas. Embora o tempo seja considerado um bem essencial, na medida em que atrelado à existência humana, seu reconhecimento somente se operou de maneira mais evidente a partir da Revolução Industrial, especialmente em sua segunda fase, no século XIX, ocasião em que a produção necessitava de um tempo normatizado, exercendo verdadeiro controle sobre os trabalhadores na confecção de mercadorias. Nessa época, a jornada de trabalho usual era de 12 ou 13 horas, mas podia atingir até 17 horas, incluindo entre os operários crianças com menos de 12 anos de idade[106].

O desenvolvimento tecnológico impactou frontalmente a concepção dos seres humanos a respeito do tempo. No passado, havia um relevante lapso temporal na interação entre indivíduos que estivessem em locais diferentes, sobretudo em razão das grandes distâncias geográficas. Todavia, a partir da diluição das fronteiras no *ciberespaço*, indivíduos de qualquer lugar do mundo passaram a se comunicar simultaneamente, alterando diretamente a percepção e o conceito de tempo[107], conforme avalia Rogério Donnini:

> se antes da entrada na era da sociedade em rede a noção de tempo estava centrada em divisões ordenadas, isto é, jornada de trabalho, tempo familiar e tempo pessoal, controlados e divididos segundo determinados períodos do dia, atualmente tempo é visto de maneira flexível, com a realização de muitas tarefas de forma simultânea, em uma velocidade cada vez maior, própria de uma novel dimensão temporal. É inegável, por outro lado, que benefícios surgiram com essa técnica que domina a sociedade da informação, mas, com

[106] DONNINI, Rogério. **Responsabilidade civil na pós-modernidade**: felicidade, proteção, enriquecimento com causa e tempo perdido. Porto Alegre: Sergio Antonio Fabris, 2015, p. 113.

[107] "Atualmente, a ideia de tempo e espaço não mais possui os limites para se percorrer distâncias para uma grande quantidade de situações, em razão de um mundo digital e virtual, que passou a privilegiar o tempo como algo primacial". DONNINI, Rogério. **Responsabilidade civil na pós-modernidade**: felicidade, proteção, enriquecimento com causa e tempo perdido. Porto Alegre: Sergio Antonio Fabris, 2015, p. 114.

isso, o descontrole do tempo e sua incansável busca passou a ser uma das características na contemporaneidade[108].

No aspecto contratual não foi diferente. A incidência do tempo se refletiu na distinção entre os contratos firmados entre ausentes e presentes, que passaram a se fundamentar não na presença física efetiva das partes, mas sim, no tempo decorrente entre a apresentação da proposta e sua aceitação – ou seja, se existe simultaneidade nas comunicações e interatividade imediata entre as partes.

Assim, o desenvolvimento tecnológico transformou a maneira pela qual as relações jurídicas são firmadas entre sujeitos, garantindo imediaticidade em relações que ocorreriam apenas após um grande lapso temporal. Essa situação impactou a forma como o direito analisa o transcurso do tempo nas relações jurídicas.

> Contrasta com os dois períodos anteriores (*wetware* e *harware*) a pós-modernidade (*software*), também designada *modernidade leve*, o momento atual, em que nos deparamos com um processo de descorporificação, sem territórios, em um espaço virtual em que a instantaneidade prevalece. O espaço pode ser percorrido, ao menos nesse mundo cibernético, virtual, quase sem tempo algum[109].

Apresentados os parâmetros que evidenciam o processo de descorporificação de territórios e a instantaneidade da comunicação entre sujeitos localizados em qualquer parte do mundo, será possível compreender a partir de mais subsídios os contratos eletrônicos e suas características específicas.

3.2.3. Estabelecimento virtual

O art. 1.142 do Código Civil define estabelecimento como "todo complexo de bens organizado, para exercício da empresa, por empresário, ou por sociedade empresária"[110]. O estabelecimento deve ser considerado o com-

[108] DONNINI, Rogério. **Responsabilidade civil na pós-modernidade**: felicidade, proteção, enriquecimento com causa e tempo perdido. Porto Alegre: Sergio Antonio Fabris, 2015, p. 125-126.
[109] DONNINI, Rogério. **Responsabilidade civil na pós-modernidade**: felicidade, proteção, enriquecimento com causa e tempo perdido. Porto Alegre: Sergio Antonio Fabris, 2015, p. 125.
[110] BRASIL. **Lei n. 10.406, de 10 de janeiro de 2002**. Institui o Código Civil. Brasília, DF: Presidência da República, [2002]. Disponível em: http://www.planalto.gov.br/ccivil_03/leis/2002/l10406.htm. Acesso em: 23 jun. 2022.

plexo de bens utilizado pelo empresário para exercer sua atividade empresarial, sejam esses bens materiais ou imateriais, móveis ou imóveis[111], isto é, máquinas, equipamentos, bens relacionados à atividade desenvolvida, como patente, marca e programas de computação. Nesse sentido, Maria Antonieta Lynch Moraes registra:

> o estabelecimento é o conjunto de bens organizados para o exercício de atividade econômica, isto é, é o complexo de bens reunidos para a prática de uma atividade econômica organizada titularizada pelo empresário ou por uma sociedade empresária, ou titularizada pelo empresário na sua forma singular ou coletiva[112].

Assim, o fato de a internet constituir uma representação eletrônica da realidade tangível[113], independentemente de o estabelecimento ser "físico" ou "virtual", não altera o estabelecimento empresarial. Ainda que um serviço seja efetuado apenas no meio eletrônico, este envolve um complexo de bens materiais e imateriais, embora seus principais ativos existam apenas no mundo virtual.

Fábio Ulhoa Coelho destaca que o uso da internet já se tornou tão comum que até deixou de ser considerado um estabelecimento para ser compreendido como um canal de negócios para o comércio eletrônico:

> a rede mundial de computadores (internet) tem sido largamente utilizada para a realização de negócios. No início, para facilitar a compreensão da novidade, sugeriu-se que ela teria criado um novo tipo de estabelecimento, o virtual. Um estabelecimento acessível exclusivamente por transmissão eletrônica de dados (enquanto o estabelecimento físico se acessa pelo deslocamento no

[111] ASQUINI, Alberto. Perfis da empresa. Trad. Fábio Konder Comparato. **Revista de Direito Mercantil**, São Paulo: Malheiros, v. 104, p. 109-126, out.-dez. 1996. Disponível em: https://is.gd/U5WhjV. Acesso em: 25 jun. 2022, p. 119-120.

[112] MORAES, Maria Antonieta Lynch de. O estabelecimento comercial no novo Código Civil: o direito de empresa. **Revista Jurídica Consulex**, Brasília, v. 125, n. 6, p. 44-46, mar. 2002, p. 44.

[113] ZAMPAR JÚNIOR, José Américo. O *site* como estabelecimento virtual: novo meio de interação entre a empresa e o consumidor ou a nova categoria jurídica? **Revista de Direito Privado**, São Paulo, v. 9, n. 35, p. 160-172, jul.-set. 2008, p. 166 *apud* KLEE, Antonia Espíndola Longoni. O conceito de estabelecimento empresarial virtual e a proteção do consumidor nos contratos eletrônicos: algumas reflexões. *In:* MARTINS, Guilherme Magalhães (coord.). **Direito privado e internet**. São Paulo: Atlas, 2014, p. 195-232. Disponível em: http://www.ruyrosado.com/upload/site_producaointelectual/177.pdf. Acesso em: 05 jul. 2022, p. 213.

espaço). Atualmente, com a difusão do comércio eletrônico, o paralelo não é mais significativo. A internet é vista, hoje, não mais como um estabelecimento virtual, mas como um canal de negócios (compras, vendas, prestação de serviço) específico[114].

Ou seja, a tecnologia impactou o conceito anterior de estabelecimento empresarial, pois cada vez mais as empresas deixam de ter bens materiais e corpóreos, e passam a investir em bens imateriais e incorpóreos, existentes apenas no universo digital. Afinal, para uma empresa sobreviver em uma sociedade submetida a uma Revolução Digital, é preciso estar presente não só no mundo físico, mas inclusive no universo cibernético – só assim o estabelecimento terá representatividade nesse novo "canal de negócios", cada dia mais relevante.

3.2.4. Documentos e assinaturas eletrônicas

O desenvolvimento tecnológico permitiu que as partes manifestassem sua vontade no meio eletrônico. Mas, para essa declaração ser válida, o ordenamento jurídico brasileiro entende que é necessário o uso de um mecanismo a assegurar a integridade e a autenticidade do respectivo documento.

Por um lado, a integridade do documento será reconhecida quando evidente a inexistência de fraude no conteúdo ou alteração indevida após o contrato ter sido celebrado entre as partes[115]. Por outro, a autenticidade envolve a possibilidade de ser confirmada, com segurança razoável, a autoria da manifestação de vontade representada no documento[116].

Nesse sentido, o art. 411 do Código de Processo Civil indica que os documentos serão autênticos quando: (i) o tabelião reconhecer a firma do signatário; (ii) a autoria estiver identificada por qualquer outro meio

[114] Coelho, Fábio Ulhoa. **Manual de direito comercial**: direito de empresa. 33. ed. São Paulo: Saraiva, 2021 (*ebook*), p. RB-5.6.

[115] De acordo com a doutrina pátria, a integridade se relaciona à preservação das características originais do documento, sem emendas ou rasuras que substituam ou acrescentem no texto letras ou algarismos. Amaral, Sylvio de. **Falsidade documental**. 4. ed. Campinas: Imprenta, 2000, p. 49.

[116] A autenticidade é a "atribuição da qualidade de autoria intelectual [...], de quem se diz ser autor do documento". Alvim, José Manuel de Arruda. **Manual de direito processual civil**. v. 2. 11. ed. São Paulo: RT, 2007, p. 488. "Fale-se em autenticidade [...] quando a autoria aparente corresponde à autoria real". Braga, Paula Sarno; Didier Junior, Fredie; Oliveira, Rafael. **Curso de direito processual civil**. v. 2. Salvador: JusPodivm, 2018, p. 108.

legal de certificação, inclusive eletrônico, nos termos da lei; ou (iii) não houver impugnação da parte contra quem foi produzido o documento[117]. Portanto, em regra, quando o tabelião reconhecer a firma daquele que o assinou ou forem identificados os "meios legais de certificação", já será possível conferir autenticidade ao documento. Todavia, caso nenhum desses exista, haverá a presunção de sua autenticidade[118] até a impugnação da parte contra quem o documento foi produzido.

Essa situação demonstra que a presunção de autenticidade e integridade dos documentos eletrônicos é *juris tantum*, isto é, relativa. De acordo com a Câmara Técnica de Documentos Eletrônicos, sempre que um documento é transmitido pelo espaço (entre pessoas, sistemas ou aplicativos) ou tempo (diante da armazenagem de documentos ou atualização), a autenticidade do documento digital é ameaçada[119].

Assim, presume-se a autenticidade na demonstração do uso de tecnologias com procedimentos que garantem tanto a sua integridade quanto a sua identidade. Caso o conteúdo do documento seja impugnado, a parte deverá demonstrar que a "cadeia de custódia ininterrupta"[120] permaneceu inalterada. Do contrário, a presunção não mais existirá, conforme ressalta César Viterbo Matos Santolim:

> para que a manifestação de vontade seja levada a efeito por um meio eletrônico, é fundamental que estejam atendidos dois requisitos de validade [...]:

[117] BRASIL. **Lei n. 13.105, de 16 de março de 2015**. Código de Processo Civil. Brasília, DF: Presidência da República, [2015]. Disponível em: http://www.planalto.gov.br/ccivil_03/_ato2015-2018/2015/lei/l13105.htm. Acesso em: 25 jun. 2022.

[118] BRASIL. Código de Processo Civil (2015). "Art. 408. As declarações constantes do documento particular escrito e assinado ou somente assinado presumem-se verdadeiras em relação ao signatário".

[119] BRASIL. Ministério da Justiça. **Diretrizes para a presunção de autenticidade de documentos arquivísticos digitais**. [Brasília]: Conselho Nacional de Arquivos, Câmara Técnica de Documentos Eletrônicos, dez. 2012. Disponível em: https://www.gov.br/conarq/pt-br/centrais-de-conteudo/publicacoes/conarq_presuncao_autenticidade_completa.pdf. Acesso em: 25 jun. 2022, p. 1.

[120] A cadeia de custódia ininterrupta é formada pela linha contínua existente nos documentos arquivados, que assegura que os documentos indicados não foram modificados e são autênticos. FLORES, Daniel; ROCCO, Brenda Couto de Brito; SANTOS, Henrique Machado dos. Cadeia de custódia para documentos arquivísticos digitais. **Acervo**: Revista do Arquivo Nacional, s. l., v. 29, n. 2, p. 117-132, 17 nov. 2016. Disponível em: https://revista.an.gov.br//index.php/revistaacervo/article/view/717. Acesso em: 05 jul. 2022, p. 130.

> a) o meio utilizado não deve ser adulterável sem deixar vestígios; e b) deve ser possível a identificação dos emitentes das vontades registradas. [...]
>
> Qualquer que seja, pois, o suporte utilizado para oportunizar a manifestação de vontade dos contratantes (fita magnética, disco magnético, disco ótico, cartão magnético, ou outros), para que se possa cogitar, efetivamente, da feitura de um documento que instrumente o contrato por computador é imprescindível que tal suporte seja dotado de mecanismos de proteção que impeçam a modificação do seu conteúdo sem deixar vestígios. Caso impossível o atendimento a tal requisito, o meio será imprestável a, por si só, servir como instrumento contratual. Da mesma forma, seja pela utilização de códigos, senhas, assimilação de características pessoais (impressão digital, reconhecimento da íris ocular, do suor, da morfologia do fio de cabelo, e outros), ou utilização de chaves (cartões magnéticos ou óticos, de regra), em forma individual ou combinada, é absolutamente essencial que se tenha como proceder à identificação daquele que manifesta sua vontade através de um meio eletrônico, sob pena de, mais uma vez, tornar inservível o meio para instrumentar validamente a relação contratual[121].

Diante disso, e com o objetivo de garantir autenticidade e integralidade dos contratos firmados eletronicamente, a Medida Provisória n. 2.200-2/2001 (MP 2.200-2/01) instituiu a Infraestrutura de Chaves Públicas Brasileira (ICP-Brasil), uma tecnologia fundamentada em três elementos essenciais: (i) a criptografia assimétrica; (ii) a assinatura digital; e (iii) a certificação[122].

A criptografia, palavra de origem grega, "é a técnica ou o mecanismo através do qual escreve-se escondendo e tornando incompreensível determinada informação, tendo como escopo uma comunicação segura e unicamente acessível entre os interlocutores"[123]. Logo, é a escrita formada por

[121] SANTOLIM, Cesar Viterbo Matos. **Formação e eficácia probatória dos contratos por computador**. São Paulo: Saraiva, 1995, p. 33-34.

[122] BRASIL. **Medida Provisória n. 2.200-2, de 24 de agosto de 2001**. Institui a Infra-Estrutura de Chaves Públicas Brasileira – ICP-Brasil, transforma o Instituto Nacional de Tecnologia da Informação em autarquia, e dá outras providências. Brasília, DF: Presidência da República, [2001]. Disponível em: http://www.planalto.gov.br/ccivil_03/mpv/antigas_2001/2200-2.htm. Acesso em: 25 jun. 2022.

[123] MARQUES, Antônio Terêncio G. L. **A prova documental na internet**. Curitiba: Juruá, 2011, p. 156.

códigos, com o objetivo de proteger a integridade das informações contidas no documento, para que apenas os interlocutores tenham acesso. De acordo com Antônio Terêncio G. L. Marques, a criptografia se fundamenta em conceitos matemáticos, também denominados algoritmos, "utilizados não para embaralhar as palavras das frases ou as próprias letras das palavras, mas, sim, os próprios bits do documento eletrônico"[124].

Diante disso, foram criadas duas formas de criptografia: a simétrica e a assimétrica. A primeira delas é o modelo mais antigo, comumente denominada chave privada. Uma mesma chave permite o acesso às mensagens trocadas pelas partes e, por isso, pode ser utilizada por qualquer um que tiver acesso a seus dados (simétrica), razão pela qual deve ser mantida em segredo (privada). Normalmente, essa chave é representada por meio de uma senha, usada tanto pelo remetente quanto pelo destinatário, o que traz questionamentos quanto à sua segurança[125].

Já a criptografia assimétrica, comumente denominada chave pública, é formada por um par de chaves diferentes entre si (uma "chave pública" e uma "chave privada"). As chaves se relacionam matematicamente por meio de um algoritmo, de forma que o texto cifrado por uma chave apenas seja decifrado pela outra do mesmo par. A chave pública pode ser conhecida pelo público em geral, mas a privada só será conhecida pelo titular. Dessa forma, a criptografia assimétrica é o meio mais seguro para ser utilizado em redes públicas, por garantir tanto a integridade do documento eletrônico quanto a sua autenticidade[126].

[124] MARQUES, Antônio Terêncio G. L. **A prova documental na internet**. Curitiba: Juruá, 2011, p. 158.

[125] LIGUORI, Carlos. **Direito e criptografia**. São Paulo: Saraiva, 2022, p. 15 (*ebook*).

[126] "A criptografia assimétrica, muitas vezes chamada de criptografia de chave pública, resolve este problema usando um par de chaves geradas criptograficamente que têm uma relação matemática especial uma com a outra. Nestes sistemas, uma das chaves é mantida em segredo (a chave privada) e a outra (a chave pública) é disponibilizada livremente: ela pode ser compartilhada abertamente por meio de uma rede não segura. Neste modelo, mesmo que Ariel e Biella nunca se tenham encontrado, Ariel pode divulgar sua chave pública *online* (por exemplo, em seu *website*, em sua conta no Twitter, ou em servidores dedicados à troca de chaves públicas). Biella pode então usar a chave pública de Ariel para criptografar mensagens que somente Ariel pode decodificar usando sua chave privada única e secreta associada à chave pública que ela compartilhou. A criptografia de chave pública é essencial para proteger o tráfego na web e as comunicações *on-line*, além de ser a base de tecnologias de criptografia como TLS/SSL e PGP". GILL, Lex; ISRAEL, Tamir; PARSONS, Christopher. **Shining a light on the encryption debate**: a Canadian field guide. Relatório de Pesquisa,

Quanto à assinatura digital, independentemente de um documento ser eletrônico ou físico, a prova de sua autoria se dá por meio da assinatura. No caso do documento eletrônico, a autoria será comprovada por meio da assinatura digital.

A assinatura digital, diversamente da criptografia, não garante a confidencialidade do documento, mas assegura sua autenticidade e integridade por ser um mecanismo que identifica o remetente de determinada mensagem eletrônica. Assim, uma vez assinado um documento, qualquer alteração em seu conteúdo torna inválida a assinatura digital.

Para Antônio Terêncio G. L. Marques, o processo de assinatura digital pode ser resumido em três fases: (i) a mensagem é resumida mediante um algoritmo; (ii) a chave privada é aplicada ao resumo da mensagem, que passa a ser criptografada; e (iii) o certificado digital do autor é anexado a uma chave pública[127]. Dessa forma, um determinado usuário poderá utilizar uma única chave privada para obter diferentes assinaturas digitais, pois cada uma estará diretamente veiculada ao conteúdo do documento assinado. Se realmente houver qualquer alteração no conteúdo, a assinatura será invalidada.

Assim, a assinatura digital garante a observância da autenticidade e integridade do documento e seu conteúdo ao preencher as exigências previstas no Código de Processo Civil. Nesse sentido, Lilian Sandra Soares argumenta:

> a assinatura digital assimétrica é uma importante técnica de segurança, pois (i) autentica o documento e faz prova da manifestação de vontade daquele que o assinou; (ii) não pode ser falsificada, pois apenas o subscritor possui a chave que permite assinar o documento; (iii) confere a cada um dos documentos assinados uma assinatura com um código amoldado ao conteúdo; (iv) impede a modificação do documento em virtude do código criado e que está vinculado ao conteúdo; (v) não pode ser contestada se utilizar um sistema aprovado e a certificação for válida[128].

CitizenLab – University of Toronto, 2018 *apud* Liguori, Carlos. **Direito e criptografia**. São Paulo: Saraiva, 2022, p. 15 (*ebook*).

[127] Marques, Antônio Terêncio G. L. **A prova documental na internet**. Curitiba: Juruá, 2011, p. 127.

[128] Soares, Lilian Sandra. A utilização do documento eletrônico como meio de prova. **Revista do Tribunal Regional do Trabalho 3ª Região**, Belo Horizonte, v. 60. n. 91, p. 99-112, jan.-

Diante disso, todas as assinaturas digitais realizadas em contratos com processo de certificação emitido por entidade credenciada à estrutura do ICP-Brasil serão consideradas autênticas em relação às partes signatárias, legítimas, fiéis e exatas. Importante observar que a jurisprudência tem aceitado documentos produzidos e assinados por meios eletrônicos, independentemente dos instrumentos físicos[129] [130].

No entanto, o art. 10, § 2º, da MP 2.200-2/01 admite expressamente o uso de outros processos de certificação, ainda que não tenham sido originados por intermédio da estrutura do ICP-Brasil[131]. Nesses casos, as par-

jun. 2015. Disponível em: https://as1.trt3.jus.br/bd-trt3/handle/11103/27265. Acesso em: 25 jun. 2022, p. 106.

129 "A perícia grafotécnica realizada concluiu pela autenticidade das assinaturas apostas nos documentos apresentados nos autos. Outrossim, o tipo de formalização do contrato foi "com PIN" ("*Personal Identification Number*"), código de segurança digital, inferindo que o contrato foi de fato formalizado eletronicamente. [...] Assim, tendo em vista que o empréstimo foi contratado eletronicamente, mediante senha de acesso, não poderia mesmo o réu ser compelido a apresentar contrato físico assinado pela representante da empresa autora". SÃO PAULO (Estado). Tribunal de Justiça (37ª Câmara de Direito Privado). Apelação n. 1000139-19.2016.8.26.0116. [...] Contrato de financiamento Giropré formalizado com "PIN". Contratação eletrônica. Depósito efetivado na conta da empresa autora. Débito existente. Ausência de verossimilhança das alegações das autoras. Não comprovação dos fatos constitutivos do seu direito [...]. Apelantes: Eliete Rabelo de Araújo Ramos e E.R. de Araújo Ramos – ME. Apelado: Itaú Unibanco S/A. Rel. Des. Pedro Kodama, 08 de maio de 2018. **Diário da Justiça Eletrônico**, São Paulo, 09 maio 2018. Disponível em: https://is.gd/fvR4PA. Acesso em: 25 jun. 2022. p. 5.

130 "Não procedem as alegações de que o contrato não foi firmado pela apelante e que o instrumento sequer foi por si assinado. [...] Como a contratação foi efetuada diretamente em caixa eletrônico, mediante utilização de senha sigilosa, pessoal e intransferível do correntista, desnecessária a assinatura manuscrita da consumidora, pois no caso certamente se fez uso de assinatura eletrônica". SÃO PAULO (Estado). Tribunal de Justiça (15ª Câmara de Direito Privado). Apelação n. 1000183-62.2017.8.26.0032. COBRANÇA. CRÉDITO DIRETO AO CONSUMIDOR. [...] Alegação de invalidade do contrato e ausência de assinatura. Inadmissibilidade. Contrato que foi ajustado diretamente em caixa eletrônico, com uso de senha sigilosa, pessoal e intransferível do correntista, a tornar desnecessária a assinatura manuscrita, diante do uso de assinatura eletrônica. Documento comprobatório juntado pelo banco que não foi objeto de impugnação específica pela consumidora. [...]. Apelante: Rosa Maria Gonçalves de Lima Ramos. Apelado: Banco do Brasil. Rel. Des. Jairo Oliveira Júnior, 20 de dezembro de 2017. **Diário da Justiça Eletrônico**, São Paulo, 20 dez. 2017. Disponível em: https://esaj.tjsp.jus.br/cjsg/getArquivo.do?cdAcordao=11096430&cdForo=0. Acesso em: 25 jun. 2022, p. 6.

131 BRASIL. **Medida Provisória n. 2.200-2, de 24 de agosto de 2001**. Institui a Infra-Estrutura de Chaves Públicas Brasileira – ICP-Brasil, transforma o Instituto Nacional de Tecnologia da Informação em autarquia, e dá outras providências. Brasília, DF: Presidência da República,

tes envolvidas no contrato devem admitir essa forma de certificação como válida, devendo ser aceita também pela pessoa a quem o documento for eventualmente oposto[132]. O documento não gozará da mesma presunção de autenticidade e integridade, e só será assim considerado (art. 411, III, do Código de Processo Civil) se "não houver impugnação da parte contra quem foi produzido o documento"[133].

Portanto, nas hipóteses em que um contrato eletrônico for assinado digitalmente por meio de mecanismo homologado pelo ICP-Brasil, a autenticidade e a integridade serão presumidas ou, se isso não ocorrer, até a impugnação da parte contra quem foi produzido o documento. Nesta última hipótese, o ônus da prova será da parte contra quem a impugnação foi dirigida. Assim, deve-se demonstrar que o mecanismo utilizado para a contratação tem a capacidade de assegurar a integridade e a autenticidade do documento.

Por fim, o certificado digital é o elemento que contém, entre outras informações, a chave pública, os dados do titular e a própria assinatura digital[134], é um *software* personalíssimo que permite a identificação segura e inequívoca de seu titular.

Os certificados existentes no mercado podem ser classificados conforme diversos critérios. No que se refere à segurança, os certificados da ICP-Brasil são classificados em: (i) certificado digital A1 – gerado e armazenado no computador pessoal do titular – e (ii) certificado digital A3 – portátil, disponibilizado em um *token* ou cartão, e pode ser utilizado em

[2001]. Disponível em: http://www.planalto.gov.br/ccivil_03/mpv/antigas_2001/2200-2.htm. Acesso em: 25 jun. 2022.

132 O art. 10, § 2º, da MP 2.200-2/01 não exige que as partes assinem um documento físico para reconhecer a validade do uso de assinaturas digitais/eletrônicas, utilizando segurança e criptografia não certificadas pela ICP-Brasil. Parece-nos que o dispositivo legal busca esclarecer que nada impede que as partes aceitem determinada forma de manifestação de consentimento em meio eletrônico, inclusive com o uso de certificados que não sejam emitidos pela ICP-Brasil. Diante disso, recomendamos a inclusão de uma cláusula no contrato eletrônico/digital na qual a contraparte declare que reconhece como válido, e concorda com o mecanismo de certificação adotada para celebração do contrato entre as partes contratantes.

133 BRASIL. **Lei n. 13.105, de 16 de março de 2015**. Código de Processo Civil. Brasília, DF: Presidência da República, [2015]. Disponível em: http://www.planalto.gov.br/ccivil_03/_ato2015-2018/2015/lei/l13105.htm. Acesso em: 25 jun. 2022.

134 ORDEM DOS ADVOGADOS DO BRASIL. Conselho Federal. **Certificação Digital**. [Juiz de Fora, 201-?], Disponível em: http://www.juizdefora-oabmg.org.br/docs/cartilha-certificacao-digital-oab.pdf. Acesso em: 05 jul. 2022, p. 3.

qualquer computador[135]. Independentemente da espécie do certificado, as declarações constantes dos documentos eletrônicos firmados com processo de certificação emitido por entidade credenciada perante a ICP-Brasil se presumem autênticas em relação às partes signatárias.

Com isso, a certificação digital garante de forma eficaz a autenticidade, a integridade, a eficácia e a validade dos documentos produzidos e transmitidos eletronicamente, uma vez que confere validade jurídica à assinatura digital. E, independentemente da certificação digital, se não houver qualquer impugnação acerca do documento produzido eletronicamente, produzirá efeitos e será considerado autêntico pelo ordenamento jurídico. Portanto, como a formalização dos instrumentos de forma física não é obrigatória no Brasil, se as partes estiverem de acordo, a contratação poderá ser feita de maneira eletrônica e produzirá efeitos no ordenamento jurídico brasileiro (art. 107 do Código Civil)[136].

Observadas essas premissas, não haveria qualquer impedimento para a contratação por intermédio de meios eletrônicos, como já ocorre com a assinatura digital. Para essa assinatura ser válida, deve-se cumprir esses requisitos e garantir que o conteúdo do documento não foi alterado, assegurando sua integridade, autenticidade e a possibilidade de se identificar as partes envolvidas.

3.3. Contratos eletrônicos

Nesta seção, analisa-se as principais características dos contratos eletrônicos. Nesse sentido, é fundamental abordar seus diferentes conceitos e formas de contratação para, em seguida, explorar a formação do contrato no meio eletrônico.

3.3.1. Conceito e formas de contratação

A liberdade quanto à forma de contratar é um fundamento do ordenamento jurídico brasileiro. Assim, nas hipóteses em que a lei não vincular

[135] ASSINATURAS digitais na ICP-Brasil. Doc-ICP-15. Versão 1.0., s. l., 20 fev. 2008. Disponível em: http://iti.gov.br/images/repositorio/consulta-publica/encerradas/DOC-ICP-15-Assinaturas_digitais_na_ICP-Brasil.pdf. Acesso em: 05 jul. 2022.

[136] "A validade da declaração de vontade não dependerá de forma especial senão quando a lei expressamente exigir". BRASIL. **Lei n. 10.406, de 10 de janeiro de 2002**. Institui o Código Civil. Brasília, DF: Presidência da República, [2002]. Disponível em: http://www.planalto.gov.br/ccivil_03/leis/2002/l10406.htm. Acesso em: 23 jun. 2022.

a validade da declaração de vontade dos contratantes ao cumprimento de uma específica formalidade[137], o negócio jurídico poderá ser firmado da maneira escolhida pelas partes, desde que não contrarie a lei[138].

Assim, se o agente for capaz, o objeto lícito, possível, determinado ou determinável, e a contratação observar a forma prescrita ou não defesa em lei[139], não haverá qualquer impedimento para as partes declararem e formalizarem suas vontades pelo meio eletrônico[140], conforme destaca Maria Helena Diniz:

> não vislumbramos em nosso Código Civil qualquer vedação legal à formação do contrato via eletrônica, salvo nas hipóteses legais em que se requer forma solene para a validade e eficácia negocial.
>
> As ofertas nas *homepages* seguem as normas dos arts. 427 e 428 do Código Civil, e, uma vez demonstrada a proposta e aceitação, por exemplo, pela remessa do número de cartão de crédito ao solicitante, o negócio virtual terá existência, validade e eficácia[141].

Assim, apesar de existirem diversas denominações para tratar dos contratos eletrônicos (*i.e.*, contratos virtuais, contratos firmados na internet, contratação via internet), fato é que o *nomen iuris* não altera as principais características a serem observadas, destacando-se o momento e o meio

[137] Exemplo de formalidade é o caso de compra e venda de imóvel, que precisa ser firmado em escritura pública e, posteriormente, registrado. BRASIL. Código Civil (2002). Art. 108. "Não dispondo a lei em contrário, a escritura pública é essencial à validade dos negócios jurídicos que visem à constituição, transferência, modificação ou renúncia de direitos reais sobre imóveis de valor superior a trinta vezes o maior salário mínimo vigente no País".

[138] Diniz, Maria Helena. **Código Civil anotado**. 12. ed. São Paulo: Saraiva, 2006, p. 148.

[139] BRASIL. Código Civil (2002). Art. 104: "A validade do negócio jurídico requer: I – agente capaz; II –objeto lícito, possível, determinado ou determinável; III –forma prescrita ou não defesa em lei".

[140] "A primeira observação a ser feita sobre os contratos telemáticos, ao que parece, não obstante sua aparente obviedade, é que nada impede possam eles ser livremente celebrados pelos que assim o desejarem. Inexiste norma jurídica em nossa ordenação que proíba a realização de contratos por tal meio. A única exceção, evidentemente, diz respeito às hipóteses legalmente previstas, para as quais se exige forma solene para que possa o ato jurídico produzir os efeitos jurídicos pertinentes". De Lucca, Newton. **Aspectos jurídicos da contratação informática e telemática**. São Paulo: Saraiva, 2003, p. 94.

[141] Diniz, Maria Helena. **Código Civil anotado**. 12. ed. São Paulo: Saraiva, 2006, p. 754.

utilizados para sua formação[142], que deve ocorrer em redes eletrônicas públicas ou privadas. Nesse aspecto, devem ser considerados também os contratos tradicionais, formados no mundo físico, mas executados e operacionalizados de forma eletrônica, que caracterizarão contratos eletrônicos *lato sensu*. É o que sustenta Rodrigo Fernandes Rebouças:

> o contrato eletrônico deve ser conceituado como o negócio jurídico contratual realizado pela manifestação de vontade, das posições jurídicas ativa e passiva, expressada por meio (= forma) eletrônico no momento de sua formação. Portanto, a manifestação de vontade por meio eletrônico sobrepõe a sua instrumentalização, de maneira que não é uma nova categoria contratual, mas sim, forma de contratação por manifestação da vontade expressada pelo meio eletrônico[143].

Roberto Senise Lisboa e Bruno Ricardo Bioni entendem que "contrato eletrônico é aquele em que o ajuste das partes contratantes efetiva-se através do uso da informática, o que engloba desde a utilização do bom e velho fax à assinatura digital (criptografada)"[144]. Por outro lado, Maria Eugênia Finkelstein classifica o contrato eletrônico como

> o negócio jurídico bilateral que resulta do encontro de duas declarações de vontade e é celebrado por meio da transmissão eletrônica de dados. Ele geralmente é formado pela aceitação de uma oferta pública disponibilizada na Internet ou de uma proposta enviada a destinatário certo, via correio eletrônico, contendo, no mínimo, a descrição do bem e/ou produto ofertado, preço e condições de pagamento[145].

142 "Os contratos eletrônicos são negócios jurídicos bilaterais que utilizam o computador e as novas tecnologias como mecanismo responsável pela formação e instrumentalização do vínculo contratual". SOUZA, Sérgio Iglesias Nunes de. **Lesão nos contratos eletrônicos na sociedade da informação**: teoria e prática da juscibernética ao Código Civil. São Paulo: Saraiva, 2009, p. 49-51.

143 REBOUÇAS, Rodrigo Fernandes. **Contratos eletrônicos**: formação e validade – aplicações práticas. 2. ed. São Paulo: Almedina, 2018, p. 33.

144 BIONI, Bruno Ricardo; LISBOA, Roberto Senise. A formação e a conclusão dos contratos eletrônicos. **Revista FMU Direito**, São Paulo, ano 24, n. 32, p. 123-140, 2010. Disponível em: https://www.academia.edu/42642627/A_forma%C3%A7%C3%A3o_e_a_conclus%C3%A3o_dos_contratos_eletr%C3%B4nicos. Acesso em: 25 jun. 2022, p. 2.

145 FINKELSTEIN, Maria Eugênia. **Direito do comércio eletrônico**. 2. ed. Rio de Janeiro: Campus Elsevier, 2011, p. 175. Apesar de vincular a definição para negócios jurídicos bilaterais e limitar às hipóteses de contratação para ofertas públicas e correspondências eletrônicas,

Ainda que as definições de contratos eletrônicos sejam vagas e tragam aspectos diferentes entre si, para fins desta publicação, são considerados como contratos em que a celebração ou execução ocorre no meio eletrônico. Meio eletrônico engloba os aparatos de informática (*i.e.*, celular, computador, *tablet*, entre outros) conectados à internet pública ou privada, homogênea ou não, ou por uma tecnologia na qual haja fluxo de dados e informações[146].

Isso significa que haverá um regime comum aos contratos eletrônicos quando a declaração de vontade das partes for formulada ou executada por meio eletrônico, e o instrumento utilizado processar dados e garantir o fluxo dessas informações. Erik Gramstrup explica essa definição:

> a) O essencial da definição está em que a declaração de vontade, elemento definidor do negócio jurídico, é formulada em meio eletrônico. Portanto, os contratos eletrônicos em geral não se caracterizam pelo conteúdo específico. Não são apenas aqueles contratos viabilizados pela rede mundial de computadores, para dar um contraexemplo. Eles caracterizam-se, mais, pelo meio em que a proposta e a aceitação se encontraram – o meio eletrônico.
>
> b) Os instrumentos escolhidos – e que permitem a compreensão do que seria "meio eletrônico" – são aparatos capazes de processamento de dados e ligados de maneira a haver fluxo de dados, normalmente uma rede pública ou privada. Não é essencial que essa rede seja a internet, embora muitas vezes seja esse o caso. Pode ser que o *hardware* esteja conectado por meio de uma rede particular. O importante é que esse meio de comunicação exista entre os aparatos empregados pelas partes, já se deixando claro que qualquer instrumento tecnológico que venha a conviver ou substituir as redes, tal como são hoje conhecidas, poderá ser abrigado pela definição. Nem é necessário que uma ou mais partes disponha de um computador pessoal, no sentido popular dessa palavra. É possível negociar com outros aparelhos capazes de processamento, tal como os *smartphones*, *tablets* e outros dotados de microcircuito processador.
>
> c) Essa definição tem o objetivo de definir que contratos seriam "eletrônicos" a ponto de admitir um regime geral ou comum, obediente às normas

o que limita o conceito proposto neste estudo, essa conceituação também é relevante e deve ser destacada.

146 GRAMSTRUP, Erik Frederico. Contratos eletrônicos: formação, consentimento, lei e jurisdição aplicável. **Revista de Direito Recuperacional e Empresa**. São Paulo: RT, abr.-jun. 2018 (*ebook*).

civis, além daquelas normas especiais constantes do Marco Civil da Internet e outras que vierem a ser promulgadas[147].

Assim, será caracterizado contrato eletrônico quando a declaração de vontade e sua aceitação forem realizadas no meio eletrônico, independentemente do conteúdo tratado. Também será um contrato eletrônico aquele que, apesar de ter sido firmado no modelo tradicional, com assinatura em papel, tenha sua execução efetuada eletronicamente. Nesse sentido, meio eletrônico será aquele que permite o processamento de dados, com fluxo das informações por meio de uma rede pública ou privada. Essa conceituação permite a inclusão de novas tecnologias, já que qualquer instrumento que permita fluxo e processamento de dados poderá ser abarcado nessa definição.

A partir disso, o contrato eletrônico pode ser classificado segundo a forma pela qual as partes manifestam sua vontade para firmar o vínculo contratual, quais sejam: interpessoal, interativo e intersistêmico[148]. Quanto à primeira, a proposta e a aceitação decorrem da comunicação realizada no meio eletrônico entre dois sujeitos de direito. Nesse caso, os comandos de cada um são emitidos em sistemas interligados com fluxo de dados:

> as duas manifestações volitivas essenciais ao preenchimento dos requisitos de existência da relação jurídica ocorrem, cada um ao seu turno, no momento em que seus autores transmitem a mensagem eletrônica. O contrato que dela se origina é similar (i) ao contrato por correspondência, deste se distinguindo pelo fato de não ser adotado o suporte físico papel, mas o suporte informático; (ii) ao contrato verbal à distância, ou por telefone, deste também se distinguindo pelo meio adotado para veicular a manifestação de vontade[149].

[147] GRAMSTRUP, Erik Frederico. Contratos eletrônicos: formação, consentimento, lei e jurisdição aplicável. **Revista de Direito Recuperacional e Empresa**. São Paulo: RT, abr.-jun. 2018 (*ebook*).

[148] BRANCHER, Paulo Marcos Rodrigues. Contrato eletrônico. *In:* CAMPILONGO, Celso Fernandes; FREIRE, André Luiz; GONZAGA, Alvaro de Azevedo (coord.). **Enciclopédia jurídica da PUC-SP**. Tomo: Direito Comercial. Fábio Ulhoa Coelho, Marcus Elidius Michelli de Almeida (coord. de tomo). São Paulo: Pontifícia Universidade Católica de São Paulo, 2017. Disponível em: https://enciclopediajuridica.pucsp.br/verbete/259/edicao-1/contrato-eletronico. Acesso em: 25 jun. 2022.

[149] ROSSI, Mariza Delapieve; SANTOS, Manuel Joaquim Pereira dos. Aspectos legais do comércio eletrônico – contratos de adesão. **Revista do Direito do Consumidor**, São Paulo: RT, n. 36, p. 105-129, out. 2000, p. 105.

Na comunicação interativa, "a manifestação da vontade é enviada por uma pessoa, por meio da transmissão eletrônica de dados, sendo que um sistema informático recebe a comunicação e envia automaticamente uma resposta"[150]. Ou seja, a interação se dá entre um sujeito de direito e um sistema informático.

Por fim, no caso da comunicação intersistêmica[151], a contratação será realizada por sistemas previamente programados para esse fim[152], sem qualquer interferência humana. Por isso, é possível às partes envolvidas se sentirem mais confiantes com a assinatura de um contrato prévio que fundamente essa relação jurídica. Assim, todas as funcionalidades operacionais e de segurança a serem observadas pelo contrato intersistêmico estarão previamente estabelecidas pelas partes.

Importante destacar que esses sistemas programados derivam da vontade humana. Dessa forma, ainda que o negócio jurídico decorra de um contrato firmado por um sistema, foi previamente programado por uma pessoa. Logo, o negócio jurídico estabelecido entre as partes é considerado legítimo, visto que observou diversos princípios como o da autonomia privada e o da força obrigatória dos contratos[153].

Há ainda quem considere uma quarta categoria de forma em que as partes manifestam sua vontade para firmar o vínculo contratual: os *smart*

[150] BRANCHER, Paulo Marcos Rodrigues. Contrato eletrônico. *In:* CAMPILONGO, Celso Fernandes; FREIRE, André Luiz; GONZAGA, Alvaro de Azevedo (coord.). **Enciclopédia jurídica da PUC-SP**. Tomo: Direito Comercial. Fábio Ulhoa Coelho, Marcus Elidius Michelli de Almeida (coord. de tomo). São Paulo: Pontifícia Universidade Católica de São Paulo, 2017. Disponível em: https://enciclopediajuridica.pucsp.br/verbete/259/edicao-1/contrato-eletronico. Acesso em: 25 jun. 2022.

[151] Os contratos intersistêmicos também são denominados de *Eletronic Data Interchange*. Conforme explica Patricia Peck, eles "consistem em negociações contratuais firmadas remotamente, ou seja, as manifestações de vontade dos contratantes perfazem-se por comandos eletrônicos e computacionais, sem comando da parte contratante". PINHEIRO, Patricia Peck. Contratos digitais: apenas um meio ou nova modalidade contratual?. **Consultor Jurídico**, s. l., 29 jul. 2016. Disponível em: https://www.conjur.com.br/2016-jul-29/patricia-peck-contratos-digitais-sao-modalidade-contratual. Acesso em: 25 jun. 2022.

[152] BARBAGALO, Erica Brandini. **Contratos eletrônicos**: contratos formados por meio de redes de computadores – peculiaridades da formação do vínculo. São Paulo: Saraiva, 2001, p. 26.

[153] GRAMSTRUP, Erik Frederico. Contratos eletrônicos: formação, consentimento, lei e jurisdição aplicável. **Revista de Direito Recuperacional e Empresa**. São Paulo: RT, abr.-jun. 2018 (*ebook*).

contracts[154]. Isso porque eles contêm elementos tanto dos contratos intersistêmicos quanto dos contratos interpessoais.

Nos *smart contracts*, há uma programação prévia do instrumento contratual que fixará os direitos e as obrigações das partes e, paralelamente, uma automação na execução dessas obrigações. Ou seja, em um primeiro momento, o *smart contract* é formalizado como um contrato interpessoal; todavia, sua execução ocorrerá de forma autônoma, característica do contrato intersistêmico. É o que sublinha Mariana Costa:

> no atual *status quo* de desenvolvimento tecnológico, uma das soluções que tem sido avançada perante estes contratos de maior complexidade é a de verter o conteúdo do acordo negocial em dois suportes distintos: um assente em linguagem natural, no qual se incluem cláusulas dotadas de maior abertura e flexibilidade, como boa-fé, "best efforts", "hardship", entre outras; e um segundo, correspondente ao *descentralized smart contract*, onde são incluídas as cláusulas de executoriedade mais rígida. A este modo de celebração dos *smart contracts* é dado o nome de *code-and-contract hybrids*[155] (grifos originais).

Nesse aspecto, o *smart contract* também pode ser classificado como interativo, ou seja, quando um sujeito de direito interage diretamente com um sistema informático e sua execução ocorre de forma automatizada e ele-

[154] "Acrescentamos ao presente estudo uma 'nova' forma de contratação eletrônica dos denominados *Smart Contracts* – entendemos que tal forma de contratação pode ser denominada como de característica mista entre os contratos intersistêmicos e os contratos interpessoais. [...] Uma vez realizada a prévia programação de todo o instrumento contratual e respectivos direitos e obrigações das partes (fase interpessoal), os quais serão eletronicamente verificados tal como o pagamento e/ou a entrega de determinado bem ou serviço, haverá a automática execução eletrônica de todas as demais obrigações contratuais, tais como a liberação de garantias, pagamento do preço, remessa do produto ao comprador, etc. (fase intersistêmica). Portanto, acreditamos que o *Smart Contract* é uma forma de contratação eletrônica mista, sendo seu primeiro momento formalizado sob a característica do contrato interpessoal e no momento subsequente concluído (execução do contrato) sob a característica de contrato intersistêmico, execução automática e integralmente eletrônica". Rebouças, Rodrigo Fernandes. **Contratos eletrônicos**: formação e validade – aplicações práticas. 2. ed. São Paulo: Almedina, 2018, p. 56-57.

[155] Costa, Mariana Fontes da. *Decentralized smart contracts*: entre a autotutela preventiva e a heterotutela reconstitutiva. *In:* Araujo, Fernando; Lupior, Ricardo (org.). **Direito, tecnologia e empreendedorismo**: uma visão luso-brasileira. Porto Alegre: Fi, 2020, p. 477-494, p. 488.

trônica. Essa situação ocorrerá principalmente em casos envolvendo relação de consumo, o que não é objeto de análise desta obra[156].

Uma vez trabalhada a conceituação de contrato eletrônico e suas formas de contratação, passa-se a analisar os elementos que integram sua formação. Características como local, tempo e seus elementos constitutivos são relevantes para determinar as normas a serem aplicadas a determinada relação jurídica. Sendo o *smart contract* formado no meio eletrônico, essas características também se aplicam a essa modalidade.

3.3.2. Formação do contrato eletrônico

Com a revolução tecnológica e a intensificação da globalização, a interatividade no mundo digital tornou-se rotineira nas redes sociais e nas transações realizadas em poucos segundos pelas mais diferentes plataformas *online*. Isso permite que os indivíduos se comuniquem, transmitam informações, manifestem sua vontade e firmem contratos em pouco tempo[157], mediante um simples toque ou clique na tela. Assim, alguém conectado em uma rede de internet poderá ter contato instantâneo com outro indivíduo, localizado em qualquer lugar do mundo.

[156] Essa classificação se torna relevante sob aspectos processuais, pois eventual divergência entre o instrumento em linguagem natural e em linguagem computacional poderá causar litígios entre as partes. Cardoso, André Guskow; Talamini, Eduardo. *Smart contracts*, "autotutela" e tutela jurisdicional. *In*: Alvim, Teresa Arruda; Belizze, Marco Aurélio; Cabral, Trícia Navarro Xavier; Mendes, Aluisio Gonçalves de Castro (coord.). **Execução civil**: novas tendências. Indaiatuba: Foco, 2022, p. 163-211, p. 169.

[157] Em 1996, a Lei Modelo da Comissão das Nações Unidas para o Direito Comercial Internacional – *United Nations Commission on International Trade Law* (UNCITRAL) – sobre Arbitragem Comercial Internacional tratou expressamente da possibilidade de serem aceitos contratos celebrados por meio de meios eletrônicos, ao reconhecer no art. 5º que "não se negarão efeitos jurídicos, validade ou eficácia à informação apenas porque esteja na forma de mensagem eletrônica". Nesse mesmo sentido, o art. 11, ao tratar da formação e validade dos contratos, indicou que "salvo disposição em contrário das partes, na formação de um contrato, a oferta e sua aceitação podem ser expressas por mensagens eletrônicas. Não se negará validade ou eficácia a um contrato pela simples razão de que se utilizaram mensagens eletrônicas para a sua formação". COMISSÃO DAS NAÇÕES UNIDAS PARA O DIREITO COMERCIAL INTERNACIONAL. **Lei Modelo da UNCITRAL sobre Arbitragem Comercial Internacional**. Trad. Flavia Foz Mange, Gustavo Santos Kulesza, Rafael Bittencourt Silva e Rafael Vicente Soares. s. l., 2006. Disponível em: https://es.conjur.com.br/dl/lei-modelo-arbitragem-elaborada.pdf. Acesso em: 25 jun. 2022, p. 11; 13-14.

A realidade digital se tornou ainda mais presente quando da pandemia da Covid-19[158]. A impossibilidade de as pessoas se encontrarem fisicamente exigiu mudanças de paradigmas sobre a forma como os seres humanos poderiam se relacionar, trabalhar e contratar, permitindo um mergulho ainda mais intenso no universo eletrônico[159].

No aspecto contratual, essa situação afeta diretamente a caracterização dos contratos eletrônicos, pois eles dependem do tipo de tecnologia utilizada para externalizar a vontade das partes em relação ao objeto da contratação. Diante disso, trabalha-se a seguir as fases entre as negociações dos termos de um contrato eletrônico até sua efetiva formação, isto é, desde a pré-contratual – quando os termos de um contrato futuro ainda estão sendo discutidos, mediante a apresentação de uma proposta – até o reconhecimento dos elementos do contrato preliminar e a formação do contrato em si. Uma vez superados esses pontos, analisa-se o tempo e o local de formação do contrato, eis que o desenvolvimento tecnológico impactou diretamente questões relacionadas à distância geográfica e à imediaticidade na comunicação, o que também atinge os contratos eletrônicos.

3.3.2.1. Fase pré-contratual

Antes de se firmar um contrato, as partes interessadas negociam (fase pré-contratual). Nesse período, ainda não há uma relação contratual entre as partes e nem a formação do negócio jurídico. Apesar de o art. 422 do Código Civil[160] indicar a necessidade de observância da boa-fé objetiva somente na conclusão e na execução do contrato, as negociações preliminares também estão submetidas a essa premissa.

[158] PICCOLOTTO, Letícia. Mundo pós-pandemia vai ser mais digital e, ao mesmo tempo, mais humano. **Jota**, s. l., 09 jun. 2020. Inova&Ação. Disponível em: https://www.jota.info/coberturas-especiais/inova-e-acao/mundo-pos-pandemia-vai-ser-mais-digital-e-ao-mesmo-tempo-mais-humano-09062020. Acesso em: 25 jun. 2022.

[159] Tanto é assim que, atualmente, há a construção de uma realidade virtual paralela denominada metaverso, em que os indivíduos de qualquer lugar do mundo podem interagir, aprender, colaborar, trabalhar, entre outros, em um único ambiente virtual, mediante avatares que se encontram no mesmo local dentro desse universo digital. MALAR, João Pedro. Entenda o que é o metaverso e por que ele pode não estar tão distante de você. **CNN Brasil**, São Paulo, 10 set. 2021. CNN Brasil *Business*. Disponível em: https://www.cnnbrasil.com.br/business/entenda-o-que-e-o-metaverso-e-por-que-ele-pode-nao-estar-tao-distante-de-voce/. Acesso em: 06 jul. 2022.

[160] BRASIL. Código Civil (2002). "Art. 422. Os contratantes são obrigados a guardar, assim na conclusão do contrato, como em sua execução, os princípios de probidade e boa-fé".

> Nas negociações preliminares já existe um contato social entre os contraentes, de onde emergem deveres de conduta vazados na preservação de condutas leais e cuidados recíprocos, ao transcurso das tratativas. A quebra da boa-fé pela ruptura imotivada das conversações é fator que vulnera a confiança daquele que foi induzido a legítimas expectativas de que o contrato seria realizado. [...] Há um exercício desleal do direito de recesso por parte daquele que adota condutas isoladamente lícitas, mas incompatíveis com o dever de correção, quando vistas em conjunto. Trata-se da proibição ao *venire contra factum proprium*[161].

Na fase pré-contratual, os envolvidos negociam e especificam o objeto do contrato, além de desenvolverem o objetivo que deverá ser atingido caso o negócio jurídico se concretize. Isso significa que o dever de informação assume grande relevância e pode influenciar o curso do negócio jurídico se descumprido. "No momento de aproximação das partes e de tentativa de regulamentação de seus interesses, torna-se imperiosa a troca de informações, que pode levar ou não à concretização do negócio"[162].

Especificamente no caso dos contratos eletrônicos, o dever de informação é ainda mais relevante, pois é possível que não exista um contato físico entre as partes ou uma análise mais profunda do negócio em si. Isso leva à necessidade de as partes prestarem todas as informações relevantes para que o outro tenha ciência sobre o que está sendo de fato negociado e, posterior e possivelmente, contratado[163].

Nesse momento, a proposta é apresentada. Orlando Gomes define proposta como "firme declaração receptícia de vontade dirigida à pessoa com a qual pretende alguém celebrar um contrato"[164]. Ou seja, deve representar a vontade da parte que possui intenção de contratar, destacada de forma clara e sem ambiguidades ou omissões.

A proposta é unilateral e vincula o proponente sobre os termos apresentados para um futuro contrato[165], salvo nas hipóteses previstas no art.

[161] ROSENVALD, Nelson. **Dignidade humana e boa-fé no Código Civil**. São Paulo: Saraiva, 2005, p. 100.

[162] AGUIRRE, João Ricardo Brandão. **Responsabilidade e informação**: efeitos jurídicos das informações, conselhos e recomendações entre particulares. São Paulo: RT, 2011, p. 157-158.

[163] REBOUÇAS, Rodrigo Fernandes. **Contratos eletrônicos**: formação e validade – aplicações práticas. 2. ed. São Paulo: Almedina, 2018, p. 106.

[164] GOMES, Orlando. **Contratos**. 25. ed. Rio de Janeiro: Forense, 2007, p. 73.

[165] BRASIL. Código Civil (2002). "Art. 427. A proposta de contrato obriga o proponente, se o contrário não resultar dos termos dela, da natureza do negócio, ou das circunstâncias do caso".

428 do Código Civil[166]. E, nos contratos eletrônicos, não é diferente. Apesar de existir uma grande facilidade no envio de propostas eletrônicas, os termos indicados vinculam o proponente em eventual contratação.

Além disso, a proposta unilateral gera justa expectativa aos seus receptores, razão pela qual as propostas devem ser precisas, claras, cumprir o dever de informação indicando o prazo de validade e as hipóteses de retratação, além de serem destinadas a um sujeito determinado. Caso a proposta seja destinada a um público incerto e indeterminado, sua denominação será alterada para oferta[167].

Nesse momento, como o vínculo obrigacional ainda não foi formado, não é possível a uma parte exigir a execução específica do objeto negociado, em razão da incerteza de que as partes de fato atingiriam o resultado final. É um momento de negociação preliminar, no qual a parte contrária deverá somente ressarcir o dano sofrido àquele que confiou que o contrato seria firmado[168].

3.3.2.2. Contrato preliminar

O contrato preliminar visa garantir a formação de um negócio jurídico futuro e deve conter os elementos do contrato definitivo para vincular as

[166] BRASIL. Código Civil (2002). "Art. 428. Deixa de ser obrigatória a proposta: I – se, feita sem prazo a pessoa presente, não foi imediatamente aceita. Considera-se também presente a pessoa que contrata por telefone ou por meio de comunicação semelhante; II – se, feita sem prazo a pessoa ausente, tiver decorrido tempo suficiente para chegar a resposta ao conhecimento do proponente; III – se, feita a pessoa ausente, não tiver sido expedida a resposta dentro do prazo dado; IV – se, antes dela, ou simultaneamente, chegar ao conhecimento da outra parte a retratação do proponente".

[167] GOMES, Orlando. **Contratos**. 25. ed. Rio de Janeiro: Forense, 2007, p. 73.

[168] Isso porque, na fase pré-contratual, o princípio da boa-fé atua na criação de deveres de proteção e correção do exercício jurídico, pautando o modo como serão desempenhados direitos subjetivos e posições jurídicas. Nessa fase, os deveres que decorrem da boa-fé incidirão, ou não, em virtude do caso concreto. Se incidirem, e quando incidirem, terão o efeito de levar o julgador a declarar a existência de vinculabilidade jurídica entre as partes, reconhecendo, portanto, a existência de deveres de proteção e dever de prestação. Porém, a existência de dever jurídico de proteção pode se ter configurado quando do contrato social qualificado. A solução se limitará ao pagamento das perdas e danos pelo interesse negativo, isto é, aquilo que o indenizado perdeu e deixou de ganhar por não ter concluído o contrato, mas de modo algum incluindo o que ganharia se o contrato tivesse sido formado. MARTINS-COSTA, Judith. **A boa-fé no direito privado**: critérios para a sua aplicação. São Paulo: Marcial Pons, 2015, p. 429-430.

partes envolvidas[169]. Caso as partes prevejam uma reserva de complementação sobre questões essenciais do negócio, não será um contrato preliminar, mas uma simples minuta, que não tem o poder de vinculá-las acerca da celebração do negócio. Esse é o entendimento da 2ª Turma do Supremo Tribunal Federal e de alguns Tribunais de Justiça Estaduais[170]:

[169] BRASIL. Código Civil (2002). "Art. 462. O contrato preliminar, exceto quanto à forma, deve conter todos os requisitos essenciais ao contrato a ser celebrado".

[170] SÃO PAULO (Estado). Tribunal de Justiça (1ª Câmara de Direito Privado). Apelação n. 9129816-67.2009.8.26.0000. INDENIZAÇÃO Aquisição de Empresa [...] Negociações prévias – Na aquisição de empresas denota-se três fases bem definidas: a *due diligence*, a negociação e a integração – Mútuo Consentimento – Requisito fundamental para a formação e existência do contrato – Fase pré-contratual que, não obstante a longa e complexa tratativa, não obriga à negociação, se as partes não estiverem de acordo com os seus termos, dentre eles o preço, admitindo-se a desistência imotivada – Inexistência de responsabilidade por danos materiais e moral [...]. Apelantes: Euroflex Indústria e Comércio Ltda e outros. Apelada: Graham Packaging do Brasil Indústria e Comércio S/A. Rel. Des. Alcides Leopoldo, 26 de agosto de 2014. **Diário da Justiça Eletrônico**, São Paulo, 27 ago. 2014. Disponível em: https://is.gd/DyzfQM. Acesso em: 05 jul. 2022. SÃO PAULO (Estado). Tribunal de Justiça (8ª Câmara de Direito Privado). Apelação n. 9191408-83.2007.8.26.0000. [...] Pedido indenizatório decorrente de ruptura da negociação após assinatura da "Carta de Intenções". Documento que não vincula as partes ao contrato definitivo. Efeitos dependentes de condição suspensiva (conclusão positiva do *due dilligence*). Responsabilidade pré-contratual decorrente tão-somente da quebra da boa-fé objetiva, não verificada no caso. Corrés que agiram com transparência durante toda a negociação, conduzindo-se nos termos acordados. Desativação da planta industrial e demissão dos funcionários por mera precipitação da autora. Perda de mercado. Responsabilidade por eventuais prejuízos daí decorrentes que não pode ser imputada às corrés [...]. Apelante: Incobrasa Industries Ltda. Apelados: ADM do Brasil Ltda. e outra. Rel. Des. Pedro de Alcântara da Silva Leme Filho, 02 de outubro de 2013. **Diário da Justiça Eletrônico**, São Paulo, 26 out. 2013. Disponível em: https://esaj.tjsp.jus.br/cjsg/getArquivo.do?cdAcordao=7125772&cdForo=0. Acesso em: 05 jul. 2022. SÃO PAULO (Estado). Tribunal de Justiça (2ª Câmara Reservada de Direito Empresarial). Apelação n. 0174973-42.2011.8.26.0100. CONTRATO PRELIMINAR. *JOINT VENTURE*. EXPLORAÇÃO DE ATIVO DO AUTOR, TOTEM PUBLICITÁRIO. ROMPIMENTO DAS NEGOCIAÇÕES PRELIMINARES. INDENIZAÇÃO POR DANOS MORAIS E MATERIAIS. Do exame dos autos, tornou-se claro que o autor tinha ciência de que o negócio poderia não se concretizar. Em outras palavras, ir além da operação da *joint venture*, visto que inúmeros documentos foram por ele encaminhados, a fim de que tivesse o réu efetivo conhecimento da situação financeira do autor. Não se vê, portanto, atos de deslealdade do réu em virtude de ter promovido operações conjuntas com o autor, no interregno da *due diligence*, pois tinha conhecimento o autor de que a controladora do réu impunha condições para celebração definitiva da sociedade. No entanto, a situação deficitária do autor, somada à inviabilidade da sociedade, apontada pelo réu, conforme orientação de sua controladora – RBS, impediu a constituição

se, no curso das negociações, as partes acordam, sobre os elementos essenciais do contrato, deixando, porém, para momento posterior (o da celebração do contrato definitivo), a solução de questões relativas a elementos acidentais, e reduzem tudo isso a escrito, esse documento caracteriza um contrato preliminar (e, portanto, obrigatório para ambas), ou não passa, mesmo no que diz respeito aos pontos principais já considerados irretratáveis, de mera minuta (pactuação), sem o caráter vinculante de contrato preliminar e, consequentemente, insuscetível de adjudicação compulsória?[171] (grifo nosso)

da sociedade. Do exame das provas, é possível concluir que as partes, ambas, contribuíram para o insucesso do empreendimento e, por isso, a sentença, que considerou exclusivamente o réu como responsável pelo rompimento do contrato preliminar deve ser modificada. Recurso do réu parcialmente provido para julgar improcedente o pedido de indenização. Recurso adesivo do autor prejudicado. Apelante/Apelado: Pontomobi Tecnologia Informática Ltda. Apelado/Apelante: R M F Publicidade e Propaganda Ltda. Rel. Des. Carlos Alberto Garbi, 28 de novembro de 2016. **Diário da Justiça Eletrônico**, São Paulo, 30 nov. 2016. Disponível em: https://esaj.tjsp.jus.br/cjsg/getArquivo.do?cdAcordao=10019106&cdForo=0. Acesso em: 05 jul. 2022. RORAIMA. Tribunal de Justiça (Câmara Única). Apelação n. 0010.11.700023-1. [...] AÇÃO DE INDENIZAÇÃO. CONTRATO PRELIMINAR OBJETIVANDO A PERMUTA DE IMÓVEL POR PARTICIPAÇÃO SOCIETÁRIA EM EMPREENDIMENTO. PRAZO PARA A MANIFESTAÇÃO DA OPÇÃO. DILAÇÃO POR MEIO DE DECLARAÇÃO DE VONTADE DE AMBAS AS PARTES FORMALIZADA POR MEIO ELETRÔNICO. VALIDADE. DANOS EMERGENTES CONSTATADOS. INEXISTÊNCIA DE LUCROS CESSANTES. ELEMENTOS ACIDENTAIS A SEREM DEFINIDOS NO CONTRATO DEFINITIVO. IMPOSSIBILIDADE DE EXECUÇÃO ESPECÍFICA. ALTERAÇÃO DO ÔNUS SUCUMBENCIAL. SENTENÇA REFORMADA. RECURSO PARCIALMENTE PROVIDO [...]. Apelante: Legacy Incorporadora Ltda. Apelada: Ribeiro Campos Empreendimentos Imobiliários. Relatora: Juíza Convocada Elaine Cristina Bianchi, 19 de agosto de 2014. **Diário da Justiça**, [Boa Vista], 21 ago. 2014.

[171] BRASIL. Supremo Tribunal Federal (2ª Turma). Recurso Extraordinário n. 88.716-5-RJ. FORMAÇÃO DE CONTRATO PRELIMINAR SUSCEPTÍVEL DE ADJUDICAÇÃO COMPULSÓRIA. [...] O ART- 639 DO CÓDIGO DE PROCESSO CIVIL PRESSUPÕE A EXISTÊNCIA DE CONTRATO PRELIMINAR QUE TENHA O MESMO CONTEÚDO (ELEMENTOS ESSENCIAIS E ACIDENTAIS ENCARADOS OBJETIVAMENTE) QUE O CONTRATO DEFINITIVO QUE AS PARTES SE COMPROMETERAM A CELEBRAR. [...]. Recorrente: DISTRIBUIDORA DE COMESTÍVEIS "DISCO" S.A. e outros. Recorrido: SUPERMERCADOS PÃO DE AÇÚCAR S.A. Rel. Min. Moreira Alves, 11 de setembro de 1979. **Diário da Justiça**, [Brasília], 30 nov. 1979. Disponível em: https://redir.stf.jus.br/paginadorpub/paginador.jsp?docTP=AC&docID=182517. Acesso em: 25 jun. 2022, p. 659-660.

O contrato preliminar pode ser definido como "convenções que objetivam a realização de um contrato, a gerar deveres e obrigações a uma ou a ambas as partes"[172]. Nesse mesmo sentido, Enéas Costa Garcia reitera:

> as partes celebram, no contrato preliminar, um contrato cujo objeto é a celebração de outro negócio jurídico. [...]
>
> Variadas são as razões que levam as partes a celebrarem um contrato preliminar. Por vezes a complexidade do negócio, especialmente naqueles contratos solenes, leva as partes à conclusão de um ajuste preliminar, assegurando desde logo a eficácia do acordo obtido enquanto são realizadas outras providências (ex. lavratura de escritura, registro, etc.). Em outras ocasiões existe a impossibilidade momentânea de conclusão do contrato, ou esta não é conveniente ou está na dependência de alguma outra providência[173].

Ainda, Renato Grecco estabelece que o contrato preliminar nada mais é do que um verdadeiro contrato que cria direito, deveres, pretensões e obrigações às partes.

> Diversamente de outras figuras da fase pré-contratual, com as quais é por vezes confundido – até em razão de algumas denominações, como "pré-contrato" –, é o contrato preliminar verdadeiro contrato, que, como tanto, cria direitos/deveres, pretensões/obrigações[174].

[172] Venosa, Sílvio de Salvo. **Direito civil**: teoria geral das obrigações e teoria geral dos contratos. 10. ed. São Paulo: Atlas, 2010, p. 432.

[173] Garcia, Enéas Costa. **Responsabilidade pré e pós-contratual à luz da boa-fé**. São Paulo: Juarez de Oliveira, 2003, p. 33; 55.

[174] "É isso que explica, de forma didática, o Desembargador Francisco Loureiro, em acórdão proferido pelo Tribunal de Justiça de São Paulo, em caso no qual uma das partes confundia os efeitos do contrato preliminar com outros documentos e atos próprios da fase pré-contratual: "Fraca a tese de inexistência de negócio jurídico. Confunde a recorrente duas figuras absolutamente díspares entre si: negociações preliminares (fase de pontuação), sem efeito vinculativo e contrato preliminar, com efeito vinculativo e tendo por objeto a celebração do contrato definitivo. No caso concreto, trata-se de contrato preliminar, que existe, pois reúne todos os elementos (consentimento, forma e objeto) e é valido. O contrato preliminar, em que pese sua natureza acessória, é negócio jurídico como qualquer outro, com a peculiaridade de ter por objeto a celebração de outro contrato. Embora o trespasse propriamente dito jamais tenha sido firmado, a promessa de venda e compra do estabelecimento comercial foi pactuada, como demonstra o instrumento contratual [...], com todos os elementos suficientes a lhe dar existência. Se houve, ou não, inadimplemento ao contrato preliminar, a questão é outra, que não envolve nem inexistência e nem invalidade do negócio jurídico" (SÃO PAULO (Estado)

O reconhecimento da caracterização do contrato preliminar em uma relação jurídica é extremamente relevante para se verificar a consequência em caso de inadimplemento dos termos acordados. Caso o contrato preliminar seja efetivamente caracterizado, o art. 475 do Código Civil[175] estabelece que a parte lesada pelo inadimplemento poderá requerer tanto a resolução do contrato com pagamento de perdas e danos, quanto o seu cumprimento. Se optar pelo cumprimento do negócio jurídico, haverá a execução específica do contrato, que consiste em condenar o devedor a cumprir os termos iniciais. Diante disso, haverá determinação judicial para o cumprimento do previsto no contrato preliminar, nos exatos termos acordados, segundo destaca Antônio Junqueira de Azevedo:

> A primeira questão é deixar claro que, para qualificar um contrato como preliminar, deve-se verificar a presença dos elementos essenciais do tipo contratual definitivo. Se houver esses elementos e se também seus requisitos estiverem presentes (art. 462 do Código Civil), teremos um contrato preliminar existente, válido e eficaz (eficácia forte ou fraca). A partir daí, uma vez qualificado o contrato preliminar, o regime jurídico se biparte; deve-se analisar a espécie de contrato preliminar de que se trata, à luz de sua interpretação completa, incluindo, agora, os elementos acidentais e todas as circunstâncias relevantes do caso concreto, especialmente a vontade das partes e o grau de predeterminação do conteúdo do contrato definitivo, e concluir, assim, se sua eficácia é forte ou fraca. Será fraca conforme a vontade das partes ou se o procedimento integrativo previsto não for suficientemente desenvolvido, quando então não caberá a execução direta de prestar declaração de vontade – será possível, se for o caso, perdas e danos (veja-se, por exemplo, o art. 465 do Código Civil). No caso inverso, a sentença poderá suprir a vontade do inadimplente[176].

Tribunal de Justiça do Estado de São Paulo (1ª Câmara Reservada de Direito Empresarial). Apelação n. 0211399-92.2007.8.26.0100. Rel. Des. Francisco Loureiro, 16 de março de 2016. Disponível em: http:// www.tjsp.jus.br. Acesso em: 18 dez. 2017 *apud* GRECCO, Renato. **O momento da formação do contrato**: das negociações preliminares ao vínculo contratual. Coimbra: Almedina, 2019, p. 89.

[175] BRASIL. **Lei n. 10.406, de 10 de janeiro de 2002**. Institui o Código Civil. Brasília, DF: Presidência da República, [2002]. Disponível em: http://www.planalto.gov.br/ccivil_03/leis/2002/l10406.htm. Acesso em: 23 jun. 2022.

[176] AZEVEDO, Antônio Junqueira de. **Novos estudos e pareceres de direito privado**. São Paulo: Saraiva, 2004, p. 259.

Isso significa que, caso as partes celebrem um contrato preliminar contendo os requisitos essenciais do contrato definitivo, estará estabelecida a obrigação de celebrar o contrato futuro. A depender da intensidade da força obrigacional inserida no contrato preliminar, esse poderá ser objeto de execução específica, como consequência da lógica da autonomia privada[177], diversamente do ocorrido na fase negocial – essa possibilidade inexiste somente se previsto expressamente o direito de arrependimento[178], ou nos casos em que for incluída uma cláusula resolutiva expressa no contrato preliminar.

3.3.3. Tempo e local de formação do contrato eletrônico

O desenvolvimento tecnológico impactou diretamente na formação dos contratos eletrônicos, levantando questionamentos sobre o tempo e o local de sua constituição. Como é notório, a definição do tempo e do local do contrato são extremamente relevantes para se verificar a validade da proposta apresentada e a lei aplicável ao contrato.

Antes disso, as contratações eram realizadas presencialmente entre as partes – e, consequentemente, denominadas "entre presentes". Também podiam ser realizadas por partes que se encontravam distantes, como ocorria no caso da correspondência epistolar – denominadas "entre ausentes"[179]. Com o surgimento dos telefones, as partes passaram a se comunicar de forma simultânea, apesar de não estarem fisicamente próximas umas das outras, o que levou à aplicação das regras de contratação "entre presentes", pois o principal critério para a classificação foi a interatividade e a instantaneidade entre a oferta e o aceite, e não a proximidade física das partes.

[177] GRECCO, Renato. **O momento da formação do contrato**: das negociações preliminares ao vínculo contratual. Coimbra: Almedina, 2019, p. 99.

[178] "Se o contrato preliminar não contiver a previsão do exercício do direito de arrependimento, qualquer das partes poderá exigir o cumprimento da obrigação para celebrar o contrato definitivo. Inexistindo prazo previsto no contrato preparatório para tanto, a pessoa que tomar a iniciativa deverá proceder à notificação da outra, fixando-se prazo para a celebração do negócio. Ainda assim, não vindo a pessoa notificada cumprir com a sua obrigação, o notificante poderá solicitar ao juiz de direito o suprimento judicial da vontade do notificado inadimplente, a fim de que o contrato preliminar tenha caráter definitivo". LISBOA, Roberto Senise. **Manual de direito civil**: Contratos. v. 3. 4. ed. São Paulo: Saraiva, 2009, p. 125.

[179] REBOUÇAS, Rodrigo Fernandes. **Contratos eletrônicos**: formação e validade – aplicações práticas. 2. ed. São Paulo: Almedina, 2018, p. 156.

> Daí o problema das transmissões telefônicas, que tinha de ser resolvido ou pela mais atenção ao espaço que ao tempo e, então, seria entre ausentes a manifestação de vontade, ou pela maior atenção ao tempo, que aí se encurta até quase ao ponto de tempo, como entre pessoas espacialmente presentes. A solução foi no último sentido (art. 1.081, alínea 2 'considera-se também presente a pessoa que contrata por meio do telefone'). Pode uma estar no Brasil e outra em Londres ou no Japão. Duas pessoas na mesma sala podem não estar em situação de correr o tempo para a recepção imediata, como se A oferta a B e B está, há duas horas em conferência com C, ou com C e D. A ciência jurídica muito lucra em que se trate da dicotomia 'entre presentes e entre ausentes' como dois conceitos que atendem à relatividade das relações espácio-temporais. Já a solução dada às manifestações de vontade pelo telefone foi típica (cp. E. Koppers, Die Vollendung einermúndiichen Willenserklãrung, Gruchots Beitràge, 46, 226)[180].

Essa situação se repete com o desenvolvimento tecnológico, pois a comunicação no mundo digital pode ou não ser simultânea. De acordo com Manoel J. Pereira dos Santos e Mariza Delapieve Rossi, a caracterização adequada dos contratos firmados no mundo digital também deverá considerar a imediatidade da resposta ou o consenso das partes envolvidas.

> Partindo do pressuposto de que o elemento diferenciador dos dois tipos de contrato é a imediatidade da resposta ou consenso, tem sido sustentado que os contratos eletrônicos devem ser considerados como realizados entre presentes quando realizados por transmissão instantânea e entre ausentes quando a formação do vínculo é diferida no tempo. Nos contratos realizados por transmissão instantânea, a proposta deve ser imediatamente aceita, exceto se o proponente tiver fixado prazo para sua aceitação, reputando-se concluído o contrato no momento em que o proponente recebe a aceitação da proposta. Nas contratações em que há oferta pública de contratação eletrônica, o contrato reputa-se perfeito e acabado a partir do momento em que a aceitação é expedida pelo usuário via internet[181].

[180] PONTES DE MIRANDA, Francisco Cavalcanti. **Tratado de direito privado**: parte geral. t. 2. Rio de Janeiro: Borsoi, 1954, p. 403-404.

[181] ROSSI, Mariza Delapieve; SANTOS, Manuel Joaquim Pereira dos. Aspectos legais do comércio eletrônico – contratos de adesão. **Revista do Direito do Consumidor**, São Paulo: RT, n. 36, p. 105-129, out. 2000, p. 105 *apud* REBOUÇAS, Rodrigo Fernandes. **Contratos eletrônicos**: formação e validade – aplicações práticas. 2. ed. São Paulo: Almedina, 2018, p. 156.

Assim como nos casos tradicionais, a correta identificação da contratação "entre presentes" e "entre ausentes" impactará diretamente na obrigatoriedade da proposta e oferta, e na definição do local em que o contrato foi firmado. Caio Mário da Silva Pereira trata dessa caracterização especificamente para os contratos eletrônicos.

> O Código estende o mesmo tratamento jurídico para propostas efetivadas por meio de comunicação semelhante ao telefônico. Aqui o legislador está certamente se referindo, *v.g.*, à comunicação por via da internet, quando ambos os usuários estão em contato simultâneo. Nesta hipótese, a proposta formulada por um deles deve imediatamente ser aceita, sob pena de deixar de ser obrigatória, diferentemente do que ocorre com a proposta feita por via de *email*, na qual ambos os usuários da rede estão ao mesmo tempo conectados[182].

A seguir, o foco desta obra estará voltado para apresentar as diferenças dos contratos firmados entre presentes e ausentes e as consequências advindas do reconhecimento dessa caracterização. A Revolução Digital impactou diretamente nesse aspecto, e o texto normativo não acompanhou as rápidas mudanças causadas pelo desenvolvimento tecnológico. Diante disso, é necessária uma interpretação extensiva dos conceitos de "presentes" e "ausentes" trazidos na legislação, para sua adequada aplicação.

3.3.3.1. Contratação entre presentes

O Código Civil considera "contratação entre presentes" aquela em que há uma instantaneidade entre a proposta e o aceite. Ainda, prevê expressamente que será considerada "entre presentes" a contratação formalizada por telefone ou por qualquer mecanismo de comunicação semelhante[183].

Nesse sentido, é razoável observar que a contratação efetivada por *chat*, videoconferência ou qualquer outro sistema de transmissão de dados em tempo real se assemelha à contratação por telefone[184]. A principal dife-

[182] PEREIRA, Caio Mário da Silva. **Instituições de direito civil**. 11. ed. Rio de Janeiro: Forense, 2003, p. 294-295.

[183] BRASIL. Código Civil (2002). "Art. 428. Deixa de ser obrigatória a proposta [...] se, feita sem prazo a pessoa presente, não foi imediatamente aceita. Considera-se também presente a pessoa que contrata por telefone ou por meio de comunicação semelhante".

[184] Esse entendimento difere daquele fixado no Enunciado 173 da 3ª Jornada de Direito Civil, qual seja "a formação dos contratos realizados entre pessoas ausentes, por meio eletrônico, completa-se com a recepção da aceitação pelo proponente". Esse reduz todos os contratos

rença decorre do tipo de sinal utilizado para encaminhar a informação de um ponto ao outro, pois, no primeiro caso, as partes se comunicarão por voz e, no segundo, por meio de dados.

Assim, apesar de as partes estarem separadas fisicamente, ambas estão conectadas no mesmo momento, o que faz com que a manifestação de vontade ocorra simultaneamente ou em curto espaço de tempo, igual ocorreria entre presentes. Nas hipóteses em que houver contratação com transmissão simultânea de informação, o tratamento legal deverá ser o mesmo concedido à contratação por telefone, qual seja, "entre presentes"[185].

Caso a proposta não seja imediatamente aceita pela parte contrária, ela deixará de ser obrigatória. Em contrapartida, se aceita, não haverá a possibilidade de retratação e o contrato deverá ser executado, sob pena de indenização por eventuais prejuízos[186].

3.3.3.2. Contratação entre ausentes

Nas contratações em que há um lapso temporal entre a emissão da proposta e o aceite, em razão de as partes não estarem interagindo fisicamente, o contrato será considerado firmado "entre ausentes". No conceito tradicional, essa classificação se aplicava à correspondência epistolar, telégrafos e telegramas.

Hoje, essa situação pode ser estendida aos *e-mails*, pois nesses existe um lapso temporal entre o envio da proposta, sua chegada à caixa de entrada do destinatário e o momento em que o destinatário conhece seus termos e condições – que pode ser diferente do momento da chegada da mensagem. As partes estão separadas fisicamente e não necessariamente têm acesso ao e-mail e à internet ao mesmo tempo. Se não houver indicação do prazo pelo qual perdurará a validade da oferta, então, ela deixará de ser vinculante ou obrigatória se decorrer prazo considerado razoável para a

eletrônicos a uma categoria específica, sem considerar as especificidades de cada relação, bem como se limita à ideia de presença física, o que afronta o entendimento estabelecido pelo próprio Código Civil. AGUIAR JUNIOR, Ruy Rosado de (coord. científico). **Jornadas de Direito Civil I, III, IV e V**: enunciados aprovados. Brasília: Conselho da Justiça Federal, Centro de Estudos Judiciários, 2012. Disponível em: https://www.cjf.jus.br/cjf/corregedoria-da-justica-federal/centro-de-estudos-judiciarios-1/publicacoes-1/jornadas-cej/EnunciadosAprovados-Jornadas-1345.pdf. Acesso em: 28 jun. 2022, p. 38.

185 REBOUÇAS, Rodrigo Fernandes. **Contratos eletrônicos**: formação e validade – aplicações práticas. 2. ed. São Paulo: Almedina, 2018, p. 156-157.

186 GONÇALVES, Carlos Roberto. **Direito civil brasileiro**. 3. ed. São Paulo: Saraiva, 2007, p. 58.

análise dos seus termos e envio da resposta, o que demonstra semelhança com os aspectos clássicos[187].

> Os contratos eletrônicos são, em sua maioria, celebrados não de modo interativo, mas por e-mail ou "cliques" em *homepages*. Como a declaração de vontade transmitida por e-mail não chega, em regra, imediatamente ao conhecimento do destinatário, considera-se a oferta feita desta forma *inter absentes*[188].

Diante dessas características, nos casos em que houver um lapso temporal entre o envio da proposta e o aceite, o contrato deverá ser considerado "entre ausentes". A proposta deixa de ser obrigatória quando decorrer um tempo razoável[189] entre o seu envio e a chegada da resposta ou quando a resposta não tiver sido expedida no prazo estabelecido.

Fundamentado na Teoria da Expedição[190], o art. 434 do Código Civil estabelece que os contratos "entre ausentes" serão considerados perfeitos a partir da expedição da aceitação, isto é, do momento em que a aceitação é transmitida e chega ao conhecimento do proponente[191]. A exceção ocorre nas hipóteses em que (i) a retratação do aceitante chega ao conhecimento do proponente antes da aceitação ou junto com ela; (ii) o proponente se compromete a esperar a resposta; ou (iii) a resposta não chega no prazo convencionado[192].

[187] Gramstrup, Erik Frederico. Contratos eletrônicos: formação, consentimento, lei e jurisdição aplicável. **Revista de Direito Recuperacional e Empresa**. São Paulo: RT, abr.-jun. 2018 (*ebook*).

[188] Carvalo, Ana Paula Cambogi. **Contratos via internet**. Belo Horizonte: Del Rey, 2001, p. 39-41.

[189] "Em relação aos contratos realizados entre ausentes, dos quais se destacam aqueles por correspondência epistolar ou telegráfica e os celebrados via e-mail, resta claro que o proponente não pode pretender resposta instantânea. Nesses casos, a espera se exige, pois será o tempo necessário para que a oferta seja recebida pelo oblato, ponderada e respondida. Não existe um prazo certo, mas um certo prazo (chamado de prazo moral), visto que variável com o vulto do negócio envolvido". Melo, Diogo L. Machado de. **Cláusulas contratuais gerais**. Coleção Prof. Agostinho Alvim. São Paulo: Saraiva, 2008, p. 189.

[190] Nesse sentido, Orlando Gomes destaca: "considera-se, entretanto, a expedição insuficiente, pois a carta pode ser extraviada e se desfazer o contrato perfeito e acabado por eventualidade dessa ordem". Gomes, Orlando. **Contratos**. 18. ed. Rio de Janeiro: Forense, 1999, p. 68.

[191] BRASIL. **Lei n. 10.406, de 10 de janeiro de 2002**. Institui o Código Civil. Brasília, DF: Presidência da República, [2002]. Disponível em: http://www.planalto.gov.br/ccivil_03/leis/2002/l10406.htm. Acesso em: 23 jun. 2022.

[192] Nesse sentido, a 3ª Jornada de Direito Civil, ao interpretar esse dispositivo, proclamou por meio do Enunciado 173: "a formação dos contratos realizados entre pessoas ausentes, por meio

Deve-se considerar que tanto na contratação "entre presentes" quanto na contratação "entre ausentes" pode existir um lapso temporal entre a apresentação da proposta e sua aceitação, ainda que mínimo. O art. 427 do Código Civil assim estabeleceu: "a proposta obriga o proponente, se o contrário não resultar dos termos dela, da natureza do negócio ou das circunstâncias do caso"[193]. Em princípio, portanto, o proponente se vincula aos termos e às condições da proposta encaminhada à outra parte, já que foi criada legítima expectativa em relação ao objeto da contratação e aos termos apresentados. A proposta deixará de ser vinculante àquele que a apresentou quando: (i) apesar de ter sido feita entre presentes e sem a indicação de qualquer prazo, não tiver sido imediatamente aceita; (ii) ter sido feita entre ausentes, mas tiver decorrido tempo suficiente para chegar a resposta ao conhecimento do proponente; (iii) ter sido feita entre ausentes, mas não tiver sido expedida a resposta no prazo expressamente indicado na proposta; ou (iv) chegar ao conhecimento da outra parte a retratação do proponente antes ou de forma simultânea[194].

3.3.3.3. Contratação entre ausentes e entre presentes aplicada aos contratos eletrônicos

O fato de a contratação estar sendo feita por meio eletrônico não impede a classificação de sua formação ocorrer "entre ausentes" ou "entre presentes", divisão que deverá ser mantida.

eletrônico, completa-se com a recepção da aceitação pelo proponente". AGUIAR JUNIOR, Ruy Rosado de (coord. científico). **Jornadas de Direito Civil I, III, IV e V**: enunciados aprovados. Brasília: Conselho da Justiça Federal, Centro de Estudos Judiciários, 2012. Disponível em: https://www.cjf.jus.br/cjf/corregedoria-da-justica-federal/centro-de-estudos-judiciarios-1/publicacoes-1/jornadas-cej/EnunciadosAprovados-Jornadas-1345.pdf. Acesso em: 28 jun. 2022, p. 38.

193 BRASIL. **Lei n. 10.406, de 10 de janeiro de 2002.** Institui o Código Civil. Brasília, DF: Presidência da República, [2002]. Disponível em: http://www.planalto.gov.br/ccivil_03/leis/2002/l10406.htm. Acesso em: 23 jun. 2022.

194 BRASIL. Código Civil (2002). "Art. 428. Deixa de ser obrigatória a proposta: I – se, feita sem prazo a pessoa presente, não foi imediatamente aceita. Considera-se também presente a pessoa que contrata por telefone ou por meio de comunicação semelhante; II – se, feita sem prazo a pessoa ausente, tiver decorrido tempo suficiente para chegar a resposta ao conhecimento do proponente; III – se, feita a pessoa ausente, não tiver sido expedida a resposta dentro do prazo dado; IV – se, antes dela, ou simultaneamente, chegar ao conhecimento da outra parte a retratação do proponente".

> O contrato eletrônico poderá ser formado, indistintamente, entre presentes ou ausentes ou ainda pela manifestação de vontade previamente externada pelas respectivas posições jurídicas com execução automatizada e sem a direta interferência do sujeito de direito no ato de sua formação, sem que isso o descaracterize[195].

Tanto no contrato entre ausentes quanto no contrato entre presentes, a comunicação deve ocorrer entre sujeitos de direitos – ou seja, relaciona-se diretamente com o contato interpessoal. O mesmo não é aplicável aos contratos interativos e intersistêmicos.

No caso do contrato interativo, a pessoa interage diretamente com um sistema que já está pré-programado. Isso significa que o contato entre o sistema e a pessoa é simultâneo, gerado automaticamente. Isso impossibilita sua caracterização como contrato "entre ausentes", pois não há um lapso temporal entre a proposta e a aceitação.

Ocorre que, como os termos estabelecidos pelo sistema já foram programados e podem ser contratados a qualquer momento pelo agente, a permanência dessa oferta também impossibilita que o contrato seja caracterizado como "entre presentes", afinal, seus termos já foram estabelecidos previamente.

O mesmo ocorre com o contrato intersistêmico. Não há sentido em caracterizar um contrato firmado entre sistemas eletrônicos como "entre ausentes" ou "entre presentes". Assim, não são todos os contratos que admitem a aplicação do conceito referente à ausência ou à presença para verificar a sua formação[196].

Apresentados os parâmetros que caracterizam os contratos entre presentes e ausentes e sua aplicação direta aos contratos eletrônicos, chega-se com mais elementos à discussão envolvendo o local de formação do contrato eletrônico, diretamente relacionado ao reconhecimento ou não da imediatidade da comunicação entre os sujeitos envolvidos no negócio jurídico.

[195] REBOUÇAS, Rodrigo Fernandes. **Contratos eletrônicos**: formação e validade – aplicações práticas. 2. ed. São Paulo: Almedina, 2018, p. 33.

[196] GRAMSTRUP, Erik Frederico. Contratos eletrônicos: formação, consentimento, lei e jurisdição aplicável. **Revista de Direito Recuperacional e Empresa**. São Paulo: RT, abr.-jun. 2018 (*ebook*).

3.3.3.4. Local de formação do contrato eletrônico

O negócio jurídico é formado pelo encontro da proposta com a aceitação[197]. Nos termos do art. 435 do Código Civil, o local de celebração do contrato será aquele em que o contrato foi proposto[198]. Significa, em regra, que o local da proposta definirá o local do contrato no ordenamento jurídico brasileiro.

Em relação aos contratos eletrônicos internacionais, a regra aplicável está prevista no art. 9º, § 2º, da Lei de Introdução às Normas do Direito Brasileiro (LINDB), segundo o qual as obrigações em geral seguem a lei do país em que foram constituídas – *locus regit actum*. Nesse sentido, a LINDB indica que o local de celebração do contrato deverá ser a residência do proponente (*lex loci celebrationis* – isto é, a lei do local de celebração irá reger as formalidades daquela relação jurídica que, no caso, será a residência do proponente)[199].

> A *lex loci contractus* é a regra fundamental que rege as obrigações. Entretanto, torna-se difícil, às vezes, determinar o lugar onde elas se constituíram. A lavratura do ato serve apenas para provar a obrigação. Não a cria [...]. Já os contratos entre ausentes impõe ao legislador a necessidade de uma regra que forneça, de maneira segura, o princípio determinador do lugar da constituição do contrato. [...] A fórmula do § 2º do artigo 9º da Lei de Introdução é geral, abrangendo todas as obrigações que emanam de contratos. Tem o mérito de afastar as controvérsias sobre contratos entre ausentes, o que acontece, por exemplo, quanto aos contratos por telefone. [...] É no momento da recepção da carta de aceitação das condições expressas na proposta que se opera a coexistência das vontades, cujo concurso determina a constituição da obrigação. Na residência do proponente é que se realiza este fato essen-

[197] "Proposta e aceitação não constituem negócios jurídicos, classificando-se como atos pré-negociais, de efeitos prefigurados na lei. São, entretanto, declarações receptícias de vontade, somente eficazes no momento em que chegam ao conhecimento da pessoa a quem se dirigem. O vínculo contratual nasce quando a proposta e aceitação se integram". GOMES, Orlando. **Contratos**. 18. ed. Rio de Janeiro: Forense, 1999, p. 68.

[198] BRASIL. **Lei n. 10.406, de 10 de janeiro de 2002.** Institui o Código Civil. Brasília, DF: Presidência da República, [2002]. Disponível em: http://www.planalto.gov.br/ccivil_03/leis/2002/l10406.htm. Acesso em: 23 jun. 2022.

[199] GRAMSTRUP, Erik Frederico. Contratos eletrônicos: formação, consentimento, lei e jurisdição aplicável. **Revista de Direito Recuperacional e Empresa**. São Paulo: RT, abr.-jun. 2018 (*ebook*).

cial, justificando-se, pois, que a lei da residência do proponente qualifique e reja o ato. Nada mais lógico[200].

Nesse sentido, Araken de Assis, Ronaldo Alves de Andrade e Francisco Glauber Pessoa Alves destacam:

> resta o problema do contrato eletrônico. É assaz difícil precisar o lugar em que se forma um contrato *online*, pois ele se realiza, na verdade, num espaço virtual. Há a figura de um intermediário – o provedor. E o acesso ao correio eletrônico, graças aos modernos aparelhos de telefonia portátil e ao laptop, na prática, ocorre em qualquer lugar do mundo [...]. Em relação aos contratos internacionais, o direito pátrio agasalha regra expressa (art. 9º, § 2º, da Lei n. 4.657/42, Lei de Introdução). E, para os contratos internos, a solução coerente com a teoria da recepção indica que o contrato se forma no lugar em que o proponente se encontra estabelecido ou fixou seu domicílio[201].

Portanto, os contratos eletrônicos internacionais não seguem a regra das obrigações em geral, mas das obrigações *ex contractu*, visto que o local de sua formação é a residência da pessoa natural que fez a proposta[202]. A Lei Modelo da UNCITRAL também trata desse aspecto e conclui que o local da declaração de vontade será aquele em que o proponente mantém seu estabelecimento[203], salvo disposição em contrário pelas partes, garantindo a observância da autonomia privada[204]:

[200] A expressão *lex loci contractus* se refere à lei de celebração do contrato. TENORIO, Oscar. **Lei de Introdução ao Código Civil Brasileiro**. 2. ed. Rio de Janeiro: Borsoi, 1955, p. 339-342.

[201] ALVES, Francisco Glauber Pessoa; ANDRADE, Ronaldo Alves de; ASSIS, Araken de. **Comentários ao Código Civil Brasileiro**: do direito das obrigações. Rio de Janeiro: Forense, 2007, p. 236-237.

[202] Nesse sentido, sustentamos que esse entendimento se aplica aos contratos interpessoais, ou seja, que envolvem dois sujeitos de direito.

[203] Esse entendimento se aplica aos contratos interativos e, com isso, o local do contrato será o estabelecimento do fornecedor.

[204] "Os negócios jurídicos têm a sua génese na vida de relações: surgem como actos por meio dos quais os particulares dispõem para o futuro, um regulamento obrigatório de interesses das suas recíprocas relações, e desenvolvem-se espontaneamente, sob o impulso das necessidades, para satisfazer diversíssimas funções econômico-sociais, sem a ingerência de qualquer ordem jurídica". BETTI, Emílio. **Teoria geral do negócio jurídico**. Trad. Fernando de Miranda. 2. ed. Coimbra: Coimbra, 1996, p. 88-89.

Art. 15. Tempo e lugar de despacho e recebimento das mensagens de dados

1) Salvo convenção em contrário entre o remetente e o destinatário, o envio de uma mensagem eletrônica ocorre quando esta entra em um sistema de informação alheio ao controle do remetente ou da pessoa que enviou a mensagem eletrônica em nome do remetente.

2) Salvo convenção em contrário entre o remetente e o destinatário, o momento de recepção de uma mensagem eletrônica é determinado como se segue:

a) Se o destinatário houver designado um sistema de informação para o propósito de recebimento das mensagens eletrônicas, o recebimento ocorre:

i) No momento em que a mensagem eletrônica entra no sistema de informação designado; ou

ii) Se a mensagem eletrônica é enviada para um sistema de informação do destinatário que não seja o sistema de informação designado, no momento em que a mensagem eletrônica é recuperada pelo destinatário.

b) Se o destinatário não houver designado um sistema de informação, o recebimento ocorre quando a mensagem eletrônica entra no sistema de informação do destinatário.

3) Aplica-se o parágrafo 2) ainda que o sistema de informação esteja situado num lugar distinto do lugar onde a mensagem eletrônica se considere recebida de acordo com o parágrafo 4).

4) Salvo convenção em contrário entre o remetente e o destinatário, uma mensagem eletrônica se considera expedida no local onde o remetente tenha seu estabelecimento e recebida no local onde o destinatário tenha o seu estabelecimento. Para os fins do presente parágrafo:

a) se o remetente ou o destinatário têm mais de um estabelecimento, o seu estabelecimento é aquele que guarde a relação mais estreita com a transação subjacente ou, caso não exista uma transação subjacente, o seu estabelecimento principal;

b) se o remetente ou o destinatário não possuírem estabelecimento, se levará em conta a sua residência habitual[205].

[205] COMISSÃO DAS NAÇÕES UNIDAS PARA O DIREITO COMERCIAL INTERNACIONAL. **Lei Modelo da UNCITRAL sobre Comércio Eletrônico**. Trad. Claudio Mikio Suzuki. s. l., 1997. Disponível em: https://vlex.com.br/vid/lei-modelo-da-uncitral-comercionico-399591914. Acesso em: 25 jun. 2022.

Ainda, a Diretiva 2000/31 da União Europeia indica que o estabelecimento será o local no qual a atividade econômica da empresa é efetivamente desenvolvida. Se existir mais de um estabelecimento, será considerado aquele em que o serviço é de fato prestado, ou o local que funciona como o centro de atividades da empresa[206].

Nos contratos eletrônicos internacionais (que não envolvam relação de consumo), as partes podem pactuar o foro do contrato e eleger a lei aplicável, em observância ao princípio da autonomia da vontade. Isso porque, a natureza jurídica dos contratos eletrônicos não difere dos contratos firmados por meio físico, exceto quanto à forma da manifestação da vontade. É o que conclui Erik Gramstrup:

> (a) no direito interno, é o local da proposta, não necessariamente o domicílio do proponente; (b) na LINDB, local é a residência do proponente, (b.1) mas essa expressão pode ser interpretada à luz da Lei Modelo da Uncitral; (b.2) ademais, é preciso considerar a definição do local do contrato à luz do princípio da autonomia privada, cuja reputação foi regenerada em nosso tempo[207].

Assim, para se definir o local do contrato, primeiramente, é necessário identificar o proponente, a parte que determina as principais e essenciais condições da oferta. O proponente só será alterado se a contraproposta modificar elementos essenciais da oferta, como o objeto e o preço[208], ou nos termos do art. 431 do Código Civil: "a aceitação fora do prazo, com adições, restrições, ou modificações, importará nova proposta"[209].

[206] CONSELHO DA UNIÃO EUROPEIA; PARLAMENTO EUROPEU. Directiva 2000/31/CE do Parlamento Europeu e do Conselho de 8 de Junho de 2000 relativa a certos aspectos legais dos serviços da sociedade de informação, em especial do comércio electrónico, no mercado interno. **Jornal Oficial da União Europeia**, s. l., L 178, p. 1-16, 17 jul. 2000. Disponível em: https://eur-lex.europa.eu/legal-content/PT/TXT/?uri=CELEX:32000L0031. Acesso em: 25 jun. 2022.

[207] GRAMSTRUP, Erik Frederico. Contratos eletrônicos: formação, consentimento, lei e jurisdição aplicável. **Revista de Direito Recuperacional e Empresa**. São Paulo: RT, abr.-jun. 2018 (*ebook*).

[208] BASSO, Maristela. **Contratos internacionais do comércio**: negociação, conclusão, prática. 2. ed. Porto Alegre: Livraria do Advogado, 1998, p. 71.

[209] BRASIL. **Lei n. 10.406, de 10 de janeiro de 2002**. Institui o Código Civil. Brasília, DF: Presidência da República, [2002]. Disponível em: http://www.planalto.gov.br/ccivil_03/leis/2002/l10406.htm. Acesso em: 23 jun. 2022.

Quanto à residência do proponente, o termo pode considerar tanto o seu local de moradia definitiva, como o local de sua localização momentânea. No caso dos contratos eletrônicos, o local em que as principais atividades do proponente são exercidas é considerado o lugar do contrato, ainda que suas informações e dados estejam em outra parte[210].

Em síntese, este capítulo explorou o impacto da tecnologia no direito e, consequentemente, em conceitos jurídicos tradicionais que se alteraram profundamente ao longo da Revolução Digital, além das principais características, formas de contratação e formação do contrato firmado no meio eletrônico. A seguir, serão tratados o *smart contract* e suas especificidades, sem deixar de lado aspectos preliminares sobre a tecnologia utilizada para sua formação, conceituação, principais características e seus planos de existência, validade e eficácia no ordenamento jurídico brasileiro.

[210] BARBAGALO, Erica Brandini. **Contratos eletrônicos**: contratos formados por meio de redes de computadores – peculiaridades da formação do vínculo. São Paulo: Saraiva, 2001, p. 72.

4
SMART CONTRACT

Neste momento, o objetivo desta obra é esclarecer a origem, a conceituação, as principais características e a maneira pela qual o *smart contract* pode ser visto sob a perspectiva da existência, da validade e da eficácia dos negócios jurídicos. Para compreender a que o *smart contract* se propõe, é fundamental contextualizar as tecnologias que permitem sua implementação. Em seguida, explicar no que consiste e quais são as especificidades do *smart contract*. A análise desses pontos se dará sobretudo a partir da revisão da literatura nacional e estrangeira sobre o assunto.

4.1. Aspectos preliminares sobre a tecnologia

A rapidez com que as tecnologias se desenvolvem é uma das principais características da Revolução Digital. Justamente em razão da celeridade do desenvolvimento tecnológico, é possível que esses conceitos se tornem obsoletos em um futuro não tão distante – todavia, a ideia que fundamenta essas tecnologias, ainda que o nome em si seja alterado no futuro, é de essencial compreensão para o adequado entendimento do *smart contract*. Assim, serão analisados os conceitos de *blockchain*, plataforma Ethereum e Inteligência Artificial (IA).

4.1.1. A tecnologia blockchain: conceito e principais características

Para entender os *smart contracts* de forma mais precisa, é necessário analisar brevemente a tecnologia que permite sua implementação: o *blockchain*. Trata-se de uma rede de dados digital e descentralizada, que registra transações e negócios por meio de codificação computacional (*distributed ledger* ou *decentralised ledger technology*)[211].

O termo *blockchain* vem do fato de as transações se organizarem em blocos conectados uns com os outros. Esses blocos armazenam dados e são incluídos em uma "cadeia", que registra as respectivas informações[212]. Assim, o *blockchain* não depende de qualquer organização central para intermediar e analisar as informações incluídas, ao contrário, é a própria rede que confirma e intermedia todas as informações por meio dos seus integrantes que acessam e auditam automaticamente os novos dados.

A primeira referência ao *blockchain* foi feita em 2008[213] no artigo *A peer-to-peer electronic cash system*, do programador conhecido apenas pelo nome (ou pseudônimo) Satoshi Nakamoto, que também deu origem à criptomoeda bitcoin[214]. Seu objetivo era facilitar a transferência digital de recursos entre partes.

[211] "Sucintamente, o *Blockchain* é um banco de dados de transações organizado cronologicamente em uma rede de computadores". DIVINO, Sthéfano Bruno Santos. *Smart contracts*: conceito, limitações, aplicabilidade e desafios. **Revista Jurídica Luso-Brasileira**, Lisboa: Centro de Investigação de Direito Privado da Faculdade de Direito da Universidade de Lisboa, ano 4, n. 6, p. 2.771-2.808, 2018. Disponível em: https://www.cidp.pt/publicacao/revista-juridica-lusobrasileira-ano-4-2018-n6/182. Acesso em: 25 jun. 2022, p. 2.776-2.777.

[212] BISON, Thaís; MIRA, José Eugênio de; NASCIMENTO, Leonardo Brendo Gomes; RODRIGUES, Thiago Nascimento. **Criptomoedas e *blockchain***. Porto Alegre: Grupo A, 2022, p. 36.

[213] Em 1991, Haber e Stornetta fizeram o primeiro estudo que mencionava algumas funcionalidades da tecnologia *blockchain*, mas esse foi conceituado apenas em 2008, com Satoshi Nakamoto. LIMA JUNIOR, João Manoel; PORTO, Antônio Maristrello; SILVA, Gabriela Borges. Tecnologia *blockchain* e direito societário – aplicações práticas e desafios para a regulação. **Revista de Informação Legislativa**, Brasília, ano 56, n. 223, p. 11-30, jul.-set. 2019. Disponível em: https://www12.senado.leg.br/ril/edicoes/56/223/ril_v56_n223_p11. Acesso em: 25 jun. 2022, p. 14.

[214] "*Bitcoin* é uma moeda digital, descentralizada, parcialmente anônima, sem qualquer lastro instituído por governo ou outra entidade legal. A integridade do *Bitcoin* se baseia em uma rede *peer-to-peer* sem intermediários e criptografada" (grifos originais). GRINBERG, Reuben. Bitcoin: an innovative alternative digital currency. **Hastings Science and Technology Law Journal**. Hastings: University of California, v. 4, n. 1, p. 159-207, 2012. Disponível em: https://repository.uchastings.edu/hastings_science_technology_law_journal/vol4/iss1/3. Acesso em: 25 jun. 2022, p. 160 *apud* LIMA JUNIOR, João Manoel; PORTO, Antônio Maristrello; SILVA, Gabriela Borges. Tecnologia *blockchain* e direito societário – aplicações práticas e desafios para a regulação. **Revista de Informação Legislativa**, Brasília, ano 56, n. 223, p. 11-30, jul.-set. 2019. Disponível em: https://www12.senado.leg.br/ril/edicoes/56/223/ril_v56_n223_p11. Acesso em: 25 jun. 2022, nota de rodapé 1.

Portanto, é no contexto de introdução de conceitos e tecnologias diretamente ligadas à criação da infraestrutura da criptomoeda bitcoin que se faz a primeira referência ao *blockchain*, indicando que sua existência geraria confiança na relação firmada entre os envolvidos. Isso porque não haveria dependência ou necessidade de intermediário para outorgar autorização e se responsabilizar pelos dados e transações, como uma instituição financeira ou qualquer outra entidade semelhante[215].

Significa dizer que o *blockchain* nada mais é do que uma arquitetura introduzida pelo bitcoin, a garantir maior confiança nas informações em razão de um controle descentralizado e baseado no consenso[216]. Independentemente do que lhe tenha dado origem, o *blockchain* continua impactando positivamente o desenvolvimento de novos modelos de negócios e inovações em diversos setores da economia.

As informações registradas no *blockchain* se dividem em blocos, comparados às "laudas" de um livro contábil. Em síntese, cada bloco da corrente possui uma espécie de "dígito verificador" – isto é, um algoritmo matemático (denominado de *hash*) que possibilita às partes envolvidas verificarem eventuais adulterações nos documentos e informações da rede.

[215] ELST, Christoph van der; LAFARRE, Anne. Bringing the AGM to the 21st century: blockchain and smart contracting tech for shareholder involvement. **European Corporate Governance Institute**, s. l., n. 358, p. 1-25, jun. 2017. Disponível em: https://ssrn.com/abstract=2992804. Acesso em: 16 jul. 2019, p. 9.

[216] O Comitê de Infraestrutura de Mercados e de Pagamentos do Banco de Compensações Internacionais publicou, em fevereiro de 2017, o *working paper* denominado "*Distributed ledger technology in payment, clearing and settlement*" em que analisa a estrutura do *blockchain*. "*This block (or batch of transactions) is added to a chain comprising a history of transactions (known as a blockchain) following a series of procedures and protocols. The new block is broadcast to the network so that nodes can agree on the new blockchain and update their copies of the ledger. This process of agreement, or consensus, across nodes involves cryptographically linking the new block to the previous block in the blockchain to help preserve the integrity of the ledger*". Em tradução nossa: "Esse bloco (ou lote de transações) é adicionado a uma cadeia composta por um histórico de transações (conhecido como *blockchain*) seguindo diversos procedimentos e protocolos. O novo bloco é transmitido para a rede para que os nós concordem com o novo *blockchain* e atualizem suas cópias do livro-razão. Esse processo de acordo, ou consenso, entre nós envolve criptografar o novo bloco ao bloco anterior no *blockchain* para ajudar a preservar a integridade do livro-razão". BANK FOR INTERNATIONAL SETTLEMENTS. Committee on payments and market infrastructures. **Distributed ledger technology in payment, clearing and settlement**: An analytical framework, s. l, fev. 2017. Disponível em: http://www.bis.org/cpmi/publ/d157.pdf. Acesso em: 25 jun. 2022, p. 2.

Os blocos também agregam dígitos verificadores da lauda anterior, gerando um "elo" ou uma "cadeia", garantindo que nenhuma lauda do "livro contábil" tenha sido modificada indevidamente. Cada *blockchain* é criptografado e suas informações são organizadas em um grupo de dados menores denominados *blocks*. Esses, além de se referirem ao bloco anterior da cadeia no qual se inserem, possuem os dados de transações e contêm a solução para o algoritmo matemático, que terá a função de validar as informações associadas ao bloco[217]. João Chaves, em síntese, explica o funcionamento do *blockchain*:

> primeiramente, a autenticidade das informações de uma transação é conferida antes de ser incluída no sistema, mediante a conferência dos detentores das chaves e os endereços indicados, para, na sequência ser criptografada, a fim de guardar a confidencialidade das informações inseridas. Esta verificação de autenticidade ocorre a cada 10 minutos na rede, cujo processamento, denominado de mineração, é imprescindível para a inclusão de dados na rede *blockchain*. Esse processo de validação leva em conta todas as outras transações incluídas nos blocos existentes, de modo que as informações somente são inseridas na rede após a verificação de todas as outras atividades já validades, garantindo a veracidade das informações incluídas[218].

Ou seja, assim como em um "livro contábil", o *blockchain* mantém o histórico de todas as operações e transações realizadas naquela rede, além de garantir a todos os participantes daquela relação acesso idêntico às respectivas informações. Se algum usuário tiver seu acesso indisponibilizado, não se comprometerá a integralidade dos dados. Logo, todos os integrantes do sistema podem analisar as informações e as contas indicadas e confirmar a integralidade do histórico.

Essa modalidade de registro assegura a forma e a permanência do conteúdo de uma operação, pois para serem alterados, todos os blocos de

[217] DIVINO, Sthéfano Bruno Santos. *Smart contracts*: conceito, limitações, aplicabilidade e desafios. **Revista Jurídica Luso-Brasileira**, Lisboa: Centro de Investigação de Direito Privado da Faculdade de Direito da Universidade de Lisboa, ano 4, n. 6, p. 2.771-2.808, 2018. Disponível em: https://www.cidp.pt/publicacao/revista-juridica-lusobrasileira-ano-4-2018-n6/182. Acesso em: 25 jun. 2022, p. 2.776-2.777.

[218] CHAVES, João Leandro Pereira. A aplicação dos *smart contracts* nos contratos derivativos. **Revista de Direito Bancário e do Mercado de Capitais**, v. 87, p. 151-168, São Paulo: RT, jan.-mar. 2020, item 2.

determinada cadeia devem ser modificados, o que seria extremamente caro, quando não impossível[219]. Nesse sentido, Antonio Porto, João de Lima Junior e Gabriela Silva avaliam:

> cada bloco de informações integrante do banco de dados contém um registro do bloco anterior para garantir a imutabilidade de cada transação. Dessa forma, os blocos são encadeados e, como resultado, a fim de se modificar uma transação, não só seria necessário modificar o bloco em questão, mas também os blocos seguintes; quando um bloco é fechado, torna-se imutável na plataforma da rede[220].

O *blockchain* utiliza uma combinação de diferentes tecnologias[221] preexistentes: a criptografia de chave privada, ou *private key cryptography*; a rede distribuída P2P, ou *peer-to-peer*[222] *distributed network*; e o mecanismo de consenso da plataforma.

O consenso descentralizado pode ser resumido em três passos. O primeiro deles é verificar as novas transações inseridas na rede, em que cada participante[223] avalia de forma independente as informações incluídas. Posteriormente, criam-se os blocos, quando o integrante agrega as transações realizadas nos blocos anteriores e, por meio de um algoritmo, confirma novamente todos os dados. Por fim, os participantes verificam as

219 BLEMUS, Stéphane. Law and blockchain: a legal perspective on current regulatory trends worldwide. **Revue Trimestrielle de Droit Financier**, Paris, v. 4, p. 1-15, 2017, p. 13.

220 LIMA JUNIOR, João Manoel; PORTO, Antônio Maristrello; SILVA, Gabriela Borges. Tecnologia *blockchain* e direito societário – aplicações práticas e desafios para a regulação. **Revista de Informação Legislativa**, Brasília, ano 56, n. 223, p. 11-30, jul.-set. 2019. Disponível em: https://www12.senado.leg.br/ril/edicoes/56/223/ril_v56_n223_p11. Acesso em: 25 jun. 2022, p. 14.

221 FEIGN, Annika. What is blockchain technology? **CoinDesk**, s. l., 09 mar. 2022. Disponível em: https://www.coindesk.com/information/how-does-blockchain-technology-work/. Acesso em: 25 jun. 2022.

222 *Peer-to-peer* deve ser entendido como uma plataforma em que há colaboração direta entre usuários, não havendo qualquer dependência de servidores que sejam administrados por terceiros. MOENNINGHOFF, Sebastian C.; WIEANDT, Axel. The future of peer-to-peer finance. Schmalenbachs Zeitschrift für Betriebswirtschaftliche Forschung, [Düsseldorf], v. 65, n. 5, p. 466-487, ago.-set. 2013 *apud* LIMA JUNIOR, João Manoel; PORTO, Antônio Maristrello; SILVA, Gabriela Borges. Tecnologia blockchain e direito societário – aplicações práticas e desafios para a regulação. **Revista de Informação Legislativa**, Brasília, ano 56, n. 223, p. 11-30, jul.-set. 2019. Disponível em: https://www12.senado.leg.br/ril/edicoes/56/223/ril_v56_n223_p11. Acesso em: 25 jun. 2022, nota de rodapé.

223 Cada participante de um *blockchain* pode ser denominado de "nó".

informações do novo bloco gerado e o incluem na cadeia, finalizando a implementação decorrente do consenso[224].

Isso significa que o participante do *blockchain* desempenha uma função essencial na manutenção não só da credibilidade da rede, mas também da segurança dos dados armazenados, uma vez que monitora tanto o cumprimento dos termos estabelecidos quanto sua execução[225]. Considerando que é totalmente anônimo, evita-se a ocorrência de qualquer parcialidade.

Finalizado o processo, o sistema é automaticamente atualizado. Assim, a cadeia do *blockchain* passa a incorporar o novo bloco aprovado, concretizando a operação[226].

224 "*The consensus mechanism is the process by which the nodes in a network agree on a common state of the ledger. This process typically relies on cryptographic tools, a set of rules or procedures reflected in the protocol, and either economic incentives (applicable to any network configuration) or governance arrangements. Consensus generally involves two steps: [(i)] Validation: each validator identifies state changes that are consistent according to the rules of the arrangement (that is, assets are available to the originator, and the originator and beneficiary are entitled to exchange the assets). In order to do so, each validator needs to rely on a record of previous states, either as a "last agreed state" or as a "chain of previous states". [(ii)] Agreement on ledger updates: nodes agree to state changes to the ledger. This stage of the consensus process involves mechanisms or algorithms that resolve conflicting changes to the ledger. The key challenge is to ensure that valid changes are made once and only once, by ensuring that state changes are synchronised across the distributed ledger.*" Em tradução nossa: "O mecanismo de consenso é o processo pelo qual os nós da rede concordam com um estado comum do livro-razão. Esse processo normalmente depende de ferramentas criptográficas, um conjunto de regras ou procedimentos refletidos no protocolo e incentivos econômicos (aplicáveis a qualquer configuração de rede) ou arranjos de governança. O consenso geralmente envolve duas etapas: [(i)] Validação: cada validador identifica as mudanças que são consistentes com as regras no acordo (ou seja, os ativos estão disponíveis para o originador, e o originador e o beneficiário têm o direito de trocar os ativos). Para isso, cada validador deve se basear em um registro de estados anteriores, seja como um "último estado acordado" ou como uma "cadeia de estados anteriores". [(ii)] Acordo sobre atualizações do livro-razão: os nós concordam em incluir as alterações no livro-razão. Essa etapa do processo de consenso envolve mecanismos ou algoritmos que resolvem alterações conflitantes no livro-razão. O principal desafio é garantir que as alterações válidas sejam feitas uma vez, e apenas uma vez, garantindo que as alterações de estado sejam sincronizadas em todo o livro-razão". BANK FOR INTERNATIONAL SETTLEMENTS. Committee on payments and market infrastructures. **Distributed ledger technology in payment, clearing and settlement**: An analytical framework, s. l., fev. 2017. Disponível em: http://www.bis.org/cpmi/publ/d157.pdf. Acesso em: 25 jun. 2022, p. 4-5.

225 MORAES, Alexandre Fernandes D. **Bitcoin e *blockchain***: a revolução das moedas digitais. São Paulo: Saraiva, 2021, p. 19.

226 MORAES, Alexandre Fernandes D. **Bitcoin e *blockchain***: a revolução das moedas digitais. São Paulo: Saraiva, 2021, p. 20.

A tecnologia de *blockchain* permite as informações registradas na rede serem visíveis a todos os participantes – em casos de redes públicas, as informações ficam disponíveis também para terceiros – e estarem em diversos nós, o que garante a transparência e a segurança das informações incluídas[227]. Além disso, elas são imutáveis, já que os mecanismos criptográficos de registro impedem alterações unilaterais. Como as informações são distribuídas em todos os nós da rede, independentes entre si e relacionados aos demais nós, há uma descentralização da plataforma, o que garante a resiliência da rede e das informações nela registradas.

Diante disso, é possível afirmar as principais características do *blockchain*: (i) descentralização, já que os dados armazenados não estão em um servidor ou entidade específica, mas em diversos computadores conectados à internet; (ii) consenso, o que beneficia a segurança e a estabilidade do sistema, uma vez que a conferência e a validação das transações ocorrem de forma independente, por cada um dos participantes; (iii) transparência, visto que todo o "livro contábil" sempre estará disponível para acesso, sem qualquer possibilidade de alteração das informações já incorporadas; (iv) confiabilidade, segurança e imutabilidade, pois as transações realizadas não podem ser alteradas; e, por fim, (v) privacidade e propriedade, em razão de todas as transações serem assinada digitalmente por uma chave privada[228].

[227] REY, Jorge Feliu. *Smart contract*: conceito, ecossistema e principais questões de direito privado. **Revista Eletrônica Direito e Sociedade**, Canoas: UnilaSalle, v. 7, n. 3, p. 95-119, out. 2019. Disponível em: https://revistas.unilasalle.edu.br/index.php/redes/article/view/6120. Acesso em: 27 jun. 2022, p. 108.

[228] "É descentralizada na medida em que prescinde de um registro central ou de um responsável único (ou hierarquicamente superior) pelos dados introduzidos e armazenados no sistema, assentando antes na distribuição de responsabilidade pelos respetivos participantes, como característica essencial. Com efeito, cada participante é responsável pela manutenção e atualização de uma parte (ou da totalidade) da base de dados, e a validade dos registros decorre da coerência entre as inscrições individuais de cada membro, ao invés de assentar num critério hierárquico. Este carácter (necessária e intencionalmente) multilateral evita que a base de dados possa ser corrompida por um único participante, ou que um ou mais participantes exerçam uma posição dominante, tornando os demais reféns. Assim, a introdução de novos dados na base depende da validação da nova informação pelos demais participantes, sendo por isso assente num consenso multilateral. Uma vez atingido esse consenso multilateral, a nova informação é acrescentada à base de dados, e a partir daí não pode ser alterada ou eliminada, senão com base num novo consenso. Como terceiro aspecto distintivo, cumpre assinalar que a maioria das tecnologias assentes em *Blockchain* utiliza métodos de encriptação de dados

Assim, o *blockchain* diminui a probabilidade de eventuais falhas se comparado à ação humana, o que minimiza os custos envolvidos no mecanismo de controle de cumprimento do contrato.

Writ e De Fillipi avaliam que a tecnologia *blockchain* tem potencial de alterar paradigmas do direito mediante a criação de um novo ramo denominado *Lex Cryptographia*, que vai além da *Lex Mercatoria*[229] e da *Lex Informática*[230], e que teria a função de regular negócios administrados por contratos

e de validação temporal (por meio da aposição de selos temporais nos momentos-chave de introdução, alteração e eliminação de dados)". CORREIA, Francisco Mendes. A tecnologia descentralizada de registro de dados (*blockchain*) no sector financeiro. *In:* DUARTE, Diogo Pereira; MENEZES CORDEIRO, António; OLIVEIRA, Ana Perestrelo de. **FinTech**: desafios da tecnologia financeira. Coimbra: Almedina, 2017, p. 69-74, p. 69.

[229] "*During medieval times, domestic trade was regulated by customary laws, a system of common rules and customs that were specific to a kingdom.157 Advances in transportation infrastructures led to an expansion of trade, which extended beyond the scope of the kingdom to reach a variety of towns, often close by. As trade was no longer restricted to one kingdom, internal (domestic) rules could no longer apply. A new set of rules and principles therefore were established to regulate trade within and amongst kingdoms.158 This was achieved by means of private ordering, as merchants themselves established the rules that would regulate different types of transactions.159 Over time, some of these customs and best practices became recognized as a customary body of law for international (or interregional) commerce. This marked the advent of the so-called Lex Mercatoria (Latin for "Merchant Law")*". Em tradução nossa: "durante os tempos medievais, o comércio interno era regulado por leis consuetudinárias, um sistema de regras e costumes comuns que eram de um reino específico e muitas vezes das cidades ao redor. Como o comércio não estava mais restrito a um reino, as regras internas (domésticas) não podiam mais ser aplicadas. Assim, um novo conjunto de regras e princípios foi estabelecido para regular o comércio dentro e entre reinos. Isso foi conseguido por meio de ordenamento privado, pois os próprios comerciantes estabeleceram as regras que regulariam os diferentes tipos de transações. Com o tempo, alguns desses costumes e as melhores práticas passaram a ser reconhecidas como um corpo jurídico consuetudinário para o comércio internacional (ou inter-regional). Isso marcou o advento da chamada *Lex Mercatoria* (latim para "Direito Comercial")". DE FILIPPI, Primavera; WRIGHT, Aaron. **Decentralized blockchain technology and the rise of lex cryptographia**. Cambridge: Harvard University, 25 jul. 2017. Disponível em: https://papers.ssrn.com/sol3/papers.cfm?abstract_id=2580664. Acesso em: 06 jun. 2022, p. 44.

[230] "*The real innovation brought about by digital technologies is that, in the digital world, technology itself can be regarded as a parallel form of regulation. Such regulation derives from the technical features of various online platforms, which ultimately determine what can or cannot be done. Inspired from the notion of Lex Mercatoria, this particular form of regulation has been described as Lex Informatica (Informatics Law) – a particular set of rules spontaneously and independently elaborated by an international community of Internet users, which constitutes today an alternative normative system consisting of a particular set of rules and customary norms arising directly from the limitations imposed by the design of the infrastructures subtending the network*". Em tradução nossa: "a verdadeira

autoexecutáveis e organizações descentralizadas[231]. Diz respeito a uma nova forma de lidar com contratos e com o próprio direito contratual, visando, sobretudo, obter maior eficiência nesse segmento.

4.1.2. A plataforma Ethereum

Grande parte dos *smart contracts* estão constituídos na Ethereum, uma plataforma de computação descentralizada, que funciona como um computador, mas que não está localizada em apenas uma máquina, mas em milhares delas, espalhadas ao redor do mundo[232]. O seu objetivo é executar qualquer operação que possa ser programada. O sistema *Ethereum Virtual Machine* utilizado pela plataforma converte os *smart contracts* em instruções que podem ser lidas e executadas pelo computador.

As informações contidas na plataforma Ethereum não podem ser adulteradas por terceiros, uma vez que os dados estão inseridos em formato de *blockchain* e podem ser acessados por qualquer pessoa, permitindo, portanto, que os usuários auditem as informações do código antes de qualquer interação com ele.

> A Ethereum é uma implementação específica da *blockchain* que permite que cada transação represente uma linha de código de computador que será computada por cada nó da rede. [...] Qualquer contrato que possa ser expresso como uma transferência de valores entre duas pessoas em troca de alguma

inovação trazida pelas tecnologias é que, no mundo digital, a própria tecnologia pode ser vista como uma forma paralela de regulação. Tal regulação deriva das características técnicas das diversas plataformas *online*, que, em última instância, determinam o que pode ou não ser feito. Inspirada na noção de *Lex Mercatoria*, essa forma particular de regulação foi denominada de *Lex Informatica* (Lei da Informática) – um conjunto particular de regras elaboradas de forma espontânea e independente por uma comunidade internacional de usuários da Internet, que constitui hoje um sistema normativo alternativo com regras e normas baseadas no costume decorrentes das limitações impostas pelo projeto das infraestruturas que fundamentam a rede". De Filippi, Primavera; Wright, Aaron. **Decentralized blockchain technology and the rise of lex cryptographia**. Cambridge: Harvard University, 25 jul. 2017. Disponível em: https://papers.ssrn.com/sol3/papers.cfm?abstract_id=2580664. Acesso em: 06 jun. 2022, p. 44.

231 De Filippi, Primavera; Wright, Aaron. **Decentralized blockchain technology and the rise of lex cryptographia**. Cambridge: Harvard University, 25 jul. 2017. Disponível em: https://papers.ssrn.com/sol3/papers.cfm?abstract_id=2580664. Acesso em: 06 jun. 2022, p. 10.

232 Ethereum. **Introduction to smart contracts**. s. l., 14 jul. 2022. Disponível em: https://ethereum.org/en/smart-contracts/. Acesso em: 06 jul. 2022.

> condição pode ser representado em uma *blockchain* com as características da Ethereum. Esses contratos não só se executam automaticamente: o registro de sua existência e de sua execução estão perenemente gravados em uma *blockchain* distribuída e imutável[233].

Assim, a plataforma Ethereum contém *smart contracts* que operam sem qualquer intervenção humana. Seus dados e formas de execução podem ser vistos instantaneamente pelas partes envolvidas, cujo acesso ao sistema é amplo e integral.

Os *smart contracts* executados na plataforma Ethereum são acionados mediante transações realizadas pelos seus usuários ou por outros *smart contracts* relacionados entre si que, por isso, têm a possibilidade de ativar o gatilho necessário para sua execução. Assim, quando uma transação é encaminhada para um *smart contract*, todos os usuários daquela rede possuidores de *token* (sendo cada usuário um "nó") executam o código específico daquele *smart contract*, validando os dados e registrando a informação necessária[234].

A plataforma Ethereum foi criada por Vitalik Buterin e é considerada a segunda geração da tecnologia *blockchain*. Isso porque, além de permitir a transferência de valores e pagamentos da criptomoeda Ether, a plataforma permite a ativação e a execução dos *smart contracts* que se desenvolvem de forma descentralizada[235].

> A Ethereum permite que qualquer usuário construa e opere contratos inteligentes a partir de sua base comum de dados (*blockchain*) associada a uma linguagem de programação própria, voltada a fazer com que todo esse processo seja o mais direto possível. Embora cada projeto operando a tecno-

[233] ALMEIDA, Guilherme da Franca Couto Fernandes de. Coordenação social, confiança e Estado: revisitando os pressupostos do contratualismo liberal à luz da *blockchain*. *In:* ALMEIDA, Danilo dos Santos; MARCHIORI NETO, Daniel Lena. **Revisitando o liberalismo político**. Rio Grande: FURG, 2018, p. 41-67, p. 61.

[234] SCHÜPFER, Florian. **Design and implementation of a smart contract application**. 2017. Thesis (Master in Communication Systems Group) – University of Zurich, Lucern, 2017. Disponível em: https://files.ifi.uzh.ch/stiller/Thesis-F-Schuepfer-final.pdf. Acesso em: 27 jun. 2022, p. 13-23.

[235] WOOD, Gavin. **Ethereum**: a secure decentralised generalised transaction ledger, s. l., 30 set. 2017. Disponível em: https://files.gitter.im/ethereum/yellowpaper/VIyt/Paper.pdf. Acesso em: 06 jul. 2022, p. 2.

logia *blockchain* possua vantagens e limitações em particular, é de especial importância enfatizar que a Ethereum foi a primeira a ser criada explicitamente com o intuito de manter uma *blockchain* em cima da qual seja fácil criar, operar e manter contratos inteligentes. A rede Ethereum mantém, em suma, uma *blockchain* melhorada e otimizada para usos gerais[236].

Como um mecanismo de segurança, a plataforma Ethereum desenvolveu um sistema denominado "Gás". Não se trata de uma criptomoeda[237], mas de uma unidade que visa medir o trabalho da plataforma para executar determinada transação ou interação dentro da rede[238].

Cada unidade de Gás utilizada representa um ato de computação realizado por um *smart contract*, o que significa que a complexidade do código fonte impactará diretamente na quantidade de Gás necessária para sua execução, por consequência, no valor envolvido. Para uma transação ser aceita e incluída no *blockchain*, é necessário pagar um valor aos mineradores[239] que irão incluía-la no bloco para posterior validação. Assim, o Gás

[236] Aleixo, Gabriel. Como o *bitcoin* e os *smart contracts* estão transformando os modelos de negócios. **E-gov**, Florianópolis, 05 nov. 2017. Disponível em: https://egov.ufsc.br/portal/conteudo/como-o-bitcoin-e-os-smart-contracts-est%C3%A3o-transformando-os-modelos-de-neg%C3%B3cios. Acesso em: 27 jun. 2022.

[237] Ferreira, Frederico Lage. **Blockchain e ethereum**: aplicações e vulnerabilidades, 2017. Trabalho de Conclusão de Curso (Bacharelado em Ciência da Computação) – Instituto de Matemática e Estatística, Universidade de São Paulo, São Paulo, 27 nov. 2017. Disponível em: https://linux.ime.usp.br/~fredlage/mac0499/Monografia.pdf. Acesso em: 27 jun. 2022, p. 16.

[238] "Gás refere-se à unidade que mede a quantidade de esforço computacional necessário para executar operações específicas na rede Ethereum". Smith, Corin. Gás e taxas. **Ethereum**, s. l., 23 abr. 2022. Disponível em: https://ethereum.org/pt-br/developers/docs/gas/. Acesso em: 27 jun. 2022.

[239] "Os nós mineradores criam novos blocos na cadeia do *Blockchain*. Cada bloco possui seu *nounce* e *hash* únicos, mas além disso há referências a *hashes* dos blocos anteriores da cadeia. O processo de mineração não é fácil, pois exige tempo e o uso de processadores com alta capacidade computacional e alto consumo de energia. Os mineradores usam um *software* específico para encontrar um *nounce* único e gerar um *hash* aceito. Como o *nounce* possui 32 bits e o *hash* 256, existem pelo menos 4 bilhões de possíveis combinações que precisam ser mineradas antes que um seja encontrado. Assim que um *nounce* é encontrado, o bloco é agregado ao *Blockchain*. Esse, por sua vez, deve ser aceito por todos os nós da rede, e o minerador é recompensado com a criptomoeda. Qualquer alteração em um bloco criado anteriormente requer que a mineração ocorra novamente. Isso aumenta muito a dificuldade de se utilizar e manipular a tecnologia do *Blockchain*". Moraes, Alexandre Fernandes D. **Bitcoin e *blockchain***: a revolução das moedas digitais. São Paulo: Saraiva, 2021, p. 21.

nada mais é do que a taxa paga aos mineradores para a transação na Ethereum ser bem-sucedida[240].

Na Ethereum, cada tarefa tem um valor de Gás estipulado, que não se altera em razão da valorização ou desvalorização da criptomoeda Ether. Apesar de o valor da Ether ser volátil, o custo computacional é o mesmo, pois não há motivo para ser alterado. Assim, se processar uma transação que consome certa unidade de Gás, será necessário pagar uma quantia pré-definida de Ether.

4.1.3. Conceito e implicações da Inteligência Artificial no ordenamento jurídico

Uma vez apresentadas as principais características do *blockchain* e da plataforma Ethereum, passa-se a abordar aspectos referentes à IA, com o objetivo de oferecer um amplo conhecimento acerca dessa tecnologia e das suas possibilidades relacionadas ao *smart contract.*

Antes do desenvolvimento da IA, a programação se resumia à definição de comandos a serem seguidos por um sistema de computação para determinado fim a ser alcançado. Essa sequência de comandos denominada algoritmo[241] depende exclusivamente do programador.

O desenvolvimento da IA é parte relevante da revolução tecnológica. Os sistemas de computador se tornaram não só criativos, mas também desenvolveram habilidades que possibilitam alcançar resultados ainda imprevistos pelos programadores.

Russel e Norvig[242] destacam as duas principais características da IA: o processo de raciocínio e o comportamento. Isso porque, diferentemente de um algoritmo normal, a IA acumula experiências próprias e extrai aprendizado dessas situações. Diante disso, pode alterar sua forma de agir em determinado caso, a depender dos andamentos da experiência anterior.

[240] SMITH, Corin. Gás e taxas. **Ethereum**, s. l., 23 abr. 2022. Disponível em: https://ethereum.org/pt-br/developers/docs/gas/. Acesso em: 27 jun. 2022.

[241] "Como foi visto, um algoritmo é um conjunto de passos para que uma tarefa seja realizada. Esses passos são organizados de forma lógica, a fim de se chegar ao objetivo final". SANTOS, Marcela Gonçalves dos. **Algoritmos e programação**. Porto Alegre: Grupo A, 2018. p. 11.

[242] NORVIG, Peter; RUSSEL, Stuart. **Artificial inteligence**: a modern approach. 2. ed. Harlow (UK): Pearson Education, 2014. Disponível em: https://www.sti-innsbruck.at/sites/default/files/Knowledge-Representation-Search-and-Rules/Russel-&-Norvig-Inference-and-Logic-Sections-7.pdf. Acesso em: 06 jul. 2022, p. 204.

Quanto mais informação for disponibilizada ao programa, maior será sua aprendizagem e aptidão, possibilitando inclusive o *deep learning*, a ser detalhado mais adiante.

Assim, caso a IA seja submetida a resolver determinado empecilho, o programador não deverá desenvolver um algoritmo específico com indicação do passo a passo para sua solução – como seria um programa normal. Ele apenas descreverá o problema em si e a própria IA buscará uma solução, por meio do seu aprendizado[243].

O termo IA é plural e possui diversos significados. Em determinados momentos, trata-se da junção de sistemas que pensam como e no lugar de seres humanos, ou que pensam e atuam como seres humanos. Em outros momentos, fala da junção de sistemas que reproduzem tarefas de raciocínios e se aplicam ao agir humano[244]. Significa dizer que a IA está relacionada ao comportamento humano, que tem capacidade de processar uma

[243] Poole, David; Mackworth, Alan. **Artificial Intelligence**: foundations of computational agents. Cambridge (UK): Cambridge University, 2010, subcapítulo 3.1.

[244] *"Artificial intelligence (AI) would be the possession of intelligence, or the exercise of thought, by machines such as computers. Philosophically, the main AI question is "Can there be such?" or, as Alan Turing put it, "Can a machine think?". What makes this a philosophical and not just a scientific and technical question is the scientific recalcitrance of the concept of intelligence or thought and its moral, religious, and legal significance. In European and other traditions, moral and legal standing depend not just on what is outwardly done but also on inward states of mind. Only rational individuals have standing as moral agents and status as moral patients subject to certain harms, such as being betrayed. Only sentient individuals are subject to certain other harms, such as pain and suffering. Since computers give every outward appearance of performing intellectual tasks, the question arises: "Are they really thinking?". And if they are really thinking, are they not, then, owed similar rights to rational human beings? Many fictional explorations of AI in literature and film explore these very questions"*. Em tradução nossa: "a inteligência artificial (IA) seria a posse da inteligência, ou o exercício do pensamento, por máquinas como os computadores. Filosoficamente, a principal questão da IA é "pode existir?" ou, como disse Alan Turing, "uma máquina pode pensar?". O que torna isso uma questão filosófica e não apenas científica e técnica é a questão científica do conceito de inteligência ou pensamento e seu significado moral, religioso e legal. Nas tradições europeias e outras, a posição moral e legal depende não apenas do que é feito externamente, mas também do estado interno. Apenas indivíduos racionais têm posição como agentes morais e podem se sujeitar a certos danos, como serem traídos. Apenas indivíduos conscientes estão sujeitos a danos como dor e sofrimento. Como os computadores aparentam realizar tarefas intelectuais, surge a pergunta: "eles estão realmente pensando?". E se eles estão realmente pensando, eles não devem, então, ter direitos semelhantes aos seres humanos racionais? Muitas demonstrações fictícias da IA na literatura e no cinema exploram essas mesmas questões". Hauser, Larry. Artificial Intelligence. **Internet Encyclopedia of Philosophy**, [s. l., 200-?]. Disponível em: https://iep.utm.edu/articicial-intelligence/. Acesso em: 27 jun. 2022.

infinidade de informações e de transformá-las em dados estruturados[245], reunindo um conjunto de habilidades que permitem a aplicação de regras de lógica e, consequentemente, a capacidade de reconhecer padrões[246]. Ela se fundamenta no conhecimento, no raciocínio e na aprendizagem humanos, assim como na percepção de problemas e respectivas soluções, o que lhe permite perceber ambientes e executar ações. "A IA é uma ciência experimental, que envolve o estudo da representação do conhecimento (cognição), raciocínio e aprendizagem, percepção dos problemas e ação ou solução dos mesmos"[247].

Com isso, a IA de fato compreende as informações que lhe são disponibilizadas, como um ser racional. Seu processamento é baseado no funcionamento do cérebro humano, o que é permitido pela sua modelagem baseada nas funções cognitivas e técnicas de racionalização. Ou seja, após

[245] Um exemplo dessa situação é o programa *Deep Patient,* criado em 2015 por um grupo de pesquisa no Mount Sinai Hospital em Nova Iorque. A IA teve acesso a dados de aproximadamente 700 mil indivíduos e, com isso, conseguiu prever doenças futuras dos novos indivíduos que foram cadastrados na plataforma. Dudley, Joel T.; Kidd, Brian A.; LI, Li; Miotto, Riccardo. Deep patient: an unsupervised representation to predict the future of patients from the electronic health records. **Scientific Reports**, s. l., n. 6, article number: 26094, 17 maio 2016. Disponível em: https://www.nature.com/articles/srep26094. Acesso em: 06 jul. 2022, p. 1.

[246] *"Artificial Intelligence (referred to hereafter by its nickname, "AI") is the subfield of Computer Science devoted to developing programs that enable computers to display behavior that can (broadly) be characterized as intelligent. Most research in AI is devoted to fairly narrow applications, such as planning or speech-to-speech translation in limited, well defined task domains. But substantial interest remains in the long-range goal of building generally intelligent, autonomous agents, even if the goal of fully human-like intelligence is elusive and is seldom pursued explicitly and as such"*. Em tradução nossa: "a Inteligência Artificial (referida daqui em diante por "IA") é o subcampo da Ciência da Computação dedicado ao desenvolvimento de programas que permitem que os computadores desenvolvam comportamentos que podem (amplamente) ser caracterizados como inteligentes. A maioria das pesquisas em IA é dedicada a aplicações bastante restritas, como planejamento ou tradução de fala para fala em domínios de tarefas limitados e bem definidos. Mas o interesse substancial permanece no objetivo de longo prazo de construir agentes autônomos e geralmente inteligentes, mesmo que o objetivo de uma inteligência totalmente humana seja ilusório e raramente seja perseguido explicitamente e como tal". Thomason, Richmond. Logic and artificial intelligence. *In:* Zalta, Edward N. **The Stanford Encyclopedia of Philosophy**. Stanford: Department of Philosophy, Stanford University, 2020. Disponível em: https://plato.stanford.edu/entries/logic-ai/. Acesso em: 27 jun. 2022.

[247] Norvig, Peter; Russel, Stuart. **Inteligência artificial**. Trad. Regina Célia Simille de Macedo. 3. ed. Rio de Janeiro: Elsevier, 2013, p. 7.

reconhecer um ambiente, a IA toma decisões para alcançar os objetivos pré-estabelecidos para aquele contrato.

Assim, a IA pode ser definida como a capacidade de um sistema computacional realizar funções comumente decorrentes da inteligência humana. De um lado, é a

> ciência da construção de máquinas que fazem coisas que requeiram inteligência, caso fossem feitas por homens. De outro, é o estudo que busca simular processos inteligentes ou processos de aprendizagem em máquinas ou que tenta fazer com que os computadores realizem tarefas em que, no momento, as pessoas são melhores. Isso inclui tarefas como se comportar como especialista, entender e falar linguagem natural, reconhecendo padrões como a escrita[248].

Nesse sentido, Kurzweil afirma: "provavelmente a definição mais constante de inteligência artificial, e a mais utilizada, afirma que 'Inteligência Artificial é a arte de criar máquinas que executam funções que requerem inteligência quando executadas por pessoas'"[249]. Ou seja, a IA permite que os sistemas tomem decisões de forma independente e mediante uma percepção automática do problema, sem qualquer intervenção humana. Suas ações sempre terão a finalidade de atingir os objetivos que lhe forem pré-determinados.

Assim, diversamente do ocorrido em um sistema automatizado, no qual o programador prevê todas as possibilidades envolvidas em determinada situação e define uma resposta a ser observada pelo algoritmo, o próprio sistema identificará a situação e apresentará uma resposta adequada com a IA.

Apresentados esses conceitos, aborda-se na sequência a proposta de regulamentação trazida pelo Parlamento Europeu para tratar dos aspectos relacionados à IA na comunidade europeia, os conceitos e as principais características do *machine learning* e do *deep learning*, diretamente relacionados ao uso e à forma de funcionamento dessa tecnologia.

4.1.3.1. Proposta de regulamentação do Parlamento Europeu

O Parlamento Europeu publicou em 16 de fevereiro de 2017 uma resolução para estabelecer os próximos passos da revolução tecnológica, os princí-

[248] ROVER, Aires José (org.). **Direito societário e informática**: limites e perspectivas da vida digital. Florianópolis: Fundação Boiteux, 2000, p. 6.

[249] KURZWEIL, Ray. **The age of inteligente machines**. Cambridge: MIT, 1999, p. 13.

pios básicos a serem observados no desenvolvimento, programação e utilização da IA (Resolução 2015/2103(INL)[250]), na qual há recomendações dirigidas à Comissão de Direito Civil sobre Robótica.

A Resolução n. 2015/2103 evidencia que a Comissão estava receosa com a ausência de uma regulamentação que tratasse das diversas manifestações de IA. Na exposição de motivos, enfatiza que a IA poderá ultrapassar a capacidade intelectual do ser humano em algumas décadas, razão pela qual pondera que o desenvolvimento das tecnologias envolvendo robótica deveria complementar a capacidade humana, e não substituí-la. Ademais, trata de questões envolvendo responsabilidade civil, defendendo a aplicação da responsabilidade objetiva para os atos decorrentes de IA em hipóteses específicas[251].

[250] Letras T a Y da Resolução do Parlamento Europeu. PARLAMENTO EUROPEU. **Resolução do Parlamento Europeu, de 16 de fevereiro de 2017**, que contém recomendações à Comissão sobre disposições de direito civil sobre Robótica (2015/2103(INL)). Estrasburgo, 16 fev. 2017. Disponível em: https://www.europarl.europa.eu/doceo/document/TA-8-2017-0051_PT.html. Acesso em: 27 jun. 2022.

[251] "Responsabilidade. Z. Considerando que, graças aos impressionantes avanços tecnológicos da última década, não só os robôs de hoje conseguem efetuar atividades que, regra geral, costumavam ser exclusivamente realizadas por humanos, como também o desenvolvimento de certas características autónomas e cognitivas – por exemplo, a capacidade de aprender com a experiência e de tomar decisões quase independentes – os tornaram cada vez mais similares a agentes que interagem com o seu ambiente e conseguem alterá-lo de forma significativa; considerando que, nesse contexto, a responsabilidade jurídica decorrente de uma ação lesiva de um robô constitui uma questão crucial; AA. Considerando que a autonomia de um robô pode ser definida como a capacidade de tomar decisões e de as aplicar no mundo exterior, independentemente do controlo ou da influência externa; considerando que esta autonomia é de natureza puramente tecnológica e que o seu grau depende do modo como o nível de sofisticação da interação do robô com o seu ambiente foi concebido; AB. Considerando que, quanto mais autónomos forem os robôs, menos poderão ser encarados como simples instrumentos nas mãos de outros intervenientes (como o fabricante, o operador, o proprietário, o utilizador, etc.); considerando que, por sua vez, isto coloca a questão de saber se as normas ordinárias em matéria de responsabilidade são suficientes ou se serão necessários novos princípios e normas para clarificar a responsabilidade jurídica de vários intervenientes no que respeita à responsabilidade por atos e omissões dos robôs, quando a causa não puder ser atribuída a um interveniente humano específico e os atos ou as omissões dos robôs que causaram os danos pudessem ter sido evitados; AC. Considerando que, em última instância, a autonomia dos robôs suscita a questão da sua natureza à luz das categorias jurídicas existentes, ou se deve ser criada uma nova categoria, com características e implicações próprias; AD. Considerando que, ao abrigo do atual quadro jurídico, os robôs não podem ser responsabilizados por si só pelas ações ou omissões que causam danos a terceiros;

Diante disso, a Resolução n. 2015/2103 recomendou a criação de uma abordagem no âmbito da União Europeia para evitar que o mercado interno fosse fragmentado. Ainda, destacou a "importância do princípio do reconhecimento mútuo na utilização transfronteiriça de robôs e sistemas robóticos" e do princípio da transparência como um princípio ético fundamental, além da necessidade de que todas as decisões tomadas pela IA sejam passíveis de análise e compreensão pelos seres humanos. Com isso, recomendou que robôs avançados possuam uma "caixa preta" contendo

considerando que as normas existentes em matéria de responsabilidade abrangem casos em que a causa subjacente à ação ou à omissão do robô pode ser atribuída a um agente humano específico, tal como o fabricante, o operador, o proprietário ou o utilizador, e em que o agente podia ter previsto e evitado o comportamento lesivo do robô; considerando que, além disso, os fabricantes, os operadores, os proprietários ou os utilizadores poderiam ser considerados estritamente responsáveis pelas ações ou omissões de um robô; AE. Considerando que, nos termos do atual quadro jurídico, a responsabilidade pelo produto – segundo a qual o fabricante de um produto é responsável por uma anomalia – e as normas que regem a responsabilidade por ações prejudiciais – segundo as quais o utilizador de um produto é responsável por um comportamento que provoque prejuízos – são aplicáveis aos danos causados pelos robôs ou pela IA; AF. Considerando que, perante o cenário em que um robô pode tomar decisões autónomas, as normas tradicionais não serão suficientes para suscitar problemas de responsabilidade jurídica pelos danos causados por um robô, uma vez que não seria possível identificar a parte responsável para prestar a indemnização e para lhe exigir que reparasse os danos causados; AG. Considerando que as insuficiências do atual quadro jurídico são evidentes também no domínio da responsabilidade contratual, na medida em que as máquinas concebidas para escolher as suas contrapartes, para negociar as condições contratuais, para celebrar contratos e para decidir se e como os aplicam, invalidam a aplicação das normas tradicionais; considerando que isto sublinha a necessidade de novas normas, eficientes e mais atualizadas, que correspondam ao desenvolvimento tecnológico e às inovações recém-surgidas e utilizadas no mercado; AH. Considerando que, no que respeita à responsabilidade extracontratual, a Diretiva 85/374/CEE apenas pode abranger os danos provocados por defeitos de fabrico de um robô, e sob reserva de a pessoa lesada poder comprovar os danos efetivos, o defeito do produto e a relação de causalidade entre o dano e o defeito, pelo que o quadro de responsabilidade objetiva ou de responsabilidade sem culpa pode não ser suficiente; AI. Considerando que, não obstante o âmbito de aplicação da Diretiva 85/374/CEE, o atual quadro jurídico não seria suficiente para abranger os danos provocados pela nova geração de robôs, na medida em que os robôs podem ser dotados de capacidades adaptativas e de aprendizagem que integram um certo grau de imprevisibilidade no seu comportamento, uma vez que aprendem de forma autónoma com a sua experiência própria variável e interagem com o seu ambiente de um modo único e imprevisível;" PARLAMENTO EUROPEU. **Resolução do Parlamento Europeu, de 16 de fevereiro de 2017**, que contém recomendações à Comissão sobre disposições de direito civil sobre Robótica (2015/2103(INL)). Estrasburgo, 16 fev. 2017. Disponível em: https://www.europarl.europa.eu/doceo/document/TA-8-2017-0051_PT.html. Acesso em: 27 jun. 2022.

todos os dados das operações realizadas pela máquina com IA, inclusive a lógica que o conduziu a formular cada uma de suas decisões[252].

Nesse mesmo sentido, a Resolução n. 2015/2103 destaca os princípios da "beneficência, não-maleficência, autonomia e justiça", além da

> dignidade do ser humano, a igualdade, a justiça e a equidade, a não discriminação, o consentimento esclarecido, o respeito pela vida privada e familiar e a proteção de dado [...]e a não estigmatização, a transparência, a autonomia, a responsabilidade individual e a responsabilidade social, e em códigos e práticas éticas existentes[253].

Por outro lado, destaca que, quanto mais autônomos os robôs se tornarem, menos poderão ser considerados um mero instrumento ou ferramenta de um proprietário ou fabricante, o que tornaria as normas referentes à responsabilidade civil insuficientes, pois essa seria imputada à própria máquina, por suas ações ou omissões. Todavia, como a IA não possui personalidade jurídica, não seria uma solução razoável[254/255].

A Resolução n. 2015/2103 indica, assim, a possibilidade de se determinar a responsabilidade daquele que treinou a IA, que pode responder proporcionalmente ao nível de instruções dadas e da autonomia da IA.

[252] PARLAMENTO EUROPEU. **Resolução do Parlamento Europeu, de 16 de fevereiro de 2017**, que contém recomendações à Comissão sobre disposições de direito civil sobre Robótica (2015/2103(INL)). Estrasburgo, 16 fev. 2017. Disponível em: https://www.europarl.europa.eu/doceo/document/TA-8-2017-0051_PT.html. Acesso em: 27 jun. 2022.

[253] PARLAMENTO EUROPEU. **Resolução do Parlamento Europeu, de 16 de fevereiro de 2017**, que contém recomendações à Comissão sobre disposições de direito civil sobre Robótica (2015/2103(INL)). Estrasburgo, 16 fev. 2017. Disponível em: https://www.europarl.europa.eu/doceo/document/TA-8-2017-0051_PT.html. Acesso em: 27 jun. 2022.

[254] PARLAMENTO EUROPEU. **Resolução do Parlamento Europeu, de 16 de fevereiro de 2017**, que contém recomendações à Comissão sobre disposições de direito civil sobre Robótica (2015/2103(INL)). Estrasburgo, 16 fev. 2017. Disponível em: https://www.europarl.europa.eu/doceo/document/TA-8-2017-0051_PT.html. Acesso em: 27 jun. 2022.

[255] Nesse sentido, o Secretariado da UNCITRAL, ao falar sobre a Convenção das Nações Unidas sobre a utilização de Comunicações Eletrônicas em Contratos Internacionais, emitiu uma nota indicando que a responsabilidade civil seria da pessoa jurídica ou física em nome do qual o computador for programado. Ou seja, a responsabilidade seria da pessoa em nome da qual a IA atuou de forma benéfica. COMISSÃO DAS NAÇÕES UNIDAS PARA O DIREITO COMERCIAL INTERNACIONAL. **Eletronic Commerce**. [s. l., 201-?]. Disponível em: https://uncitral.un.org/en/texts/ecommerce. Acesso em: 06 jul. 2022.

Significa que, quanto maior a autonomia do robô e quanto mais longo for seu treinamento, maior será a responsabilidade daquele que o treinou[256].

Posteriormente, em 2018, a Comissão Europeia publicou o relatório *Inteligência artificial para a Europa*, indicando que a União Europeia deveria aproveitar o máximo das oportunidades oferecidas pela IA e enfrentar os novos desafios trazidos por ela[257]. Com isso, o Grupo de Alto Nível em Inteligência Artificial elaborou orientações para o desenvolvimento de uma IA confiável e uma lista para sua avaliação[258].

Ainda em 2018, a Comissão Europeia para Eficiência da Justiça publicou a Carta Ética Europeia sobre o uso da IA em sistemas judiciais (*European ethical charter on the use of Artificial Intelligence in judicial systems and their environment*, no original) e, na 31ª Sessão Plenária em Estrasburgo, estabeleceu que os sistemas de IA deveriam ser seguros, respeitar direitos fundamentais e valores da União Europeia, além de preservar a segurança jurídica para investimentos e inovação em IA poderem ocorrer. A governança deveria ser aprimorada para assegurar a eficácia de direitos fundamentais e facilitar o desenvolvimento de um ambiente econômico unificado[259].

[256] "56. Considera que, em princípio, uma vez identificadas as partes às quais cabe, em última instância, a responsabilidade, esta deve ser proporcionada em relação ao nível efetivo de instruções dadas ao robô e ao nível da sua autonomia, de modo a que quanto maior for a capacidade de aprendizagem ou de autonomia de um robô, e quanto mais longa for a «educação» do robô, maior deve ser a responsabilidade do «professor»; observa, em especial, que as competências resultantes da «formação» dada a um robô não devem ser confundidas com as competências estritamente dependentes das suas capacidades de autoaprendizagem, quando se procura identificar a pessoa à qual se atribui efetivamente o comportamento danoso do robô; observa que, pelo menos na fase atual, a responsabilidade deve ser imputada a um ser humano, e não a um robô". PARLAMENTO EUROPEU. **Resolução do Parlamento Europeu, de 16 de fevereiro de 2017**, que contém recomendações à Comissão sobre disposições de direito civil sobre Robótica (2015/2103(INL)). Estrasburgo, 16 fev. 2017. Disponível em: https://www.europarl.europa.eu/doceo/document/TA-8-2017-0051_PT.html. Acesso em: 27 jun. 2022.

[257] COMISSÃO EUROPEIA. **Comunicação da Comissão ao Parlamento Europeu, ao Conselho Europeu, ao Conselho, ao Comité Económico e Social Europeu e ao Comité das Regiões**. Bruxelas, 25 abr. 2018. Disponível em: https://ec.europa.eu/transparency/documents-register/detail?ref=COM(2018)237&lang=pt. Acesso em: 27 jun. 2022, p. 2.

[258] PARLAMENTO EUROPEU. Comissão dos Assuntos Jurídicos. **Relatório** – A9-0178/2020. Relatório que contém recomendações à Comissão sobre o regime de responsabilidade civil aplicável à inteligência artificial. s. l., 19 out. 2020. Disponível em: https://www.europarl.europa.eu/doceo/document/A-9-2020-0178_PT.html. Acesso em: 06 jul. 2022.

[259] CONSELHO DA UNIÃO EUROPEIA. Comissão Europeia para a eficiência da justiça. **European ethical charter on the use of artificial intelligence (AI) in judicial systems**

Assim, a Comissão indicou que a regulamentação deveria ser hierarquizada para tratar dos riscos criados pela IA, a serem divididos entre (i) inaceitáveis – correspondentes às práticas vedadas; (ii) altos – correspondentes às práticas com severas restrições para seu desenvolvimento e implementação; e (iii) baixos – correspondentes às práticas para as quais haveria tolerância[260].

Já em 2020, a Comissão Europeia publicou o Livro Branco sobre IA, no qual definiu que a IA seria um ecossistema de excelência e confiança[261]. Abriu-se, assim, uma consulta pública mundial que ensejou a criação, em 2021, de novas regras para fomentar confiabilidade dos sistemas de IA[262].

Por meio da conjunção do primeiro quadro jurídico em matéria de IA e um novo Plano Coordenado[263] com os Estados-Membros, a União Europeia estabeleceu a "segurança e defesa dos direitos fundamentais das pessoas e das empresas, reforçando simultaneamente o investimento, a inovação e a utilização da inteligência artificial, em toda UE"[264]. As regras estabelecem uma abordagem baseada no risco da tecnologia, quais sejam:

and their environment. Estrasburgo, fev. 2019. Disponível em: https://rm.coe.int/ethical-charter-en-for-publication-4-december-2018/16808f699c. Acesso em: 27 jun. 2022, p. 5.

260 PARLAMENTO EUROPEU. Comissão dos Assuntos Jurídicos. **Relatório** – A9-0186/2020. RELATÓRIO que contém recomendações à Comissão sobre o quadro dos aspetos éticos da inteligência artificial, da robótica e das tecnologias conexas. s. l., 19 out. 2020. Disponível em: https://www.europarl.europa.eu/doceo/document/A-9-2020-0186_PT.html. Acesso em: 06 jul. 2022.

261 COMISSÃO EUROPEIA. **Livro branco sobre a inteligência artificial**: uma abordagem europeia virada para a excelência e a confiança. Bruxelas, 19 fev. 2020. Disponível em: https://ec.europa.eu/info/sites/default/files/commission-white-paper-artificial-intelligence-feb2020_pt.pdf. Acesso em: 06 jul. 2022, p. 05.

262 CONSELHO DA UNIÃO EUROPEIA. Ad hoc Committee on Artificial Intelligence. **Consultation on the elements of a legal framework on AI**. [Estrasburgo, 2021]. Disponível em: https://www.coe.int/en/web/artificial-intelligence/cahai-multi-stakeholder-consultation. Acesso em: 23 jul. 2022.

263 O Plano Coordenado descreve determinadas mudanças políticas e a necessidade de investimento dos Estados-Membros para reforçar a posição de liderança da União Europeia no desenvolvimento da IA.

264 COMISSÃO EUROPEIA. **Uma Europa preparada para a era digital**: comissão propõe novas regras e ações para promover a excelência e a confiança na inteligência artificial. Bruxelas, 21 abr. 2021. Comunicado de Imprensa. Disponível em: https://ec.europa.eu/commission/presscorner/detail/pt/ip_21_1682. Acesso em: 27 jun. 2022.

a) risco inaceitável, pois gera ameaça à segurança, aos meios de subsistência e aos direitos das pessoas – por exemplo, IA que manipule o comportamento humano;
b) risco elevado, em que foram fixadas obrigações rigorosas a serem cumpridas para que o sistema com IA possa ser inserido no mercado. Inclui a utilização em:
   - infraestruturas consideradas críticas e que possam colocar a vida e a saúde dos indivíduos em risco;
   - educação ou formação profissional;
   - segurança de produtos, como em cirurgias assistidas por robôs;
   - emprego, gestão de trabalhadores e acesso ao trabalho, como utilização de IA para análise de currículos;
   - serviços essenciais;
   - aplicação coercitiva da lei que possa interferir em direitos fundamentais;
   - gestão de migração e controle de fronteiras, como a verificação de documentos de viagem;
   - aplicação da justiça.
c) risco limitado, isto é, sistemas com Inteligência Artificial com obrigações de transparência específica (deverá ser indicado que o indivíduo está interagindo com um sistema de IA);
d) risco mínimo, que não afeta direitos ou segurança dos indivíduos.

Nesse sentido, determinou-se a criação de um Comitê Europeu para IA, que tratará do desenvolvimento de normas e poderá propor códigos de conduta voluntário para a IA de risco elevado. Assim, o Parlamento Europeu e os Estados Membros deverão adotar as propostas da Comissão relativas à IA[265].

4.1.3.2. *Machine learning* e *deep learning*

A IA tem suas funções amplificadas mediante a utilização dos modelos de *machine learning* e *deep learning*, que permitem à máquina aprender em decorrência de suas próprias experiências.

[265] COMISSÃO EUROPEIA. **Excelência e confiança na inteligência artificial**. s. l., 2020. Disponível em: https://ec.europa.eu/info/strategy/priorities-2019-2024/europe-fit-digital-age/excellence-trust-artificial-intelligence_pt. Acesso em: 06 jul. 2022.

A complexidade dos sistemas dotados de inteligência artificial incrementa-se exponencialmente a partir dos modelos de *machine learning* (aprendizado de máquina), caracterizados pela aptidão da máquina a adquirir aprendizado a partir de suas próprias experiências. Caso se verifique, ainda, a utilização de modelos baseados em redes neurais às semelhanças do funcionamento do cérebro humano, alude-se, no estágio mais atual da evolução tecnológica, ao *deep learning* (aprendizado profundo)[266].

Por meio do *machine learning*, a máquina tem a capacidade de aprender determinadas funções e conceitos, sem necessidade de uma programação específica e prévia por um ser humano. Ela utiliza os dados que lhe são fornecidos, elabora estatísticas e desenvolve soluções aos problemas apresentados. Ainda, é capaz de realizar previsões sobre o futuro e identificar a probabilidade dos possíveis resultados. Trata-se de uma área da ciência da computação que visa ensinar o computador a aprender e a exercer determinadas funções sem ter sido programado para isso – ou seja, de forma independente[267].

O processo do *machine learning* é baseado no princípio da tentativa e erro, o que gera a catalogação dos resultados e, por consequência, torna o algoritmo mais preparado para solucionar eventuais problemas[268].

[266] SILVA, Rodrigo da Guia; TEPEDINO, Gustavo. Desafios da inteligência artificial em matéria de responsabilidade civil. **Revista Brasileira de Direito Civil**, Rio de Janeiro: Instituto Brasileiro de Direito Civil, v. 21, n. 3, jul.-set. 2019. Doutrina nacional. Disponível em: https://rbdcivil.emnuvens.com.br/rbdc/article/view/465. Acesso em: 27 jun. 2022, item 2.

[267] Um exemplo da utilização no dia a dia é o acesso à plataforma Netflix, que disponibiliza diversos filmes e seriados para seus usuários. Ao efetuar o *login*, os filmes e seriados que são exibidos na página inicial decorrem de uma lista personalizada, criada a partir de uma técnica de *machine learning* em que o sistema utiliza os dados do seu cadastro, mediante a verificação dos filmes e séries que estão sendo assistidos no seu *login* e, com isso, estimam os temas que tem mais chance de serem assistidos por aquele determinado usuário. O mesmo ocorre nas sugestões que são feitas nas redes sociais como Facebook e Instagram. LOREGGIA, Andrea; SARTOR, Giovanni. **The impact of algorithms for online content filtering or moderation**. s. l.: European Parliament, set. 2020. Disponível em: https://www.europarl.europa.eu/RegData/etudes/STUD/2020/657101/IPOL_STU(2020)657101_EN.pdf. Acesso em: 06 jul. 2022, p. 36.

[268] GOETTENAUER, Carlos Eduardo. Algoritmos, inteligência artificial, mercados: desafio ao arcabouço jurídico. *In:* CARVALHO, Angelo Gamba Prata; FRAZÃO, Ana (coord.). **Empresa, mercado e tecnologia**. Belo Horizonte: Fórum, 2019, p. 269-284, p. 272.

O *Machine Learning* é a tecnologia responsável pelo aperfeiçoamento e aprendizado das máquinas por meio dos dados inseridos em seus algoritmos. De forma simples, facilita a capacidade do computador em aprender e evoluir à medida que é exposto a dados (*Big Data*), permitindo ações inteligentes baseadas no conhecimento adquirido pelas informações coletadas. Ou seja, é como se a máquina fosse treinada a partir dos dados "desenvolvendo" a habilidade de aprender e executar uma tarefa[269].

Já o *deep learning* possibilita analisar e processar uma grande quantidade de dados para verificar padrões existentes. Trata-se de uma técnica do *machine learning* estruturada em uma rede neural artificial – isto é, uma versão computadorizada de uma rede neural biológica[270].

Essa estrutura faz com que cada "neurônio" da máquina aprenda uma função simples e sua combinação gera a função geral e complexa do *deep learning*[271], permitindo à máquina analisar as situações nas quais está envolvida e solucionar os problemas que lhe forem apresentados. Em conceito, o *deep learning*

> utiliza-se de algoritmos mais complexos (redes neurais) para aprimorar o aprendizado da máquina, de forma que consiga avaliar estruturas de dados e ações complexas, como reconhecimento de voz e áudio, interpretação de imagens, como no reconhecimento facial, processamento de linguagem natural, entre outros[272].

Todavia, como os sistemas que utilizam *deep learning* se programam sem qualquer intervenção humana, não é possível prever quais seriam os limites existentes para esse tipo de tecnologia. Isso leva uma corrente a susten-

[269] Barcellos, João. Além da ficção: como a inteligência artificial tem sido essencial para os negócios. **Revista Brasileira de Comércio Eletrônico** (*E-commerce* Brasil), São Paulo, n. 8, p. 44-47, fev. 2018, p. 45.

[270] Pinto, Henrique Alves. A utilização da inteligência artificial no processo de tomada de decisões – por uma necessária *accountability*. **Revista de Informação Legislativa**, Brasília: Senado Federal, v. 57, n. 225, p. 43-60, jan.-mar. 2020. Disponível em: https://www12.senado.leg.br/ril/edicoes/57/225/ril_v57_n225_p43.pdf. Acesso em: 20 jul. 2022, p. 46.

[271] Charniak, Eugene. **Introduction to deep learning**. Cambridge: MIT, 2018, p. 137.

[272] Barcellos, João. Além da ficção: como a inteligência artificial tem sido essencial para os negócios. **Revista Brasileira de Comércio Eletrônico** (*E-commerce* Brasil), São Paulo, n. 8, p. 44-47, fev. 2018, p. 45.

tar que o *deep learning* funciona como uma *black-box*, ou caixa de pandora, ou seja, os próprios programadores não sabem como os algoritmos de fato funcionam e atingem determinados resultados – assim até os resultados podem ser imprevisíveis[273].

As diferenças entre o *machine learning* e o *deep learning* podem ser assim resumidas:

> vamos primeiro dar uma olhada em dois aspectos de alto nível do *machine learning* e como eles se relacionam com o *deep learning*. Em primeiro lugar, embora ambos geralmente exijam grande quantidade de dados, os tipos costumam ser diferentes. Considere o seguinte exemplo: suponha que tenhamos fotos de milhares de animais e queremos criar um algoritmo para encontrar cavalos. Bem, *machine learning* não pode analisar fotos em si; em vez isso, os dados devem ser rotulados. O algoritmo de *machine learning* será treinado para reconhecer cavalos por meio de um processo conhecido como aprendizagem supervisionada. Mesmo que o *machine learning* apresente bons resultados, eles ainda terão limitações. Não seria melhor olhar para os *pixels* das próprias imagens – e encontrar os padrões? Com certeza [...] Com o *deep learning*, entretanto, é possível resolver esses problemas. Essa abordagem analisa todos os dados – *pixel* por *pixel* – e, em seguida, encontra as relações usando uma rede neural que imita o cérebro humano[274].

Fato é que, tanto por meio do *machine learning* como do *deep learning*, a tomada de decisões é mais assertiva, pois os dados disponibilizados são mais aprimorados. Em conjunto, o *machine learning* e o *deep learning* compõem a IA.

Assim, apresentados os aspectos preliminares sobre as tecnologias que fundamentam a utilização do *smart contract*, na próxima seção, passa-se a tratar do *smart contract* em si.

[273] KNIGHT, Will. The dark secret at the heart of AI: no one really knows how the most advanced algorithms do what they do – that could be a problem. **MIT Technology Review**, s. l., 11 abr. 2017. Disponível em: https://www.technologyreview.com/s/604087/the-dark-secret-at-the-heart-of-ai/. Acesso em: 27 jun. 2022.

[274] TAULLI, Tom. **Introdução à inteligência artificial**: uma abordagem não técnica. São Paulo: Novatec, 2020, p. 97.

4.2. *Smart contracts*: os contratos autoexecutáveis

A origem dessa forma de contratação, assim como o seu conceito serão aqui analisados com base na literatura nacional e estrangeira; em seguida, a obra irá aprofundar suas principais características e os impactos delas decorrentes.

4.2.1. Origem e conceito

O desenvolvimento da sociedade da informação, da internet das coisas[275] e o impacto de novas tecnologias nas relações sociais permitiram que a automação garantida pela linguagem de programação ganhasse relevância e espaço frente à intervenção humana[276]. É nesse contexto de era digital, intenso fluxo de informações e anseio por relações mais eficientes e sem necessidade de intervenção humana que surgem os *smart contracts*. Trata-se de uma promessa de contrato autônomo com cláusulas autoexecutáveis[277]que podem ou não se utilizar de IA, a depender do estabelecido pelas partes.

A primeira referência ao *smart contract* foi feita no início da década de 1990 pelo jurista, cientista da computação e criptógrafo Nick Szabo. Com a publicação do artigo *Formalizing and securing relationships on public networks*,

[275] Como já indicado na seção 2.4, Internet das Coisas é um conceito que trata da conexão dos seres humanos com máquinas e objetos com sensores ou programas conectados à internet e que coletam dados dos seus usuários.

[276] "A inteligência artificial é usualmente compreendida a partir de características como autonomia, habilidade social, cooperação, proatividade e reatividade. Tais atributos põem-se a indicar, em síntese essencial, a aptidão de algoritmos à atuação sem (ou com diminuta) intervenção humana, em interação tanto reativa quanto proativa com o ambiente e com outros agentes (humanos ou não)". Silva, Rodrigo da Guia; Tepedino, Gustavo. Desafios da inteligência artificial em matéria de responsabilidade civil. **Revista Brasileira de Direito Civil**, Rio de Janeiro: Instituto Brasileiro de Direito Civil, v. 21, n. 3, jul.-set. 2019. Doutrina nacional. Disponível em: https://rbdcivil.emnuvens.com.br/rbdc/article/view/465. Acesso em: 27 jun. 2022, p. 63.

[277] "*Smart contract is an automatable and enforceable agrément. Automatable by computer, although some parts may require human input and control. Enforceable either by legal enforcement of rights and obligations or via tamper-proof execution of computer code*". Em tradução nossa, "o *smart contract* é um contrato automatizável e executável. Automatizável por computador, embora algumas partes dele possam exigir inserção e controle por humanos. Exequível por aplicação legal de direitos e obrigações ou por meio de execução inviolável de código de programação". Bakshi, Vikram A.; Braine, Lee; Clark, Christopher D. Smart Contract Templates: foundations, design landscape and research directions. **ArXiv**, s. l.: Cornell University, 15 mar. 2017. Disponível em https://arxiv.org/abs/1608.00771. Acesso em: 08 jun. 2020, p. 2.

o autor afirmou que "*smart contracts* combinam protocolos com interfaces de usuário [...] para formalizar e proteger relações por meio de redes de computadores" (tradução nossa)[278]. Ainda, argumentou que a ideia que fundamentaria os *smart contracts* é a de que existem vários tipos de cláusula contratual que poderiam ser incluídas tanto nos *hardwares* quanto nos *softwares* utilizados, o que tornaria o descumprimento contratual muito custoso. Nesse sentido, Nick Szabo ainda conceituou *smart contract* como um

> conjunto de promessas, incluindo protocolos dentro dos quais as partes cumprem com outras promessas. Os protocolos são geralmente implementados com programas em uma rede de computadores, ou em outras formas de contratos eletrônicos; então, esses contratos são 'mais inteligentes' do que os seus ancestrais de papel. O uso de inteligência artificial não está implícito no conceito[279] (tradução nossa).

Um exemplo bastante utilizado para evidenciar os primórdios do *smart contract* é a máquina de vendas[280], em que o usuário insere a moeda e, em

[278] No original: "*smart contracts combine protocols with user interfaces [...] to formalize and secure relationships over public networks*". Szabo, Nick. Formalizing and securing relationships on public networks. **First Monday**, Chicago, v. 2, n. 9, 01 set. 1997. Disponível em: https://firstmonday.org/ojs/index.php/fm/article/view/548/469 . Acesso em: 27 jun. 2022.

[279] No original: "*a set of promises, including protocols within which the parties perform on the other promises. The protocols are usually implemented with programs on a computer network, or in other forms of digital electronics, thus these contracts are "smarter" than their paper-based ancestors. No use of artificial intelligence is implied*". Szabo, Nick. Formalizing and securing relationships on public networks. **First Monday**, Chicago, v. 2, n. 9, 01 set. 1997. Disponível em: https://firstmonday.org/ojs/index.php/fm/article/view/548/469. Acesso em: 27 jun. 2022.

[280] "*The basic idea behind smart contracts is that many kinds of contractual clauses (such as collateral, bonding, delineation of property rights, etc.) can be embedded in the hardware and software we deal with, in such a way as to make breach of contract expensive (if desired, sometimes prohibitively so) for the breacher. A canonical real-life example, which we might consider to be the primitive ancestor of smart contracts, is the humble vending machine. Within a limited amount of potential loss (the amount in the till should be less than the cost of breaching the mechanism), the machine takes in coins, and via a simple mechanism, which makes a freshman computer science problem in design with finite automata, dispense change and product according to the displayed price. The vending machine is a contract with bearer: anybody with coins can participate in an exchange with the vendor. The lockbox and other security mechanisms protect the stored coins and contents from attackers, sufficiently to allow profitable deployment of vending machines in a wide variety of areas*". Em tradução nossa: "a ideia que fundamenta os *smart contracts* é que muitos tipos de cláusulas contratuais (como garantia, fiança, delimitação de direitos de propriedade, etc.) são caras (se desejado, às vezes proibitivo) para o infrator. Um exemplo canônico da vida real que podemos considerar o ancestral primitivo dos *smart contracts*, é a humilde máquina

contrapartida e de forma automática, o produto escolhido é disponibilizado, sem necessidade de intermediação humana. A tecnologia utilizada é bastante diferente do *smart contract*; todavia, fato é que a máquina de venda permite que a contraprestação seja cumprida sem a necessidade de confiança na parte contrária, pois não é necessário o vendedor estar presente para a máquina efetivamente funcionar e o contrato ser adimplido, assim como ocorre nos *smart contracts*.

Apesar de a máquina de venda ser considerada um ancestral do *smart contract*, aquela nada mais é do que a execução de algoritmos pré-programados que liberam produtos quando pago o valor indicado. Nesse caso, inexiste qualquer capacidade técnica de execução dos termos da transação, como cláusulas de garantia, inadimplemento, condições, termos e encargos[281]. Esse tipo de mecanismo é utilizado por programadores para indicar uma tecnologia relacionada a um código ou à execução de uma pequena operação. Já no caso do *smart contract*, especificamente, há uma combinação desses códigos somados ao caráter negocial e à linguagem natural, resultando em um acordo entre as partes[282].

> Mal-entendidos derivam do fato de que quase todos os escritos técnicos consideram as máquinas de venda automática como exemplos rudimentares de *smart contracts*. A teoria resultante é que as máquinas de venda automática não apenas automatizam o processo de transação, mas também instanciam

de venda automática. Dentro de uma quantidade limitada de perda potencial (a quantidade no caixa deve ser menor do que o custo de violar o mecanismo), a máquina recebe moedas, e por meio de um mecanismo simples, o que torna um problema de ciência da computação com funções específicas, entregar troco e produto de acordo com o preço apresentado. A máquina de venda automática é um contrato com o portador: qualquer pessoa com moedas pode participar de uma troca com o vendedor. O cofre e outros mecanismos de segurança protegem as moedas e conteúdo armazenado, o que permite a implantação lucrativa de máquinas de venda automática em uma ampla variedade de áreas". SZABO, Nick. Formalizing and securing relationships on public networks. **First Monday**, Chicago, v. 2, n. 9, 01 set. 1997. Disponível em: https://firstmonday.org/ojs/index.php/fm/article/view/548/469. Acesso em: 27 jun. 2022.

[281] DIVINO, Sthéfano Bruno Santos. Considerações críticas sobre os *smart contracts*. **Juris Plenum**, Caxias do Sul: Plenum, ano 15, n. 87, p. 137-158, maio-jun. 2019. Disponível em: https://www.academia.edu/39099898/Considera%C3%A7%C3%B5es_cr%C3%ADticas_sobre_os_smart_contracts. Acesso em: 27 jun. 2022, p. 145.

[282] STARK, Josh. Making sense of blockchain smart contracts. **CoinDesk**, s. l., 11 set. 2021. Disponível em: https://www.coindesk.com/making-sense-smart-contracts/. Acesso em: 27 jun. 2022.

cláusulas contratuais em seu hardware. Isso, por sua vez, torna as cláusulas imutáveis e garante que o contrato seja executado conforme codificado. De uma perspectiva legal, no entanto, uma máquina de venda automática não é um contrato, mas uma oferta feita ao mundo em geral. A oferta é feita pelo vendedor, que usa a máquina para exibir seus produtos ao público. Um contrato é formado com quem seleciona uma das opções disponíveis e insere a soma necessária. Inquestionavelmente, a máquina de venda automática pode automatizar a formação e a execução de um contrato, geralmente com a venda de mercadorias. Ele garante que as transações possam ocorrer apenas de uma maneira específica e, à parte vandalismo ou mau funcionamento, garante que as mercadorias sejam distribuídas apenas àqueles que fornecem o pagamento. Nesse sentido, garante desempenho perfeito. O mesmo poderia ser dito de muitos *sites* de comércio eletrônico, como Amazon.com ou Spotify, que automatizam a formação de contratos e, sempre que o assunto contratual é digital (por exemplo, música, *eBooks*), também a execução do contrato. A incorporação da lógica comercial em *hardware* ou *software*, no entanto, não transforma esse *hardware* ou *software* em contrato – assim como a liberação automatizada de mercadorias pelas máquinas de venda automática não constitui uma reificação de um contrato de venda. Nem máquinas de venda automática nem *sites* são ou impõem contratos. Eles só podem distribuir mercadorias (ou fornecer acesso ao conteúdo *on-line*) em resposta ao pagamento. Além disso, as máquinas de venda automática são tecnicamente incapazes de incorporar (e, portanto, automatizar) todos as cláusulas da transação, como cláusulas de exclusão, garantias de adequação ou adequação à finalidade. Todos os termos da transação podem ser exibidos na máquina – mas pouquíssimos podem ser instanciados pela máquina. Em suma, o exemplo da máquina de venda automática envolve quase todos os escritos técnicos com a suposição incorreta de que a automação de uma transação (ou certos estágios dela) transforma o autômato em um *smart contract* ou torna a transação inteligente[283].

[283] MIK, E. Smart Contracts: terminology, technical limitations and real world complexity. Law, Innovation and Technology, *online*, p. 1-32, agosto 2017, p. 6 *apud* RIBEIRO, Rodrigo Marcial Ledra. ***Smart contracts* no ordenamento de direito privado brasileiro à luz da teoria do fato jurídico**: estudo de *lawtech* curitibana. 2020. Dissertação (Mestrado em Tecnologia e Sociedade) – Universidade Tecnológica Federal do Paraná, Curitiba, 2020. Disponível em: https://repositorio.utfpr.edu.br/jspui/bitstream/1/5073/1/smartcontractslawtechcuritibana.pdf. Acesso em: 27 jun. 2022, p. 99-100.

Na atualidade, não há um consenso acerca da definição de *smart contract*, conforme destaca Jorge Feliu Rey:

> os *smart contracts* são, em termos bastante gerais, protocolos informáticos, que permitem a um dispositivo, por si mesmo, dar cumprimento a um contrato – e é evidente, a outros negócios jurídicos – sem a necessidade de intervenção humana. A utilização dessa tecnologia para transações entre pessoas permite – junto a tecnologia genericamente denominada *blockchain* – ao menos em princípio, que a verificação das condições para executar uma operação e, antes disso, a própria realização da operação não requeira intermediários e que a gestão, a concreção e a execução das prestações mediante as operação programadas dispensem a intervenção humana[284].

Nesse sentido, Eduardo Talamini e André Guskow Cardoso avaliam que *smart contracts* se referem "à noção de que arranjos obrigacionais poderiam ser definidos (escritos) em código computacional, com a possibilidade de execução automática do previsto nesse código, precede até mesmo o uso e desenvolvimento da tecnologia *blockchain*"[285]. Shermin Voshmgir, por sua vez, afirma que *smart contracts* podem ser definidos como um acordo autoexecutável inserido em determinado código computacional gerenciado mediante sistema *blockchain*. Nesse acordo, são estabelecidas as regras que conduzirão a interação entre as partes e, se as condições forem atingidas, o acordo será executado automaticamente[286]. É o mesmo entendimento de Imran Bashir.

[284] Rey, Jorge Feliu. *Smart contract*: conceito, ecossistema e principais questões de direito privado. **Revista Eletrônica Direito e Sociedade**, Canoas: UnilaSalle, v. 7, n. 3, p. 95-119, out. 2019. Disponível em: https://revistas.unilasalle.edu.br/index.php/redes/article/view/6120. Acesso em: 27 jun. 2022, p. 96.

[285] Cardoso, André Guskow; Talamini, Eduardo. *Smart contracts*, "autotutela" e tutela jurisdicional. *In*: Alvim, Teresa Arruda; Belizze, Marco Aurélio; Cabral, Trícia Navarro Xavier; Mendes, Aluisio Gonçalves de Castro (coord.). **Execução civil**: novas tendências. Indaiatuba: Foco, 2022, p. 163-211, p. 164.

[286] *"A smart contract is a self-enforcing agrément embedded in computer code managed by a blockchain. The code contains a set of rules under which the parties of the smart contract agree to interect with each other. If and when the predefined rules are met, the agreement is automatically enforced"*. Em tradução nossa: "um *smart contract* é um acordo autoexecutável incorporado em código de computador gerenciado por um *blockchain*. O código contém um conjunto de regras sob as quais as partes do *smart contract* concordam em interagir umas com as outras. Se e quando as regras predefinidas forem atendidas, o contrato será aplicado automaticamente". Voshmgir, Shermin. **Token**

> Os *smart contracts* são contratos desenvolvidos por programas computacionais, que determinam a execução de determinada atividade, no momento em que implementada a condição estipulada pelos contraentes. Caracterizam-se pela capacidade de auto executabilidade e auto aplicabilidade[287].

Ainda, os *smart contracts* podem ser explicados como plataformas eletrônicas automatizadas que visam proteger, liquidar acordos e executar de forma autônoma as manifestações de vontade das partes envolvidas em determinado negócio jurídico.

> Os *Smart Contracts* apresentam-se, dentro desse contexto, como uma inovação tecnológica contratual que impõe modificações relevantes na forma de contratar e especialmente no modo de execução das avenças pactuadas [...]. São criados na conhecida fórmula de programação computacional "se x, então y", isto é, se implementada certa condição, será cumprida a prestação contraposta. [...][288] Por esta razão, diz-se que são regidos pelo princípio de que *the code is law*. A execução é automaticamente impingida e não há como obstá-la, sendo caracterizados por isso, como autoaplicáveis. Além disso, não podem ser influenciados por fatores externos, pelo que se defende a existência de maior segurança e confiança entre a partes[289] (grifo original).

economy: how blockchains and smart contracts revolutionize the economy. Berlim: Amazon Media, 2019, p. 88.

287 Bashir, Imran. Mastering blockchain: distributed ledgers, decentralization and smart contracts explained. Packt: Birmigham, UK, 2017, p. 199 *apud* Efing, Antonio Carlos; Santos, Adrielly Pinho dos. Análise dos *smart contracts* à luz do princípio da função social dos contratos no direito brasileiro. **Direito e Desenvolvimento**, s. l., v. 9, n. 2, p. 49-64, ago. 2018. Disponível em: https://periodicos.unipe.br/index.php/direitoedesenvolvimento/article/view/755. Acesso em: 27 jun. 2022, p. 54.

288 Efing, Antonio Carlos; Santos, Adrielly Pinho dos. Análise dos *smart contracts* à luz do princípio da função social dos contratos no direito brasileiro. **Direito e Desenvolvimento**, s. l., v. 9, n. 2, p. 49-64, ago. 2018. Disponível em: https://periodicos.unipe.br/index.php/direitoedesenvolvimento/article/view/755. Acesso em: 27 jun. 2022, p. 54.

289 Bashir, Imran. Mastering blockchain: distributed ledgers, decentralization and smart contracts explained. Packt: Birmigham, UK, 2017, p. 199 *apud* Efing, Antonio Carlos; Santos, Adrielly Pinho dos. Análise dos *smart contracts* à luz do princípio da função social dos contratos no direito brasileiro. **Direito e Desenvolvimento**, s. l., v. 9, n. 2, p. 49-64, ago. 2018. Disponível em: https://periodicos.unipe.br/index.php/direitoedesenvolvimento/article/view/755. Acesso em: 27 jun. 2022, p. 54.

Destaca-se, ainda, a definição trazida por Rory Unsworth:

> o *Smart Contract* não é um contrato escrito em papel do tipo tradicional, nem um simples contrato *online*. É descrito como "inteligente" porque pode fazer mais do que ambos, da mesma forma que um "smart phone" pode fazer mais do que apenas realizar chamadas. Esse assume a forma de código de computador em uma tecnologia de contabilidade distribuída (que pode ser um Blockchain mas também pode ser outro tipo de DLT, como a Corda)[290] e se executa mediante o recebimento de entradas eletrônicas de dados. Efetua uma ação em um DLT assim como ocorre em uma fórmula na célula de uma planilha do Excel – ele próprio se ajusta ou transfere pagamento ou outros ativos, monitora níveis de ações ou produz efeitos em outras ações automaticamente porque é para isso que foi programado[291].

Logo, a forma de execução do *smart contract*[292] é automatizada, ou seja, se dá por meio de um sistema que opera mediante algoritmos[293], independendo de qualquer intervenção humana. Nancy Andrighi sustenta que se "trata de um acordo de vontades cuja implementação/execução não requeira envolvimento humano direto depois de sua elaboração e gravação no *blockchain*. É esse elemento que torna tais contratos 'inteligentes'"[294].

O Arizona, nos Estados Unidos da América (EUA), foi o primeiro estado a conceituar *smart contract*, definindo-o como "programa direcionado por

[290] *"Corda is a Blockchain technology for business which provides the infrastructure for various well known Blockchain Consortia such as the banking consortium R3 and the insurance industry initiative B3i. Further details can be found at: https://www.corda.net. Accessed 20 August 2018".*

[291] UNSWORTH, Rory. Smart contract this! An assessment of the contractual landscape and the herculean challenges it currently presents for "self-executing" contracts. *In:* CORRALES, Marcelo; FENWICK, Mark; HAAPIO, Helena. **Legal tech, smart contracts and blockchain**. Singapore: Springer, 2019, p. 20.

[292] Para entender como um *smart contract* deve ser programado, verificar: MUKHOPADHYAY, Mayukh, **Ethereum smart contract development**. Mumbai: Packt, 2018.

[293] RASKIN, Max. The law and legality of smart contracts. **Georgetown Law Technology Review**, Washington, v. 1, n. 2, p. 305-341, 2017. Disponível em: https://georgetownlawtechreview.org/wp-content/uploads/2017/05/Raskin-1-GEO.-L.-TECH.-REV.-305-.pdf. Acesso em: 27 jun. 2022, p. 309.

[294] ANDRIGHI, Fátima Nancy. O surgimento da tecnologia *blockchain* e dos contratos inteligentes (*smart contracts*): funcionamento e desafios jurídicos. *In*: YARSHELL, Flávio Luiz; PEREIRA, Guilherme Setoguti J. (coord.). **Processo societário**. v. 3. São Paulo: Quartier Latin, 2018, p. 605-618, p. 611.

eventos, com estado, que funciona em uma razão distribuída, descentralizada, compartilhada e replicada, que pode assumir a custódia e instruir a transferência de ativos em seus registros"[295](tradução nossa). Esse conceito foi complementado e modificado por outros estados dos EUA, como Tennessee[296], Vermont, Illinois, Nevada e Ohio, que também tratam dos *smart contracts*, mas, mais especificamente, de documentos inseridos em plataformas de *blockchain*[297].

A Itália também incluiu a previsão de *smart contracts* em seu ordenamento jurídico, definindo-o como "um programa de computador que opera em tecnologias baseadas em registros distribuídos e cuja execução liga automaticamente duas ou mais partes com base nos efeitos predefinidos por eles"[298] (tradução nossa). Já a República de Malta assim definiu *smart contract*:

[295] No original: "*Smart contract means an event-driven program, with state, that runs on a distributed, decentralized, shared and replicated ledger and that can take custody over and instruct transfer of assets on that ledger*". ARIZONA. **HB 2417**. signatures; electronic transactions; blockchain technology. Phoenix: House of Representatives, 2017. Disponível em: https://www.azleg.gov/legtext/53leg/1r/bills/hb2417p.pdf. Acesso em: 06 jul. 2022, p. 2.

[296] "*Smart contract means an event-driven computer program, that executes on an electronic, distributed, decentralized, shared, and replicated ledger that is used to automate transactions, including, but not limited to, transactions that: (A) Take custody over and instruct transfer of assets on that ledger; (B) Create and distribute electronic assets; (C) Synchronize information; or (D) Manage identity and user access to software applications*". Em tradução nossa: "*Smart contract* significa um programa de computador executado em um livro-razão eletrônico, distribuído, descentralizado, compartilhado e replicado, utilizado para automatizar transações, incluindo, mas não se limitando a, transações que: (A) Assumam a custódia para instruir a transferência de ativos nessa plataforma; (B) Criar e distribuir ativos eletrônicos; (C) Sincronizar informações; ou (D) Gerenciar identidade e acesso de usuário a aplicativos de *software*". TENESSEE. **Senate Bill 1662**. AN ACT to amend Tennessee Code Annotated, Title 12; Title 47; Title 48; Title 61 and Title 66, relative to electronic transactions, s. l., 2018]. Disponível em: http://www.capitol.tn.gov/Bills/110/Bill/SB1662.pdf. Acesso em: 06 jul. 2022, p. 1.

[297] Hulicki, Maciej. Essence of legal recognition of the smart contract in the light of american solutions. **Człowiek w Cyberprzestrzeni**, Varsóvia, v. 1, p. 16-28, 2018. Disponível em: https://czasopisma.uksw.edu.pl/index.php/cwc/article/download/6022/5523/. Acesso em: 06 jul. 2022, p. 19.

[298] No original: "*computer programs that operate on distributed registers-based technologies and whose execution automatically binds two or more parties according to the effects predefined by said parties*". Tanno, Alessandro. Italy affirms legal effectiveness of DLTs and smart contracts. **Linklaters**, Milão, 2019. Disponível em: https://www.linklaters.com/en/insights/blogs/fintechlinks/2019/fintech-italy-affirms-legal-effectiveness-of-distributed-ledger. Acesso em: 07 jul. 2022.

> arranjo tecnológico que consiste em – (A) um protocolo de computador; ou (B) um contrato parcial ou totalmente concluído no meio eletrônico, automático e executável por código de programação, embora algumas partes possam exigir entrada e controle humano e que também pode ser executável por métodos legais comuns ou por ambos[299] (tradução nossa).

No Brasil, uma manifestação legal acerca dos *smart contracts* foi feita pelo Tribunal de Contas da União, no Acórdão 1.613/2020, que os definiu da seguinte forma:

> contratos inteligentes, ou *smart contracts*, são códigos-fonte em linguagem de programação (*scripts*), que podem ser definidos e auto executados em uma estrutura de *blockchain* ou DLT. A definição e execução de um contrato inteligente nestes ambientes de dá sem a necessidade de intermediários[300].

Ou seja, o conceito de *smart contract* está relacionado à utilização de um protocolo eletrônico que pode estar integral ou parcialmente registrado em uma plataforma tecnológica específica. Caso ocorram as condições estabelecidas pelas partes, o gatilho será acionado e haverá a execução autônoma das consequências previamente acordadas no protocolo, permitindo assim sua utilização em relações obrigacionais simples ou complexas[301].

[299] No original: "*a form of technology arrangement consisting of – (A) a computer protocol; or (B) an agreement concluded wholly or partly in an electronic form, which is automatic and enforceable by computer code, although some parts may require human input and control and which may also be enforceable by ordinary legal methods or by a mixture of both*". KASPRZYK, Karolina. The concept of smart contracts from the legal perspective. **Review Of Comparative Law**, v. 34, p. 101-118, 2018. Disponível em: https://www.kul.pl/files/1702/review_3_2018_-_pojedynczo/06_karolina_kasprzyk.pdf. Acesso em: 07 jul. 2022, p. 109.

[300] BRASIL. Tribunal de Contas da União (Plenário). **Acórdão 1.613/2020**. Processo 031.044/2019-0. [...] IDENTIFICAÇÃO DE OPORTUNIDADES E RISCOS NA ADOÇÃO DA TECNOLOGIA *BLOCKCHAIN*/DLT. DESCRIÇÃO DE FATORES CRÍTICOS DE SUCESSO E ÁRVORE DE DECISÃO DE APOIO A GESTORES. POSSÍVEIS IMPACTOS PARA O CONTROLE. [...]. Rel. Min. Aroldo Cedraz, 26 de abril de 2020. [Brasília, 2020]. Disponível em: https://pesquisa.apps.tcu.gov.br/#/redireciona/acordao-completo/%22ACORDAO-COMPLETO-2406748%22. Acesso em: 27 jun. 2022.

[301] CARDOSO, André Guskow; TALAMINI, Eduardo. *Smart contracts*, "autotutela" e tutela jurisdicional. *In*: ALVIM, Teresa Arruda; BELIZZE, Marco Aurélio; CABRAL, Trícia Navarro Xavier; MENDES, Aluisio Gonçalves de Castro (coord.). **Execução civil**: novas tendências. Indaiatuba: Foco, 2022, p. 163-211, p. 164-165.

Porém, não há unanimidade acerca do significado de *smart contract*. Sua análise pode ser feita em contrapartida às características de um contrato tradicional ou eletrônico.

No caso do *smart contract*, a principal diferença em relação aos contratos tradicionais é o fato de ser programado e executado de forma automatizada por meio do uso de plataforma eletrônica, dispensando a intermediação de terceiros tanto na sua celebração quanto na sua execução[302]. Além disso, as obrigações e os deveres acordados pelas partes e as vontades por elas manifestadas não estão previstas em um meio físico como o papel, mas em registros eletrônicos, com protocolos informacionais gravados em tecnologias como *blockchain* (que futuramente pode ser alterada por outra com função semelhante, no decorrer do desenvolvimento tecnológico), além de estarem regidas em linguagem de programação. Sua execução decorrerá desses protocolos digitais, "ou seja, são contratos cuja execução será total ou parcialmente automática, afastando a interferência do comportamento dos contratantes para seu cumprimento"[303].

Rory Unsworth destaca a necessidade de se comparar o funcionamento do *smart contract* com o funcionamento do contrato eletrônico em geral. O contrato eletrônico típico é formado por palavras que geralmente integram um conjunto de condições gerais que indicam como determinada relação será regulada, todavia, não possui meios suficientes para satisfazer a negociação. Nesse sentido, Rory Unsworth exemplifica que se um vendedor de livros *online* não entregar uma obra encomendada, o comprador deverá reclamar ou solicitar o reembolso do valor pago, a depender daquilo que estiver previsto no contrato eletrônico. Feito isso, o vendedor deverá reembolsar o comprador ou estabelecer um crédito futuro.

Em contrapartida, o *smart contract* não apenas define como a relação jurídica será regulada, mas também executa seus desdobramentos. Assim, no exemplo acima, se necessário, o próprio *smart contract* poderia transferir

[302] ANDRIGHI, Fátima Nancy. O surgimento da tecnologia *blockchain* e dos contratos inteligentes (*smart contracts*): funcionamento e desafios jurídicos. *In*: YARSHELL, Flávio Luiz; PEREIRA, Guilherme Setoguti J. (coord.). **Processo societário**. v. 3. São Paulo: Quartier Latin, 2018, p. 605-618, p. 610.

[303] MIRAGEM, Bruno. Novo paradigma tecnológico, mercado de consumo digital e o direito do consumidor. **Revista de Direito do Consumidor**, São Paulo: RT, v. 125, ano 28, p. 17-62, set.-out. 2019. Disponível em: https://revistadedireitodoconsumidor.emnuvens.com.br/rdc/article/view/1243. Acesso em: 28 jun. 2022, p. 30.

o valor devido pelo vendedor ao comprador, independendo de qualquer ação específica das partes[304].

De acordo com Michele Finck, os *smart contracts* se diferenciariam do restante dos contratos eletrônicos em razão de sua execução automatizada e que não pode ser impedida, já que o protocolo e as regras previstas registrados em *blockchain* são imutáveis, o que pode ser alterado pelas partes se previsto nas condições acordadas[305]. Uma questão relevante para o *smart contract* é a aplicação da boa-fé objetiva na sua execução, uma vez que esse tipo de conceito não consegue ser traduzido para o protocolo informacional.

Como exemplo, considera-se um contrato de hospedagem firmado por intermédio de uma plataforma *online*, em que a fechadura do imóvel é automaticamente destrancada no momento do pagamento do valor acordado, permitindo que o usuário tenha acesso ao local. Ainda, em um contrato de mútuo em que um automóvel é dado em garantia, em caso de inadimplemento, o *smart contract* acionaria o protocolo de penhor e, com isso, o controle das chaves seria automaticamente transferido à instituição financeira. Isso também pode ocorrer no contrato de compra e venda, em que o valor acordado pelas partes é transferido para o vendedor quando a coisa for entregue ao comprador[306].

Nesse mesmo sentido, também seria possível elaborar um testamento mediante *smart contract*. Todos os ativos e herdeiros seriam indicados, com discriminação das contas bancárias e respectivos valores. Com a publicação do atestado de óbito na rede, a transmissão de bens ocorreria de forma automática, com o pagamento de impostos e cumprimento de outras burocracias de forma rápida e sem custos adicionais, pois todos os herdeiros estariam integrados ao mesmo sistema. Evidentemente, hoje, esse exemplo ainda não poderia ser aplicado, em razão da existência de procedimentos

304 Unsworth, Rory. Smart contract this! An assessment of the contractual landscape and the herculean challenges it currently presents for "self-executing" contracts. *In:* Corrales, Marcelo; Fenwick, Mark; Haapio, Helena. **Legal tech, smart contracts and blockchain**. Singapore: Springer, 2019, p. 20.

305 Finck, Michele. **Blockchain regulation and governance in Europe**. Cambridge: Cambridge University, 2019, p. 24.

306 Bandeira, Paula G. Os *smart contracts* no direito contratual contemporâneo. *In:* Pinho, Anna Carolina (coord.). **Discussões sobre direito na era digital**. Rio de Janeiro: GZ, 2021, p. 557-576, p. 560.

burocráticos previstos na legislação a serem cumpridos, todavia, com a simples flexibilização da regulamentação, em um futuro próximo, é algo que poderia tornar-se factível.

Outro exemplo já presente no Brasil é o aplicativo *Trânsito + gentil*, da empresa Porto Seguro. O cliente utiliza o aplicativo enquanto dirige e, se as informações captadas forem positivas, como a utilização de baixa velocidade, a empresa disponibilizará descontos no seguro do automóvel, com base na nota do cliente obtida pelo sistema[307]. Um exemplo mais extremo utilizado nos EUA é o interruptor de partida instalado no automóvel, que permite que o credor controle remotamente o motor da parte devedora, impedindo que se dê partida em caso de inadimplemento[308].

Ademais, é por meio dos *smart contracts* que os *Tokens*[309] Não Fungíveis (*Non-fungible Tokens – NFTs*) são criados. O NFT nada mais é do que um código que contém um registro virtual de um objeto. Esse registro representa virtualmente um determinado bem, que pode ou não existir no mundo físico. Ou seja, os NFTs são códigos infungíveis que representam virtualmente determinados itens, como arte, imóveis, bens colecionáveis, músicas, *tickets*, documentos jurídicos, assinaturas, e são protegidos pelo *blockchain* Ethereum. Seu registro de propriedade não pode ser modificado[310]. Assim, apesar de o bem não ser necessariamente único, o código que o representa virtualmente é, o que significa que aquele que detém o NFT não adquire a propriedade do bem em si, mas o direito de ser associado àquele item.

Os NFTs podem ser negociados e trocados entre si pela mecânica do *smart contract*. Por exemplo, um *ticket* NFT para um *show* pode ser negociado em todos os mercados da rede Ethereum e, com isso, ser trocado por

[307] PORTO SEGURO. **Novo app Trânsito +gentil**. [s. l., 202-?]. Disponível em: https://www.portoseguro.com.br/transito-mais-gentil/. Acesso em: 28 jun. 2022.

[308] MIRE, Sam. Blockchain for automotive: 12 possible use cases. **Disruptor Daily**, s. l., 06 nov. 2018. Disponível em: https://www.disruptordaily.com/blockchain-use-cases-automotive/. Acesso em: 07 jul. 2022.

[309] *Token* é a representação de um ativo de forma digital em um *blockchain*. Essa representação pode ser referente a dinheiro, propriedade, investimentos, entre outros. No caso do NFT, os *tokens* representam um bem único. INFOMONEY. **Tokens**: tudo o que você precisa saber sobre o que é e a diferença para criptomoedas, s. l., nov. 2021. Disponível em: https://www.infomoney.com.br/guias/tokens/. Acesso em: 07 jul. 2022.

[310] ETHEREUM. **Tokens não fungíveis (NFT)**. s. l., 22 jun. 2022. Disponível em: https://ethereum.org/pt-br/nft/#main-content. Acesso em: 28 jun. 2022.

um NFT diferente, como uma obra de arte. Essa possibilidade é bastante relevante para criadores de conteúdo digital, que poderão vender seu trabalho em qualquer lugar, com impacto no mercado global, mantendo os direitos de propriedade e reivindicando *royalties* de revenda.

A representação da propriedade é gerenciada mediante uma identidade que não pode ser replicada por nenhum outro *token*. Esses NFTs são criados por meio dos *smart contracts*, que atribuem propriedade e gerenciam a transferibilidade do bem infungível. Assim, com a criação ou a extração de um NFT, o protocolo informacional do *smart contract* será executado e a informação será adicionada no *blockchain* mediante a criação de um novo bloco, a validação das informações e a respectiva gravação do conteúdo[311].

Logo, conclui-se que o *smart contract* propicia uma série de vantagens em comparação aos demais tipos de contratos, tradicionais ou eletrônicos. Há mais rapidez e fluidez do negócio jurídico, sem a necessidade de as partes efetuarem diversos aditivos contratuais para atualizar sua manifestação de vontade, além da individualização desses negócios jurídicos[312].

4.2.2. Principais características

Os *smart contracts*, como visto, se baseiam na premissa *code is law*, ou seja, de que o "código é lei" e deveria reger o negócio jurídico existente entre as partes. Essa premissa se baseia na lógica tipicamente binária "se A, então B"[313] – ou seja, caso os requisitos estipulados pelas partes como condições

[311] ETHEREUM. **Tokens não fungíveis (NFT)**. s. l., 22 jun. 2022. Disponível em: https://ethereum.org/pt-br/nft/#main-content. Acesso em: 28 jun. 2022.

[312] Em 2015, o Banco Santander afirmou que o uso dos *smart contracts* poderia reduzir os custos de infraestrutura dos bancos decorrentes de pagamentos internacionais, negociações de títulos e conformidade regulatória entre US$ 15 e 20 bilhões por ano. SANTANDER BANCK. **The Fintech 2.0 paper**: rebooting financial services, 2015. Disponível em: http://santanderinnoventures.com/wp-content/uploads/2015/06/The-Fintech-2-0-Paper.pdf. Acesso em: 4 out. 2022.

[313] "*To understand this subtle concept, let us use the analogy of a smartphone. Does your smartphone make a call for you even before you think about dialling? For instance, you are stuck in a riot; does the device sense the riot-like situation using the GPS or some other builtin app and call 911 or local police on your behalf? No, right? (Ideally, it shouldn't trigger such calls, as it is very context-dependent. You might actually be in a safe house and the false alarm might cause a nuisance.) However, the smartphone might process information smartly and blink a recommendation. How it manipulates the information in a particular way depends on the instructions (stored in the form of code) given by some specific app*". Tradução livre: "Para entender esse conceito sutil, vamos à analogia de um smartphone. Seu smartphone faz uma ligação para você mèsmo antes de você pensar em discar? Por exemplo, você está preso em

sejam cumpridos, o próprio *smart contract* identificará e validará sua ocorrência, garantindo a execução dos termos acordados[314].

Isso significa que os *smart contracts* podem ser caracterizados por uma programação prévia de dados, mediante a utilização de linguagem de programação, inviolável e baseada em um sistema criptografado, descentralizado e com validação temporal. Os comandos previstos no protocolo são diretos e não permitem a existência de um grau de interpretação em sua execução, o que dificulta a inclusão de cláusulas em que a hermenêutica possua maior relevância. Caso os requisitos previstos pelas partes sejam preenchidos, o protocolo identificará e validará a ocorrência do gatilho, executando automaticamente a atividade pré-estabelecida.

Assim, não é necessária a intervenção da IA no *smart contract*. A lógica que o fundamenta é simples e direta, pois os comandos são executados mediante a verificação das condições estabelecidas no protocolo informacional, garantindo velocidade e eficiência no procedimento. De toda forma, é amplamente possível inserir tecnologias *machine learning* ou *deep learning* nos *smart contracts*, ampliando a automação dos comandos previstos pelas partes ou das condições estabelecidas[315].

A linguagem utilizada pelo *smart contract* é a de programação, que difere da linguagem jurídica convencional principalmente pelo fato de inexistir ambiguidade na interpretação dos algoritmos. Isso impossibilita quais-

uma situação de tumulto; seu dispositivo detecta essa situação usando o GPS ou algum outro dispositivo integrado app e liga para a polícia local em seu nome? Não, certo? (Idealmente, não deve acionar tais chamadas, pois isso dependente do contexto. Você pode estar em uma casa segura e o alarme falso causar um incômodo). No entanto, o smartphone pode processar informações de forma inteligente e apresentar uma recomendação. Como ele manipula as informações de uma maneira particular, ele depende de instruções (armazenadas na forma de código) dadas por alguns aplicativo específico". MUKHOPADHYAY, Mayukh, **Ethereum smart contract development**. Mumbai: Packt, 2018, p. 169.

314 BASHIR, Imran. Mastering blockchain: distributed ledgers, decentralization and smart contracts explained. Packt: Birmigham, UK, 2017, p. 199 *apud* EFING, Antonio Carlos; SANTOS, Adrielly Pinho dos. Análise dos *smart contracts* à luz do princípio da função social dos contratos no direito brasileiro. **Direito e Desenvolvimento**, s. l., v. 9, n. 2, p. 49-64, ago. 2018. Disponível em: https://periodicos.unipe.br/index.php/direitoedesenvolvimento/article/view/755. Acesso em: 27 jun. 2022, p. 54.

315 CARDOSO, André Guskow; TALAMINI, Eduardo. *Smart contracts*, "autotutela" e tutela jurisdicional. *In*: ALVIM, Teresa Arruda; BELIZZE, Marco Aurélio; CABRAL, Trícia Navarro Xavier; MENDES, Aluisio Gonçalves de Castro (coord.). **Execução civil**: novas tendências. Indaiatuba: Foco, 2022, p. 163-211, p. 166.

quer disputas que visem discutir a melhor interpretação contratual para determinada cláusula, pois, apesar de haver diversos significados para uma mesma palavra na linguagem jurídica convencional, isso não ocorre na linguagem de programação, que somente descreve comandos a serem executados, sem qualquer interferência humana.

Essa característica soluciona a ambiguidade inerente dos idiomas e garante a execução automatizada das prestações acordadas pelas partes, o que fortalece o *pacta sunt servanda*[316]. Em contrapartida, pode ser considerado prejudicial às partes envolvidas, visto que muitas vezes seu interesse é garantir a existência de certa ambiguidade nos termos acordados, o que não é possível com a linguagem de programação utilizada no *smart contract*.

As principais linguagens utilizadas nos *smart contracts* são Solidity, JavaScript, Python, Vyper e Plutus, cada uma delas contendo comandos e construções linguísticas específicas e compatíveis com as plataformas nas quais forem utilizadas[317]. Isso significa que o acordo de vontade das partes é traduzido para essa nova linguagem e inserido no protocolo informacional do *smart contract*, o que não impede a existência de um instrumento contratual que preestabeleça os termos e as condições a serem vertidos para a linguagem computacional.

Destaca-se, todavia, que nem todas as obrigações são passíveis de serem codificadas pelo *smart contract*, uma vez que a linguagem de programação possui uma limitação inerente. Diante disso, é plenamente possível às partes envolvidas optarem por utilizar outros meios jurídicos para prever e executar o restante das obrigações acordadas – principalmente aquelas que dependem da hermenêutica.

Nesse caso, o *smart contract* seguiria o modelo denominado híbrido no qual a linguagem natural é relevante, no entanto, os principais elementos do contrato são traduzidos para linguagem de programação, permitindo que os mecanismos do *smart contract* possam ser acionados. “Isso é possível

[316] SANTOS, Deborah Pereira Pinto dos; TERRA, Aline de Miranda Valverde. Do *pacta sunt servanda* ao *code is law*: breves notas sobre a codificação de comportamentos e os controles de legalidade nos *smart contracts*. *In:* SILVA, Rodrigo da Guia; TEPEDINO, Gustavo (coord.). **O direito civil na era da inteligência artificial**. São Paulo: Thomson Reuters Brasil, 2020, p. 398-409, p. 400.

[317] CARDOSO, André Guskow; TALAMINI, Eduardo. *Smart contracts*, “autotutela” e tutela jurisdicional. *In*: ALVIM, Teresa Arruda; BELIZZE, Marco Aurélio; CABRAL, Trícia Navarro Xavier; MENDES, Aluisio Gonçalves de Castro (coord.). **Execução civil**: novas tendências. Indaiatuba: Foco, 2022, p. 163-211, p. 166.

desde que: i. exista uma clara relação entre o contrato de longo prazo e os mecanismos efetuados pelos *smart contracts*; ii. Os dois mecanismos trabalhem juntos e de forma harmoniosa; e iii. Exista uma cláusula que trate de 'erros e omissões' que estabeleça o que ocorrerá em caso de desarmonia entre os dois contratos"[318].

Logo, em uma mesma relação contratual, as partes podem prever algumas obrigações no *smart contract* e o restante das obrigações em um segundo contrato, que pode ser tradicional ou eletrônico. Para caracterizar o *smart contract*, pelo menos uma parte do contrato (provavelmente a operacional) deve ser executada por meio de um protocolo autoexecutável em uma plataforma de *blockchain*, evidenciando, assim, que o contrato será eletrônico mesmo na hipótese de existir contrato tradicional e apenas sua execução ocorrer virtualmente. As demais condições podem estar previstas em um contrato tradicional ou eletrônico *lato sensu*.

Diante disso, o *smart contract* garante uma forma de contratar dinâmica revestida de maior certeza e previsibilidade, já que o algoritmo que o fundamenta é a lei a reger a relação existente entre as partes, sem qualquer intervenção. A necessidade de ocorrer um estímulo para a autoexecutoriedade do *smart contract* os leva a serem vinculados a informações externas ao contrato, que podem existir tanto na plataforma *blockchain*, quanto no mundo físico fora da rede. Para isso, foram criados meios de se verificar informações denominados oráculos (*oracles*)[319], que visam transmitir informações externas àquela relação jurídica pelo fato de as impactarem diretamente.

[318] No original: "*This is possible as long as: i. There is a clear precedence between the long-form contract and themechanisms effected by the Smart Contract aspects; ii. The two mechanisms work together harmoniously, and; iii. There is some kind of Errors & Omissions clause prescribing what will happen in the event of disharmony between the two arrangements*". UNSWORTH, Rory. Smart contract this! An assessment of the contractual landscape and the herculean challenges it currently presents for "self-executing" contracts. *In*: CORRALES, Marcelo; FENWICK, Mark; HAAPIO, Helena. **Legal tech, smart contracts and blockchain**. Singapore: Springer, 2019, p. 22.

[319] "*Oracles can be individuals or programs that store and transmit information from the outside world, thereby providing a means for the blockchain-based sustem to interact with real-world persons and potentially react to external events*". Em tradução nossa: "oráculos podem ser indivíduos ou programas que armazenam e transmitem informações do mundo exterior, fornecendo um meio para o sistema baseado em *blockchain* interagir com pessoas do mundo real e, potencialmente, reagir a eventos externos". WRIGHT, Aaron. **Blockchain and the law**. Cambridge: Harvard University, 2018, p. 75.

O oráculo é essencial para conectar o *smart contract* com as informações do mundo real. Porém, não necessariamente as descrições de informações exteriores e conteúdos disponibilizadas pelo oráculo estarão corretas, o que poderá impactar no resultado pretendido pelas partes envolvidas no negócio jurídico e, consequentemente, ensejar litígios.

Por outro lado, o desenvolvimento do *smart contract* está diretamente relacionado ao desenvolvimento da tecnologia *blockchain*. A descentralização e criptografia das informações no *blockchain* garantem a segurança da rede, mas também tornam os *smart contracts* imutáveis.

Embora o *smart contract* seja imutável após sua inclusão no *blockchain*, a interação com outros usuários e a realização de operações econômicas geram mudanças em sua versão original. Isso porque, com o desenvolvimento da relação jurídica, as condições acordadas são cumpridas, permitindo os termos se autoexecutarem e alterarem a realidade das partes envolvidas, garantindo a dinamicidade na contratação.

O algoritmo do *smart contract* tem a possibilidade de confirmar a ocorrência de eventos ou condições pré-estabelecidas pelas partes para dar cumprimento aos termos previstos no contrato. Isso significa que aqueles que optam pelo *smart contract* não precisam ter confiança recíproca, mas confiar apenas no *blockchain*, que assegurará o cumprimento da obrigação.

> Em alguns casos, os contratos inteligentes representam a implementação de um negócio jurídico, cujas disposições legais foram formalizadas em código na rede *Blockchain*. As partes contratantes podem, assim, estruturar suas relações de maneira mais eficiente, de maneira autoexecutável e sem ambiguidade das palavras. A confiança no código-fonte permite que as partes interessadas modelem o desempenho contratual e simulem a eficiência do contrato antes mesmo da execução[320] (grifo original).

Nesse sentido, a confiança transferida para o sistema *blockchain* não poderá ser entendida como a prestação do serviço em si, mas como o

[320] De Filippe, Primavera; Wright, Aaron. Decentralized blockchain technology and the rise of lex cryptographia. **Social Science Research Network**, mar. 2015. p. 10-11 *apud* Lima Junior, João Manoel; Porto, Antônio Maristrello; Silva, Gabriela Borges. Tecnologia blockchain e direito societário – aplicações práticas e desafios para a regulação. **Revista de Informação Legislativa**, Brasília, ano 56, n. 223, p. 11-30, jul.-set. 2019. Disponível em: https://www12.senado.leg.br/ril/edicoes/56/223/ril_v56_n223_p11. Acesso em: 25 jun. 2022, p. 17.

recurso utilizado para formalizar determinado negócio jurídico. Sua validade dependerá de diversas condições a serem abordadas a seguir.

O processamento e a confirmação das informações inseridas no *smart contract* é uma ação autônoma e descentralizada. Em razão disso, o *smart contract* é considerado uma forma de contratação segura, visto que sua operacionalização independe da vontade das partes ou até mesmo de uma entidade que o utilize, funcionando como "fato jurídico"[321] em sentido estrito. Isso significa que a autonomia do *smart contract* não está relacionada a uma autonomia decisória, mas a uma autonomia no campo da execução, decorrente da ocorrência dos gatilhos previstos pelas partes[322].

Nesse sentido, a transação inserida no sistema de *blockchain* mediante *smart contract* dependerá do mecanismo de consenso da rede para confirmar as informações, o que garante sua descentralização. Diante disso, o papel dos envolvidos nessa relação jurídica será restrito à autonomia da vontade ao fixar as condições a serem observadas, bem como à boa-fé de contratar eletronicamente.

A autoexecutoriedade é uma característica essencial do *smart contract*, pela qual, uma vez aferida a condição, automaticamente o comando será executado, independentemente de qualquer intervenção humana. Ela nada mais é do que o adimplemento automático do contrato, conforme programado pelas partes[323].

Ocorre que a produção de efeitos da autoexecutoriedade dos *smart contracts* dependerá da natureza e do objeto do contrato. Se a obrigação envol-

[321] Fato jurídico é qualquer acontecimento que acarrete consequências jurídicas – ou seja, qualquer evento que resulte na aquisição, modificação ou extinção de um direito. PONTES DE MIRANDA, Francisco Cavalcanti. **Tratado de direito privado**: Introdução. Pessoas físicas e jurídicas. t. 1. Campinas: Bookseller, 1999, p. 77.

[322] REY, Jorge Feliu. *Smart contract*: conceito, ecossistema e principais questões de direito privado. **Revista Eletrônica Direito e Sociedade**, Canoas: UnilaSalle, v. 7, n. 3, p. 95-119, out. 2019. Disponível em: https://revistas.unilasalle.edu.br/index.php/redes/article/view/6120. Acesso em: 27 jun. 2022, p. 110.

[323] Um exemplo dessa situação seria um *smart contract* que tenha como objeto um ativo digital. Nesse caso, com a verificação da condição estabelecida pelas partes, ele automaticamente transfere de A para B a titularidade do referido ativo – logo, o *smart contract* automaticamente executa a prestação prevista, alterando efetivamente a situação jurídica das partes envolvidas. CARDOSO, André Guskow; TALAMINI, Eduardo. *Smart contracts*, "autotutela" e tutela jurisdicional. *In*: ALVIM, Teresa Arruda; BELIZZE, Marco Aurélio; CABRAL, Trícia Navarro Xavier; MENDES, Aluisio Gonçalves de Castro (coord.). **Execução civil**: novas tendências. Indaiatuba: Foco, 2022, p. 163-211, p. 170.

ver uma tradição, como a entrega das chaves de um carro, por exemplo, a produção de efeitos dependerá de conduta que só pode ser realizada pelas partes, ainda que o protocolo seja o do *smart contract*. Quanto mais digital for o direito ou o objeto da obrigação, maior a probabilidade de o *smart contract* efetivamente produzir efeitos e não depender da conduta das partes.

Por evidente, o *smart contract* está sujeito ao controle de legalidade. Controle esse que não atingirá o protocolo de linguagem de programação, mas o conteúdo jurídico traduzido naquele. Isso significa que a análise jurídica dependerá de uma decodificação do *smart contract*, para que seu conteúdo se torne inteligível àquele que o interpreta, razão pela qual a elaboração de um contrato preliminar com as principais condições acordadas pelas partes pode ser bastante útil também nesse momento.

Nesse sentido, a boa-fé objetiva é ainda mais relevante ao criar deveres anexos ou laterais[324], como aqueles de proteção, informação, cooperação, respeito e lealdade, que devem ser observados tanto na fase negocial quanto na posterior à rescisão contratual decorrente do adimplemento[325]. No âmbito do *smart contract*, a boa-fé objetiva passa a ter características peculiares, visto que a confiança que deveria existir entre as partes é parcialmente transferida ao sistema *blockchain* em que o contrato está inserido[326] – até porque a representação da boa-fé objetiva não é possível na linguagem computacional[327]. Em consequência, reduz-se a necessidade de

[324] "Não estão estes deveres laterais orientados para o interesse no cumprimento do dever principal de prestação. Caracterizam-se por uma função auxiliar da realização positiva do fim contratual e de proteção a pessoa ou aos bens da outra parte contra os riscos de danos concomitantes. Servem, ao menos as suas mais típicas manifestações, o interesse na conservação dos bens patrimoniais ou pessoais que podem ser afetados em conexão com o contrato, independentemente do interesse no cumprimento. Trata-se de deveres de adoção de determinados comportamentos, impostos pela boa-fé em vista do fim do contrato". PINTO, Carlos Alberto da Mota. **Cessão de contrato**. São Paulo: Saraiva, 1985, p. 281.

[325] "Portanto, estão compreendidas no CC 422 as tratativas preliminares, antecedentes do contrato, como também as obrigações derivadas do contrato, ainda que já executado". NERY, Rosa Maria de Andrade; NERY JUNIOR, Nelson. **Código Civil comentado**. São Paulo: RT, 2006, p. 415.

[326] FRAZÃO, Ana. O que são contratos inteligentes ou *smart contracts*?. **Jota**, s. l., 10 abr. 2019. Constituição, empresa e mercado. Disponível em: https://www.jota.info/opiniao-e-analise/colunas/constituicao-empresa-e-mercado/o-que-sao-contratos-inteligentes-ou-smart-contracts-10042019. Acesso em: 28 jun. 2022.

[327] Isso também ocorre com outros termos como "função social", "melhores esforços", "caso fortuito" e "força maior", entre outros. "É impossível a representação equivalente

cooperação entre as partes na execução do contrato, pois, uma vez acionado o gatilho do contrato, ela ocorrerá independente de intervenção humana.

De toda forma, nada impede às partes preverem cláusulas abordando especificamente os deveres laterais ou anexos da boa-fé objetiva. Todavia, como indicado, não é necessário que todas as cláusulas do negócio jurídico estejam inseridas no *smart contract*[328], até porque aquelas não operacionais ou que dependem exclusivamente da discricionariedade dos envolvidos não produziriam qualquer efeito.

Diante dessas características, entende-se não ser necessária a formulação de uma nova categoria legal para abarcar os *smart contracts*, pois esses não alteraram a essência do negócio jurídico bilateral[329], mas apenas impactam na sua forma de execução. Nesse sentido, Gustavo Tepedino e Rodrigo da Guia Silva destacam que o *smart contract* não é um tipo contratual, mas apenas uma forma de contratação realizada por um instrumento mais sofisticado. Assim, a utilização do algoritmo somente traduz em termos informáticos a vontade das partes[330].

Apesar de os *smart contracts* serem instrumentalizados e operacionalizados por uma plataforma eletrônica, não são diferentes dos negócios jurídicos tradicionais. A inteligência do contrato se relaciona somente com sua forma de execução[331]. E como os elementos constitutivos e definidores

de determinados termos jurídicos em linguagem computacional, alguns dos princípios contratuais são propositalmente abertos e incompatíveis com uma rigorosa lógica matemática, como boa-fé e a função social, morfologia que, a princípio, impede a incorporação em um software". Katano, Arthut Yuji; Silva, Caíque Tomaz Leite da. Da formalização à informação das relações negociais: os *smart contracts*. **Revista de Direito e as Novas Tecnologias** [Recurso Eletrônico], São Paulo, n. 10, jan.-mar. 2022.

328 Raskin, Max. The law and legality of smart contracts. **Georgetown Law Technology Review**, Washington, v. 1, n. 2, p. 305-341, 2017. Disponível em: https://georgetownlawtechreview.org/wp-content/uploads/2017/05/Raskin-1-GEO.-L.-TECH.-REV.-305-.pdf. Acesso em: 27 jun. 2022, p. 322-326.

329 Rosenvald, Nelson. **A natureza jurídica dos *smart contracts***, s. l., 11 set. 2019. Disponível em: https://www.nelsonrosenvald.info/single-post/2019/09/11/a-natureza-jurídica-dos-smart-contracts. Acesso em: 28 jun. 2022.

330 Silva, Rodrigo da Guia; Tepedino, Gustavo. Inteligência artificial, *smart contracts* e gestão do risco contratual. *In:* Tepedino, Gustavo; Silva, Rodrigo da Guia (coord.). **O direito civil na era da inteligência artificial**. São Paulo: Thomson Reuters Brasil, 2020, p. 373-396, p. 378.

331 "Outra transformação recente permitida pela aplicação de tecnologias de informação, e da internet em especial, diz respeito à transformação no modo de execução dos contratos, de modo que não apenas sua celebração se dá de modo automatizado (ou mediante aceitação

dos contratos são o acordo bilateral e a manifestação de vontade, não há qualquer impedimento para o *smart contract* se encaixar nessa categoria.

O fato de um negócio jurídico ser formalizado mediante *smart contract* – portanto, autoexecutável e inserido em um sistema de *blockchain* descentralizado – não altera a natureza contratual da relação. As partes acordam as principais disposições daquele negócio antes da sua formalização em linguagem de programação, ainda que isso ocorra verbalmente. Ou seja, basta que "os princípios vigentes sejam adaptados normativamente ou atualizados pela jurisprudência para o adequado tratamento de novas tecnologias, apesar do natural 'gap' existente entre a sua introdução e os ajustes jurídicos necessários"[332].

Assim, como os *smart contracts* não são uma nova categoria contratual, mas uma forma (meio) de contratação[333], estão submetidos às regras do Código Civil e, a depender da relação, ao Código de Defesa do Consumidor (o que não se abarca nesta publicação, conforme já justificado). Logo, caso sejam evidenciados os requisitos necessários para configuração da responsabilidade em cada um dos casos, é possível haver compensação por eventuais danos.

Quanto ao inadimplemento contratual, a automação da execução pode ser utilizada como relevante remédio para tal[334]. Conforme abordado, as

virtual do consumidor), senão também a execução, mediante ordens predeterminadas que as partes contratantes definem para que se realizem de modo automático, normalmente por meio de um software que as viabiliza. Trata-se dos denominados 'contratos inteligentes' (ou *smart contracts*), que projetam a padronização dos comportamentos dos contratantes, reduzindo a oportunidade de interação pessoal entre as partes, também durante a execução do objeto contratual, sempre tendo em vista o interesse útil presumido das partes na contratação". MIRAGEM, Bruno. Novo paradigma tecnológico, mercado de consumo digital e o direito do consumidor. **Revista de Direito do Consumidor**, São Paulo: RT, v. 125, ano 28, p. 17-62, set.-out. 2019. Disponível em: https://revistadedireitodoconsumidor.emnuvens.com.br/rdc/article/view/1243. Acesso em: 28 jun. 2022, p. 20.

332 ROSENVALD, Nelson. **A natureza jurídica dos *smart contracts***, s. l., 11 set. 2019. Disponível em: https://www.nelsonrosenvald.info/single-post/2019/09/11/a-natureza-jurídica-dos-smart-contracts. Acesso em: 28 jun. 2022.

333 REBOUÇAS, Rodrigo Fernandes. **Contratos eletrônicos**: formação e validade – aplicações práticas. 2. ed. São Paulo: Almedina, 2018, p. 33.

334 "A particularidade dos contratos inteligentes em relação aos contratos tradicionais decorre da eliminação da possibilidade de inadimplemento, obrigando as partes a cumprir os acordos originais, pois os mesmos são garantidos de forma objetiva e verificáveis mediante computador por intermédio de uma entrada externa (*on-chain*)" (tradução nossa). No original: *"la particularidad de los contratos inteligentes frente a los contratos tradicionales radica en la eliminación*

consequências e condutas pré-determinadas pelas partes são efetuadas diretamente pelo sistema após a ocorrência do gatilho – assim, ainda que a parte não tenha interesse em cumprir com os termos acordados, o próprio protocolo informacional os executará.

Portanto, a autoexecutoriedade do *smart contract* impacta diretamente no inadimplemento contratual, já que é bastante difícil – senão impossível – que os termos previstos no protocolo não sejam cumpridos. Nesse sentido, o que poderá ser questionado pelas partes envolvidas não é o inadimplemento contratual, mas a reversão de transações já finalizadas[335]. Caso a relação jurídica se torne litigiosa, o objeto da ação não será o inadimplemento em si, mas eventuais indenizações decorrentes da execução contratual e prejuízos causados.

Ocorre que o inadimplemento pode decorrer não só do descumprimento de alguma obrigação das partes envolvidas no negócio jurídico, mas também em razão de eventuais distorções entre a real vontade das partes e a tradução para a linguagem de programação. Se existirem falhas no código programado, ou eventual inexatidão de informações inseridas como cláusulas contratuais, a parte prejudicada poderá pleitear danos. Ou seja, apesar de o adimplemento ser uma consequência aparentemente lógica de um *smart contract*, isso não é necessariamente verdade[336].

Portanto, ainda que funcionalidades do *smart contracts* auxiliem na gestão do risco contratual, seja pela execução automática das prestações, seja

de la posibilidad de incumplimiento, obligando a las partes a cumplir sus acuerdos originales, pues los mismos son objetivamente garantizables y computacionalmente verificables desde una entrada externa (on-chain)". Ávila, Yeisson Coronel; Sierra, Juan Jorge Almonacid. Aplicabilidad de la inteligência artificial y la tecnologia blockchain en el derecho contractual privado. **Revista de Derecho Privado**, Bogotá, n. 38, p. 119-142, jan.-jun. 2020. Disponível em: https://doi.org/10.18601/01234366.n38.05. Acesso em: 28 jun. 2022, p. 135.

335 Cornell, Nicolas; Werbach, Kevin. Contracts ex machina. **Duke Law Journal**, s. l., v. 67, n. 2, p. 313-382, nov. 2017. Disponível em: https://scholarship.law.duke.edu/dlj/vol67/iss2/2/. Acesso em: 28 jun. 2022, p. 376.

336 "*In sum, as the possibility of computer errors affecting the manner the smart contract operates, cannot be eliminated, it is impossible to claim that selfenforcement guarantees perfect performance*". Em tradução nossa: "em suma, como não pode ser eliminada a possibilidade de erros computacionais que afetam a maneira como o *smart contract* opera, é impossível afirmar que a autoexecutoriedade assegura o adimplemento perfeito". MIK, Eliza. Smart contracts: terminology, technical limitations and real world complexity. **Law, Innovations & Technology**, s. l., Taylor & Francis (Routledge), v. 9, n. 2, p. 269-300, out. 2017. Disponível em: https://ink.library.smu.edu.sg/sol_research/2341/. Acesso em: 28 jun. 2022, p. 11.

pela aplicação de medidas que tenham o objetivo de evitar o inadimplemento contratual[337], a forma como os *smart contracts* funcionam gera riscos inerentes aos negócios jurídicos. Isso porque, os princípios previstos no ordenamento jurídico brasileiro, como o da dignidade da pessoa humana, a boa-fé objetiva e a função social do contrato, entre outros, também devem ser estabelecidos como premissas dos *smart contracts* e, consequentemente, nortear sua execução, sob pena de violação às normas de ordem pública.

Todavia, não há sentido em inserir normas mais abrangentes e genéricas em um protocolo que funciona com a lógica "se A, então B", já que não haverá nenhuma ação a ser executada com o cumprimento da condição. Além disso, todas as possíveis prestações e circunstâncias relevantes para a execução contratual devem estar previstas no protocolo do *smart contract*, pois seu funcionamento poderá ser comprometido se ocorrerem situações não previstas pelas partes.

Por fim, como indicado, as características do *blockchain* garantem vantagens aos *smart contracts*. O uso de dados criptografados e a descentralização do armazenamento de informações oferece maior segurança nas operações, o que dificulta eventual ataque *hacker* cibernético. De qualquer forma, apesar de os *smart contracts* e a tecnologia de *blockchain* criarem um ecossistema próprio, esses estão submetidos aos requisitos do direito[338].

Por outro lado, se ocorrer inadimplemento, o *smart contract* poderá ativar automaticamente mecanismos de defesa previstos pelas partes para hipóteses de descumprimento contratual. Exemplo é a "cláusula de *hardship*", a ser abordada oportunamente nesta obra, ou qualquer outro mecanismo desejado pelas partes e passível de implementação pela tecnologia utilizada pelo protocolo informacional.

[337] MIK, Eliza. Smart contracts: terminology, technical limitations and real world complexity. **Law, Innovations & Technology**, s. l., Taylor & Francis (Routledge), v. 9, n. 2, p. 269-300, out. 2017. Disponível em: https://ink.library.smu.edu.sg/sol_research/2341/. Acesso em: 28 jun. 2022, p. 11.

[338] "Afirmou-se em determinados foros tecnológicos que os *smart contracts* e a tecnologia *Blockchain* criam ou permitem a criação de ecossistema próprio, em certa medida, alheio ao legal. A afirmação não é de todo certa, pois, se um *smart contract* é um contrato, lavrado em linguagem máquina, isso não implica que se torne alheio aos requisitos que o Direito impõe ao conteúdo das prestações. Tais negócios, nessa esteira, deverão passar pelo filtro da legalidade substancial". REY, Jorge Feliu. *Smart contract*: conceito, ecossistema e principais questões de direito privado. **Revista Eletrônica Direito e Sociedade**, Canoas: UnilaSalle, v. 7, n. 3, p. 95-119, out. 2019. Disponível em: https://revistas.unilasalle.edu.br/index.php/redes/article/view/6120. Acesso em: 27 jun. 2022, p. 19.

Diante disso, podem ser indicadas como principais características do *smart contract*: (i) a autonomia, já que as condições fixadas estabelecidas pelas partes são autoexecutadas a partir do momento em que o gatilho é ativado, sem necessidade de intervenção humana; (ii) a descentralização, já que não há autoridade ou servidor central que confirme as informações disponibilizadas; (iii) autossuficiência, pois não depende de nenhuma instituição legal para existir; (iv) dificultar o inadimplemento contratual, visto que sua execução independe da ação humana, pois é realizada por um protocolo informatizado que ativará as condições pré-estabelecidas, ainda que não seja essa a intenção de uma das partes; além de (iv) ser inerentemente eletrônico e previsível, pelo fato de sua linguagem ser de computação e as partes terem previsto suas principais condições.

A seguir, trata-se da imutabilidade dos termos do *smart contract*, aspecto relevante diretamente relacionado a uma das principais e mais desejadas características dessa forma de contratação. Todavia, os impactos disso não são necessariamente positivos, pois podem causar danos aos envolvidos.

4.2.2.1. O impacto decorrente da imutabilidade/inflexibilidade das premissas estabelecidas para o *smart contract*

A autoexecutoridade é um dos principais benefícios do *smart contract*. Todavia, essa característica impossibilita a interrupção de comandos estabelecidos no protocolo informacional, o que pode gerar um grande risco às partes envolvidas.

> Trata-se, na realidade, de consequência direta já mencionada autoexecutoriedade dos *smart contracts*: uma vez verificada a circunstância prevista pelas partes, deflagram-se automaticamente – e inevitavelmente – os efeitos previstos na programação do *software*. Nota-se, assim, que um dos mais festejados atributos dos *smart contracts* pode dar ensejo a um dos seus mais expressivos riscos[339].

O *smart contract* utiliza tecnologia *blockchain*, o que engloba registros de informações em blocos sucessivos e distribuídos em diversos pontos da rede. Com isso, o comando obrigacional será executado automatica-

[339] SILVA, Rodrigo da Guia; TEPEDINO, Gustavo. Inteligência artificial, *smart contracts* e gestão do risco contratual. *In:* TEPEDINO, Gustavo; SILVA, Rodrigo da Guia (coord.). **O direito civil na era da inteligência artificial**. São Paulo: Thomson Reuters Brasil, 2020, p. 373-396, p. 390.

mente, ainda que uma das partes queira impedir o funcionamento de um ou mais pontos da rede[340].

Assim como a execução dos comandos indicados, as informações inseridas no *smart contract* também são permanentes e imutáveis, pois feitas em blocos interligados. Qualquer alteração inserida na rede é imediatamente identificada pela plataforma, que impede sua realização. Nesse mesmo sentido, como a informação é distribuída em vários nós, não é possível alterar apenas um ponto específico, o que seria facilmente detectado.

Na realidade, até seria possível as partes alterarem as informações inseridas; no entanto, a capacidade computacional e o tempo necessário seriam tão elevados que, na prática, isso seria muito difícil ou inviável[341]. Assim, para as partes poderem alterar o conteúdo de cláusulas específicas, será necessária uma nova codificação, mediante um novo *smart contract*.

Ocorre que a maior parte dos contratos firmados são incompletos, visto ser impossível às partes preverem todas as suas contingências *ex ante*. Isso se dá tanto em razão de características do próprio contrato – como um longo período de duração da relação jurídica –, como por causa de aspectos semânticos – que advém de diversas interpretações da própria linguagem. Assim, a característica de imutabilidade do *smart contract* pode se tornar prejudicial aos envolvidos, caso ocorra uma condição ou situação não prevista.

Ademais, se existirem equívocos no algoritmo do protocolo informacional, isto é, nas cláusulas a serem autoexecutadas, isso também não poderá ser alterado, o que tem potencial de gerar danos para os envolvidos, visto

340 *"Because no single party controls a blockchain, there may not be a way to halt the execution of a smart contract after it has been triggered by the relevant parties. Once the wheels of a smart contract are out into motion, the terms embodied in the code will be executed, and they cannot be stopped unless the parties have incorporated logic in the smart contract to halt the program's execution"*. Em tradução nossa: "como nenhuma parte controla um *blockchain*, é possível que não haja uma maneira de interromper a execução de um *smart contract* uma vez que seja acionado pelas partes relevantes. Quando as rodas de um *smart contract* estiverem em movimento, os termos incorporados no código serão executados e não poderão ser interrompidos, a menos que as partes tenham incorporado lógica para interromper a execução do programa dentro do *smart contract*". WRIGHT, Aaron. **Blockchain and the law**. Cambridge: Harvard University, 2018, p. 74-75.

341 EFING, Antonio Carlos; SANTOS, Adrielly Pinho dos. Análise dos *smart contracts* à luz do princípio da função social dos contratos no direito brasileiro. **Direito e Desenvolvimento**, s. l., v. 9, n. 2, p. 49-64, ago. 2018. Disponível em: https://periodicos.unipe.br/index.php/direitoedesenvolvimento/article/view/755. Acesso em: 27 jun. 2022, p. 55.

que a real vontade das partes não foi manifestada adequadamente no algoritmo que contém a respectiva informação.

> Da mesma forma, os *smart contracts* representam o desafio de como resolver efetivamente as modificações desejadas no contrato. A execução de um *smart contract* depende inteiramente da precisão do código de contabilidade inteligente incorporado a ele. A retificação de erros em tal contrato pode ser um desafio, especialmente se tais erros forem descobertos após o contrato já ter sido executado automaticamente[342] (tradução nossa).

Uma vez que o *smart contract* não possibilitará a interrupção de seu cumprimento e execução se ocorrer um evento imprevisível e extraordinário, outro ponto relevante será a aplicação da teoria da imprevisão[343], por meio da cláusula *rebus sic stantibus*[344]. Além disso, se a prestação se tornar exces-

[342] No original: "*similarly, smart legal contracts pose the challenge of how to effectively resolve desired modifications to the agreement. The execution of an intended smart legal contract depends entirely upon the accuracy of the smart contract code embedded within it. Rectifying errors in such a contract may prove challenging, especially if such errors are discovered after the contract has already self-executed*". NACH, Erika J. Blockchain and smart contract technology: alternative incentives for legal contract innovation. **Brigham Young University Law Review**, v. 2019, n. 3, p. 799-836, 27 maio 2020. Disponível em: https://digitalcommons.law.byu.edu/lawreview/vol2019/iss3/8/. Acesso em: 28 jun. 2022, p. 822-823.

[343] Teoria da imprevisão. BRASIL. Código Civil (2002). "Art. 317. "Quando, por motivos imprevisíveis, sobrevier desproporção manifesta entre o valor da prestação devida e o do momento de sua execução, poderá o juiz corrigi-lo, a pedido da parte, de modo que assegure, quanto possível, o valor real da prestação". Nesse sentido, Orlando Gomes destaca que "exige-se que a alteração das circunstâncias seja de tal ordem que a excessiva onerosidade da prestação não possa ser prevista. Por outras palavras, a imprevisão há de decorrer do fato de ser a alteração determinada por circunstâncias extraordinárias. As modificações por assim dizer normais do estado de fato existente ao tempo da formação do contrato devem ser previstas, pois constituem, na justa observação de Ripert, uma das razões que movem o indivíduo a contratar, garantindo-se contra as variações que trariam insegurança às suas relações jurídicas. Quando, por conseguinte, ocorre a agravação da responsabilidade econômica, ainda ao ponto de trazer para o contratante muito maior onerosidade, mas que podia ser razoavelmente prevista, não há que pretender a resolução do contrato ou a alteração de seu conteúdo. Nesses casos, o princípio da força obrigatória dos contratos conserva-se intacto. Para ser afastado, previsto é que o acontecimento seja extraordinário e imprevisível". GOMES, Orlando. **Contratos**. 28. ed. Rio de Janeiro: Forense, 2022, p. 67.

[344] "A cláusula *rebus sic stantibus* considerava-se inserta nos contratos de duração e nos de execução diferida, como condição de sua força obrigatória. Para que conservassem sua eficiência, era subentendido que não deveria ser alterado o estado de fato existente no momento de sua

sivamente onerosa, inexistirá a possibilidade de interromper o desenvolvimento do *smart contract*, razão pela qual as partes deverão arcar com o ônus decorrente desse evento específico. Haverá, assim, uma espécie de renúncia tácita ao direito de revisão contratual.

Para evitar essa imutabilidade, as partes poderiam prever uma cláusula de *hardship*[345], conforme observa Judith Martins-Costa:

> a doutrina define-a [a cláusula de *hardship*] como a cláusula cuja eficácia consiste, essencialmente, em provocar uma renegociação do contrato, sempre que a mudança das circunstâncias ocorrer. Pelas cláusulas de renegociação, portanto, as partes, cientes de que podem advir superveniências relevantes, com impacto no programa contratual, reservam-se o poder de determinar o equilíbrio entre as prestações impedindo, pois, que o acaso ou a sorte venham a governar sua relação[346].

Assim, as partes definem previamente as superveniências que poderiam configurar um desequilíbrio contratual relevante e, consequentemente, permitir a renegociação dos termos acordados[347], ou, ainda, a possibilidade de resolução contratual. Nesse caso, as partes delimitariam previamente a relevância de cada uma das prestações acordadas e indicariam eventuais inadimplementos que teriam o potencial de resolver a relação.

Com base nessa liberdade contratual, os envolvidos em determinados negócios jurídicos podem tratar não só das superveniências contratuais convencionais, mas também dispor sobre hipóteses para revisão do respectivo contrato. A Lei da Liberdade Econômica (Lei n. 13.875/2019) tratou expressamente da possibilidade de as partes preverem

formação. Admitia-se, em suma, que *contractus qui habent tractum sucessivum et dependetiam* de futuro *rebus sic stantibus intelliguntur*. Assim deveriam ser entendidos, presumida a cláusula". GOMES, Orlando. **Contratos**. 28. ed. Rio de Janeiro: Forense, 2022, p. 66.

345 "Novas técnicas de redação do contrato generalizaram as *hardship clauses* do Direito Internacional, que autorizam a revisão do contrato no caso de circunstâncias supervenientes alterarem substancialmente o equilíbrio original das obrigações das partes". GOMES, Orlando. **Contratos**. 28. ed. Rio de Janeiro: Forense, 2022, p. 66.

346 MARTINS-COSTA, Judith. A cláusula de *hardship* e a obrigação de renegociar nos contratos de longa duração. **Revista de Arbitragem e Mediação**, São Paulo: RT, v. 7, n. 25, p. 11-39, abr.-jun. 2010, p. 29.

347 SCHREIBER, Anderson. **Equilíbrio contratual e dever de renegociar**. 2. ed. São Paulo: Saraiva, 2020, p. 278.

parâmetros objetivos para a interpretação de cláusulas negociais, assim como os pressupostos para sua revisão ou resolução (art. 421-A, I, do Código Civil)[348].

Por evidente, isso pode ser transportado para o *smart contract*, já que suas cláusulas dificilmente possuem ambiguidade, o que permite uma indicação ainda mais precisa de pressupostos que permitiriam sua revisão ou resolução. Assim, as partes contratantes podem prever um projeto de adaptação, em caso de superveniência contratual.

> Tecnicamente, a 'evolutividade' ampara-se em um complexo de fórmulas, podendo resultar de critérios e procedimentos postos pontualmente no contrato ou, diferentemente, em previsão genérica de renegociação, procedida diretamente entre as partes ou viabilizada com a intervenção de um terceiro imparcial. O relevante é que as partes assegurem que o poder de revisar o contrato, adaptando-o às circunstâncias, reste, primariamente, em suas mãos, para o que estabelecem, já no próprio contrato, o mencionado 'projeto de adaptação' cujo alcance pode ser menor (por exemplo: promover o reequilíbrio dos preços do contrato) ou maior (*e.g.*, readaptar globalmente o contrato a novas condições de mercado), havendo, entre o ponto mínimo e o máximo de intervenção, várias escalas intermediárias[349].

O projeto de adaptação pode ser fixado por intermédio da utilização de cláusulas de adaptação automática[350], fundamentada na IA ou não, para gestão do risco contratual. A cláusula de adaptação automática poderá uti-

[348] SILVA, Rodrigo da Guia; TEPEDINO, Gustavo. Inteligência artificial, *smart contracts* e gestão do risco contratual. *In:* TEPEDINO, Gustavo; SILVA, Rodrigo da Guia (coord.). **O direito civil na era da inteligência artificial**. São Paulo: Thomson Reuters Brasil, 2020, p. 373-396, p. 381.

[349] MARTINS-COSTA, Judith. A cláusula de *hardship* e a obrigação de renegociar nos contratos de longa duração. **Revista de Arbitragem e Mediação**, São Paulo: RT, v. 7, n. 25, p. 11-39, abr.-jun. 2010, p. 17-18.

[350] "A adaptação do contrato pode efetuar-se imediatamente, sem intermediação, por um procedimento matemático. Ele supõe que um elemento variável do contrato seja colocado em relação a uma referência (a) designada pelas partes e que um sistema de adaptação estabeleça a relação (b)". FABRE, Regis. Les clauses d'adaptation dans les contrats. Revue Trimestrielle de Droit Civil, n. 82, 1983, p. 8 *apud* SILVA, Rodrigo da Guia; TEPEDINO, Gustavo. *Smart contracts* e as novas perspectivas de gestão do risco contratual. **Pensar**, Fortaleza, v. 26, n. 1, p. 1-12, jan.-mar. 2021. Disponível em: https://periodicos.unifor.br/rpen/article/download/11737/pdf_1/46911. Acesso em: 28 jun. 2022, nota de rodapé 14.

lizar a IA para definir o critério de desequilíbrio que autorizará a revisão dos termos contratados, ou, ainda, se aquela situação específica foi capaz de efetivamente gerar o aparente desequilíbrio[351]. Todavia, isso também pode ser limitado às hipóteses previstas entre as partes.

Ademais, as partes possuem outras soluções técnicas a serem utilizadas na hipótese de necessidade de alteração dos termos acordados: (i) destruição do *smart contract* por uma função denominada *self-destruction*[352], o que permite às partes eliminar o contrato – entretanto, é possível que essa solução seja excessiva, em comparação aos possíveis danos da autoexecução; e (ii) inclusão de cláusula denominada *call code*, que permite modificar o conteúdo de um algoritmo de forma mais específica[353].

Diante disso, apesar de a mutabilidade ser uma característica controversa do *smart contract*, existem soluções a serem consideradas e previstas pelas partes no momento da formação do contrato e da tradução da linguagem jurídica convencional à linguagem de programação, o que garante flexibilidade na relação jurídica existente entre as partes.

Em suma, nesta seção, apresentou-se tanto a origem quanto as principais características do *smart contract*, com destaque ao impacto da inflexibilidade das premissas estabelecidas pelas partes. A partir disso, em seguida, serão abordados os planos da existência, validade e eficácia do *smart contract* no ordenamento jurídico brasileiro.

351 Nesse sentido, Gustavo Tepedino e Rodrigo da Guia Silva indicam o seguinte exemplo: "caso os custos do vendedor com os insumos D e E venham a ultrapassar o patamar F, o preço a ser pago pelo comprador pela quantidade X da mercadoria Y passará a corresponder a média aritmética das duas maiores taxas para a comercialização da mesma quantidade X da mercadoria Y entre as taxas apuradas no dia Z entre as Bolsas dos países A, B e C". SILVA, Rodrigo da Guia; TEPEDINO, Gustavo. Inteligência artificial, *smart contracts* e gestão do risco contratual. *In:* TEPEDINO, Gustavo; SILVA, Rodrigo da Guia (coord.). **O direito civil na era da inteligência artificial**. São Paulo: Thomson Reuters Brasil, 2020, p. 373-396, p. 382.

352 STAZI, Andrea. **Smart contracts and comparative law**: a western perspective. Giappichelli, 2021, p. 133.

353 SILVA, Rodrigo da Guia; TEPEDINO, Gustavo. Inteligência artificial, *smart contracts* e gestão do risco contratual. *In:* TEPEDINO, Gustavo; SILVA, Rodrigo da Guia (coord.). **O direito civil na era da inteligência artificial**. São Paulo: Thomson Reuters Brasil, 2020, p. 373-396, p. 383.

4.3. O *smart contract* no ordenamento jurídico brasileiro – os planos de existência, validade e eficácia

Apresentados o conceito e as características do *smart contract*, resta analisar sua validade e produção de efeitos no ordenamento jurídico brasileiro. Sob essa ótica, investiga-se os planos dos negócios jurídicos[354].

O desenvolvimento tecnológico impacta constantemente a realidade, alterando a forma como se constroem as relações jurídicas – nesse contexto, é certo que o direito não possui dinamismo suficiente para acompanhá-lo. Assim, para que os conceitos clássicos não se tornem obsoletos diante da nova realidade social, é necessário utilizar usos e costumes, assim como a expectativa e a experiência sociais, em suas interpretações[355].

Nesse sentido é o Enunciado 409 da V Jornada de Direito Civil[356], que destacou a importância de as práticas adotadas pelas partes durante o desenvolvimento da relação serem consideradas. Isso deve abarcar não

[354] "Na linguagem tradicional, a palavra "negócio jurídico" é usada tanto para significar o ato produtor da norma como ainda a norma produzida pelo ato. O negócio jurídico típico é o contrato. Num contrato, as partes contratantes acordam em que devem conduzir-se de determinada maneira, uma em face da outra. Este dever-ser é o sentido subjetivo do ato jurídico negocial. Mas também é o seu sentido objetivo. Quer dizer: este ato é um fato produtor de Direito se e na medida em que a ordem jurídica confere a tal fato esta qualidade; e ela confere-lhe esta qualidade tornando a prática do fato jurídico negocial, juntamente com a conduta contrária ao negócio jurídico, pressuposto de uma sanção civil". KELSEN, Hans. **Teoria pura do direito**. Trad. João Baptista Machado. São Paulo: Martins Fontes, 2009, p. 284.

[355] *"El objeto de la intepretación, segun lo espuesto, sólo puede ser la declaración, esto es, uma conducta que tiene el sentido de manifestacíos de validez. A tal respecto costituye ya uma tarea de la interpretación el averiguar si uma conducta determinada tiene o no dicho sentido. Es preciso indagar em la conducta reconocida como declaración jurídico-negocial, em vista de su importância juridicamente decisiva em este contexto. Por tanto, el objeto de la interpretación no es, contra lo que afirma Von Tuhr, la voluntad como 'hecho de la vida anímica interior', sino la declaración como acto que comporta sentido"*. Em tradução nossa: "o objeto da interpretação, como afirmado, só pode ser o enunciado, ou seja, um comportamento que tem o sentido de manifestações de validade. É necessário investigar a conduta reconhecida como declaração jurídico-empresarial, tendo em vista sua decisiva importância jurídica nesse contexto. Portanto, o objeto de interpretação não é, ao contrário do que afirma Von Tuhr, a vontade como 'fato da vida psíquica interior', mas a declaração como ato que carrega sentido". LARENZ, Karl. **Derecho civil**: parte general. Tratado de derecho civil alemán. Trad. Miguel Izquierdo Macías-Picavea. Madrid: Derecho Reunidas, 1978, p. 464.

[356] "Os negócios jurídicos devem ser interpretados não só conforme a boa-fé e os usos do lugar de sua celebração, mas também de acordo com as práticas habitualmente adotadas entre as partes". AGUIAR JUNIOR, Ruy Rosado de (coord. científico). **Jornadas de Direito Civil I, III, IV e V**: enunciados aprovados. Brasília: Conselho da Justiça Federal, Centro de Estudos Judiciários, 2012. Disponível em: https://www.cjf.jus.br/cjf/corregedoria-da-justica-

só o período pré-contratual, mas também o seu *modus operandi* durante a execução, evitando condutas e alegações contraditórias em eventual discussão (*venire contra factum proprium*).

> Não se admite, portanto, que após uma duradoura relação contratual desenvolvida pela troca de correspondência eletrônica sem a inclusão de certificados digitais, que uma das partes envolvidas venha a sustentar a falta de validade de tal forma de contratação, pela ausência de certificado digital conforme comando dos artigos 1º e 10, § 1º, ambos da MP 2.200-2 de 2001[357].

Diante dessa dinamicidade intrínseca da revolução tecnológica, a análise dos planos jurídicos é feita sob o "prisma social"[358], aplicando a hermenêutica dos usos e costumes e da verificação do comportamento das partes contratantes. Com isso, é possível analisar a efetiva formalização do *smart contract* no ordenamento jurídico brasileiro, e sua exigibilidade às partes envolvidas e terceiros que possam ser afetados pelos seus efeitos.

> Em tese, porém, o exame de qualquer fato jurídico deve ser feito em dois planos: primeiramente, é preciso verificar se se reúnem os elementos de fato para que ele exista (plano da existência); depois, suposta a existência, verificar se ele passa a produzir efeitos (plano da eficácia).
>
> Sendo o negócio jurídico uma espécie de fato jurídico, também o seu exame pode ser feito nesses dois planos. Entretanto, e essa é a grande peculiaridade do negócio jurídico, sendo ele um caso especial de fato jurídico, já que seus efeitos estão na dependência dos efeitos que foram manifestados como queridos, o direito, para realizar essa atribuição, exige que a declara-

federal/centro-de-estudos-judiciarios-1/publicacoes-1/jornadas-cej/EnunciadosAprovados-Jornadas-1345.pdf. Acesso em: 28 jun. 2022, p. 61.

357 REBOUÇAS, Rodrigo Fernandes. **Contratos eletrônicos**: formação e validade – aplicações práticas. 2. ed. São Paulo: Almedina, 2018, p. 71.

358 "Finalizando o capítulo, quer-nos parecer que uma concepção estrutural do negócio jurídico, sem repudiar inteiramente as concepções voluntaristas, dela se afasta, porque não se trata mais de entender por negócio um ato de vontade do agente, mas sim um ato que socialmente é visto como um ato de vontade destinado a produzir efeitos jurídicos. A perspectiva muda inteiramente, já que de psicológica passa a social. O negócio não é o que o agente quer, mas sim o que a sociedade vê como a declaração de vontade do agente. Deixa-se, pois, de examinar o negócio através da ótica estreita do seu autor e, alargando-se extraordinariamente o campo de visão, passa-se a fazer o exame pelo prisma social e mais propriamente jurídico". AZEVEDO, Antônio Junqueira de. **Negócio jurídico**: existência, validade e eficácia. 4. ed. São Paulo: Saraiva, 2007, p. 21.

> ção seja válida. Eis, aí, pois, um plano para exame, peculiar ao negócio jurídico – o plano da validade, a se interpor entre o plano da existência e o plano da eficácia.
>
> Plano da existência, plano da validade e plano da eficácia são os três planos nos quais a mente humana deve sucessivamente examinar o negócio jurídico, a fim de verificar se ele obtém plena realização[359].

A "técnica da eliminação progressiva"[360] dos planos é aplicada nesta obra. Assim, primeiro verifica-se a existência dos *smart contracts*, para depois confirmar sua validade e, por fim, a eficácia.

Para existir, segundo parte da doutrina, o negócio jurídico precisa conter os elementos essenciais: (i) sujeito ou declaração de vontade, (ii) objeto e (iii) forma. Se existente, para ser válido (art. 104 do Código Civil), o negócio jurídico requer (i) agente capaz, (ii) objeto lícito, possível, determinado ou determinável e (iii) forma prescrita ou não defesa em lei. Ausentes um desses elementos, o negócio será anulável ou nulo de pleno direito. Finalmente, uma vez celebrado, o negócio produzirá efeitos, criando, modificando e extinguindo obrigações. Cada um desses planos será melhor aprofundado nas seções seguintes.

4.3.1. Plano da existência

O plano da existência analisa os requisitos mínimos dos negócios jurídicos[361], lícitos ou não, para confirmar se seu suporte fático permite inserir o contrato no mundo jurídico[362].

[359] Azevedo, Antônio Junqueira de. **Negócio jurídico**: existência, validade e eficácia. 3. ed. São Paulo: Saraiva, 2000, p. 24.

[360] "Feitas essas ressalvas, temos, como decorrência da aplicação da técnica de eliminação progressiva, que somente os atos existentes se pode dar a qualificação de nulo (e, também, de válido ou anulável). O negócio aparente, chamado de negócio inexistente, uma vez que não chegou a se projetar no plano da validade, não é nem válido, nem anulável, nem nulo; não represente 'um grau a mais' em relação a qualquer um destes, não se aproxima mais do nulo, nem se afasta mais do válido; seu plano é diverso. O negócio inexistente se opõe ou negócio existente e somente este, por ter passado ao plano da validade, é que poderá ser, de acordo com o preenchimento dos requisitos, válido, anulável ou nulo". Azevedo, Antônio Junqueira de. **Negócio jurídico**: existência, validade e eficácia. 4. ed. São Paulo: Saraiva, 2007, p. 65.

[361] "Tem-se insistido, demais, em separar atos ilícitos e os atos jurídicos. Em verdade, a regra jurídica incide sobre aqueles como sobre esses; colore-os; dá-lhes entrada no mundo jurídico. Esses são atos cuja eficácia é ativa; aqueles, atos cuja eficácia é reativa. Falar-se de atos jurídicos como se só fossem tais os atos humanos que não importam em reação já diminuir o sentido

> Dá-se a inexistência quando nem sequer aparentemente se verifica o *corpus* de certo negócio jurídico. Quando nem sequer na aparência existe uma qualquer materialidade que corresponda à própria noção de tal negócio. Temos ainda inexistência quando, embora exista essa aparência, a realidade não corresponde, todavia àquele conceito. É claro, de resto, que tanto podemos falar da inexistência de determinado tipo particular de negócio jurídico, como da inexistência de qualquer negócio jurídico em geral. Tudo depende das circunstâncias, aferidas segundo o critério indicado[363].

De forma mais simples, o plano da existência envolveria os elementos essenciais dos negócios jurídicos: sujeito, objeto e forma. Ressalta-se, porém, que parte da doutrina substitui o elemento sujeito pela declaração de vontade[364].

Antônio Junqueira de Azevedo critica ambos os posicionamentos, alegando que a declaração de vontade não seria elemento intrínseco do negócio jurídico, mas o próprio negócio jurídico em si – já o sujeito de direito seria um elemento externo a ele. Assim, sob esse entendimento – aliás, adotado neste trabalho –, os elementos constitutivos intrínsecos (além dos elementos extrínsecos, categoriais e derrogáveis ou não) do negócio jurídico seriam (i) objeto, (ii) forma e (iii) circunstâncias negociais para a produção de efeitos jurídicos. Caso esses elementos não estejam presentes, o negócio jurídico será considerado juridicamente inexistente.

de atos jurídicos, isto é, reduzi-los aos atos não-contrários ao direito, em vez de os considerar como classe de atos sobre que incide a regra jurídica. Nesse sentido, o crime, o ato ilícito, é ato + incidência da regra jurídica; e essa é a definição mesma do ato jurídico". PONTES DE MIRANDA, Francisco Cavalcanti. **Tratado de direito privado**: Introdução. Pessoas físicas e jurídicas. t. 1. Campinas: Bookseller, 1999, p. 129.

362 "O casamento realizado perante quem não tenha autoridade para casar, um delegado de polícia, por exemplo, não configura fato jurídico e, por isso, não existe, simplesmente porque, faltando um elemento completante de seu núcleo (autoridade com poder para celebrar matrimônio), seu suporte fáctico não se materializa. Não se há de discutir, assim, se é nulo ou ineficaz, nem se precisa ser desconstituído judicialmente, como costumam fazer os franceses, porque a inexistência é o não ser que, portanto, não pode ser qualificado". MELLO, Marco Bernardes de. **Teoria do fato jurídico**: plano da existência. 15. ed. São Paulo: Saraiva, 2008, p. 102-103.

363 ANDRADE, Manuel Antônio Domingues de. **Teoria geral da relação jurídica**: fato jurídico, em especial negócio jurídico. Coimbra: Almedina, 1992, p. 414.

364 AMARAL, Francisco. **Direito civil**: introdução. São Paulo: Saraiva, 2018, p. 410.

Para o autor, esses elementos podem ser divididos entre gerais, categoriais e particulares. Os primeiros, indispensáveis à existência de todos os negócios, se dividem em intrínsecos e extrínsecos. Os intrínsecos seriam: a forma da manifestação – isto é, o tipo de manifestação utilizado para declaração da vontade, o conteúdo dessa declaração (denominado de objeto); e as circunstâncias negociais – sendo essa uma manifestação da vontade destinada a produzir efeitos jurídicos. São esses os elementos necessários para a constituição do negócio jurídico[365].

Já o tempo, o lugar e o agente são elementos extrínsecos e devem estar presentes antes mesmo de o negócio jurídico ser firmado – ou seja, seus pressupostos. Apesar de os dois primeiros não estarem previstos na legislação como um requisito do negócio jurídico, são relevantes para a "exata identificação do negócio; isto é evidente diante do costume jurídico notório de se datar e colocar o lugar de feitura em todos os documentos"[366].

> Sem os citados elementos gerais, qualquer negócio torna-se impensável. Basta a falta de um deles para inexistir o negócio jurídico. Aliás, precisando ainda mais: se faltarem os elementos tempo ou lugar, não há sequer fato jurídico; sem agente, poderá haver fato, mas não ato jurídico; e, finalmente, sem circunstâncias negociais, forma ou objeto, poderá haver fato ou ato jurídico, mas não negócio jurídico. A falta de qualquer um desses elementos acarreta, pois, inexistência do negócio, seja como negócio, seja até mesmo como ato ou fato jurídico; nesse sentido, são eles elementos necessários e, se nos ativermos ao negócio jurídico como categoria geral, são também suficientes[367].

Conforme já indicado, o elemento lugar não indica o local em que as partes efetivamente estavam quando assinaram o contrato, já que o próprio Código Civil permite a possibilidade entre ausentes. Nesse caso, a confirmação do local do proponente é extremamente relevante e continua indispensável, pois por meio dele é que se define a lei aplicável e o foro no qual eventual lide será analisada. O fator tempo também é importante para contratos firmados no meio eletrônico, pois por meio dele se define

[365] AZEVEDO, Antônio Junqueira de. **Negócio jurídico**: existência, validade e eficácia. 4. ed. São Paulo: Saraiva, 2007, p. 40-41.

[366] AZEVEDO, Antônio Junqueira de. **Negócio jurídico**: existência, validade e eficácia. 4. ed. São Paulo: Saraiva, 2007, p. 34.

[367] AZEVEDO, Antônio Junqueira de. **Negócio jurídico**: existência, validade e eficácia. 4. ed. São Paulo: Saraiva, 2007, p. 34.

a parte que figurou como proponente nas contratações entre ausentes ou o momento de formação do negócio jurídico[368].

Já os elementos categoriais, segundo Antônio Junqueira de Azevedo[369], dependem apenas da lei e do entendimento doutrinário e jurisprudencial, e não se relacionam com a vontade das partes envolvidas no negócio jurídico. Ou seja, ainda que as partes denominem um contrato de forma diversa da prevista em lei, por exemplo, o *nomen iuris* indicado não resultará na transmutação das leis aplicáveis àquela relação jurídica, pois o que define o tipo de contrato será a sua classificação legal.

> É a natureza da prestação que determina os contratos de duração e não a vontade das partes. Se a prestação pode ser prestada de uma só vez e as partes a dividem no tempo, não se configura contrato de execução continuada. Ter-se-ia, então, contrato de execução instantânea, porém diferida, como a venda a prestações[370].

Esses podem ser divididos entre essenciais (ou inderrogáveis) e naturais (ou derrogáveis). Os primeiros não podem ser afastados pela vontade das partes, pois integram a essência do negócio jurídico (*essentialia negotii*). São os elementos essenciais de um negócio que definem o seu tipo[371], por exemplo, o preço acordado em um contrato de compra e venda[372].

[368] REBOUÇAS, Rodrigo Fernandes. **Contratos eletrônicos**: formação e validade – aplicações práticas. 2. ed. São Paulo: Almedina, 2018, p. 75.

[369] AZEVEDO, Antônio Junqueira de. **Negócio jurídico**: existência, validade e eficácia. 4. ed. São Paulo: Saraiva, 2007, p. 34.

[370] MARINO, Francisco Paulo de Crescenzo. Classificação dos contratos. *In:* JABUR, Gilberto Haddad; PEREIRA JUNIOR, Antonio Jorge (coord.). **Direito dos contratos**. São Paulo: Quatier Latin, 2006, p. 22-52, p. 31-32.

[371] Nesse sentido, Antônio Junqueira de Azevedo indica: "as partes, ao escolherem determinado tipo de negócio, deverão ter em mente que o negócio escolhido deverá seguir determinado regime jurídico. Ora, entre as regras a que o tipo escolhido está submetido estão aquelas que preveem as qualidades que seus elementos categoriais precisam ter para os negócios serem válidos como aquele tipo de negócio assim, se o negócio for causal, com causa pressuposta, a existência da causa será requisito de validade, por exemplo: a existência do débito a ser extinto, na novação (art. 1.007 do CC), a existência de litígio, atual ou potencial, na transação (art. 1.036 do CC) etc.". AZEVEDO, Antônio Junqueira de. **Negócio jurídico**: existência, validade e eficácia. 4. ed. São Paulo: Saraiva, 2007, p. 51-52.

[372] AZEVEDO, Antônio Junqueira de. **Negócio jurídico**: existência, validade e eficácia. 4. ed. São Paulo: Saraiva, 2007, p. 53.

Se esses elementos não estiverem presentes, o negócio específico não existirá e deverá ser convertido em outro negócio.

O contrário ocorre com a segunda categoria, pois isso não alterará a essência do negócio jurídico (*naturalia negotii*) já que os contratos naturais revogáveis estão relacionados à sua natureza e não são essenciais à sua estrutura. Isso porque, é o próprio direito que integra os elementos derrogáveis ao negócio, razão pela qual não se exige a inclusão desses caracteres[373]. Um exemplo é a responsabilidade pela evicção no contrato de compra e venda.

Por fim, os elementos particulares se relacionam com as especificidades de um negócio jurídico determinado, ou seja, "existem em um negócio concreto, sem serem próprios de todos os negócios ou de certos tipos de negócios"[374]. Esses elementos são voluntários, portanto, inseridos no negócio jurídico por vontade das partes. É o caso da previsão de uma condição pré-determinada que faz com que a ocorrência de um negócio jurídico esteja submetida a um evento futuro e incerto[375], ou, ainda, a previsão de um transcurso de tempo que possa subordinar o negócio jurídico a um evento futuro e certo.

Em regra, os elementos particulares não integram os elementos de existência do negócio jurídico, pois esse poderia existir sem que esses requisitos fossem definidos pelas partes[376]. A relevância dos elementos particulares está no fato de que, se versarem sobre circunstância essencial à formação do negócio jurídico, serão considerados parte do plano da existência[377]. Nesse sentido, José Carlos Moreira Alves destaca:

[373] Azevedo, Antônio Junqueira de. **Negócio jurídico**: existência, validade e eficácia. 4. ed. São Paulo: Saraiva, 2007, p. 51.

[374] Azevedo, Antônio Junqueira de. **Negócio jurídico**: existência, validade e eficácia. 4. ed. São Paulo: Saraiva, 2007, p. 38.

[375] Um exemplo de elemento particular é a doação condicional, em que os recursos são doados apenas após a implementação de uma condição específica prevista pelo doador. Caso essa não ocorra, o negócio jurídico não existirá, já que se trata de condição essencial para existência do negócio jurídico da doação.

[376] "Condição é elemento acidental (*accidentalia negotti*) do negócio jurídico, que subordina a eficácia do mesmo negócio à ocorrência de evento futuro e incerto. Sem ela, o negócio existe e é válido, mas ineficaz. Implementada a condição, o negócio torna-se eficaz". Nery, Rosa Maria de Andrade; Nery Junior, Nelson. **Código Civil comentado**. 8. ed. São Paulo: RT, 2011, p. 35.

[377] Nesse sentido, parte da doutrina entende que os elementos particulares deveriam ser incluídos no plano da eficácia e não da existência do negócio jurídico. Marino, Francisco Paulo de Crescenzo. **Interpretação do negócio jurídico**. São Paulo: Saraiva, 2011, p. 36.

> os elementos acidentais são os que não estão implicitamente contidos no negócio jurídico, mas que, se as partes quiserem, podem expressamente apô-los a êle. Por exemplo, a condição. Mas é preciso fazer uma advertência a respeito dos elementos acidentais: eles somente são acidentais se considerados abstratamente; se, num caso concreto, forem apostos ao negócio jurídico, tornam-se seus elementos essenciais, porque ficam intimamente ligados a êle. Assim, se se apuser uma condição ilícita (Caio pagará certa quantia a Tício, se êste matar alguém) a um negócio jurídico, não apenas a condição será nula, mas todo o negócio jurídico[378].

Assim, para serem considerados existentes, os *smart contracts* deverão estar de acordo com todos os requisitos indicados acima, observando não só os elementos intrínsecos e extrínsecos, mas também os usos e costumes desenvolvidos nas tratativas das partes, principalmente nas circunstâncias negociais. Isso porque, apesar de a execução do contrato se dar de forma automática pelo sistema, as partes podem firmar um contrato preliminar antes da sua formação, para definir todos os elementos a serem observados pelo *smart contract*. Portanto, o agente do *smart contract* não é a máquina que declara sua vontade por meio do protocolo informatizado que se autoexecutará, mas o sujeito de direitos.

Independentemente da sua conceituação, os *smart contracts* são considerados fatos jurídicos na medida em que criam, modificam ou extinguem relações jurídicas mediante linguagem de programação. Ou seja, são uma espécie do gênero negócio jurídico eletrônico, visto que a manifestação de vontade das partes ocorre mediante plataforma eletrônica e, nesse caso, especificamente nos sistemas *blockchain*. Isso significa que há uma observância ao "poder de escolha de categoria jurídica e de estruturação do conteúdo eficacial das relações jurídicas respectivas, quanto ao seu surgimento, permanência e intensidade no mundo jurídico"[379].

Todavia, se se tratar de um elemento essencial do negócio, como no caso da doação modal, se torna um elemento geral para existência do negócio jurídico. Em caso negativo, seus termos poderão ser transferidos para o plano da eficácia, o que irá necessitar de uma análise concreta da situação para sua confirmação.

378 ALVES, José Carlos Moreira. **Direito romano**. v. 1. 3. ed. Rio de Janeiro: Forense, 1971, p. 173.

379 MELLO, Marco Bernardes de. **Teoria do fato jurídico**: plano da existência. 22. ed. São Paulo: Saraiva, 2019, p. 254.

Nesse sentido, os *smart contracts* não são definidos pelos protocolos informacionais que possibilitam a execução de uma transação em si, mas pelo fato jurídico que altera a esfera das partes envolvidas. Os protocolos são apenas a forma pela qual a vontade das partes foi manifestada e como suas cláusulas foram executadas.

Como indicado, os elementos gerais são indispensáveis à existência de todos os negócios, inclusive dos *smart contracts*. Assim, os elementos intrínsecos estão presentes tal como em qualquer outro negócio jurídico. Já os elementos extrínsecos (agente, tempo e local), esses dependerão do caso concreto, considerando se houve ou não simultaneidade na troca de informações, para classificá-lo como um contrato entre presentes ou ausentes.

Em relação aos elementos categoriais, assim como a manifestação da vontade nos contratos eletrônicos deve ser expressa no meio eletrônico, no *smart contract* a execução do objeto deverá ocorrer por meio de protocolos de transação informatizados e automatizáveis, ainda que parcialmente. Caso o negócio não seja assim executado, o *smart contract* não existirá no mundo jurídico, podendo ser classificado como outro tipo de negócio jurídico.

Diante do exposto, verifica-se que os *smart contracts* existem no ordenamento jurídico brasileiro, bastando verificar, na sequência, os planos da validade e da eficácia dessa modalidade.

4.3.2. Plano da validade

Apenas após superar o plano da existência é possível adentrar no plano da validade do negócio jurídico, o que permite verificar se o negócio é válido ou inválido – e, quando inválido, dividido entre anulável ou nulo. É por meio do plano da validade que uma das partes declara seus interesses, com o objetivo de produzir efeitos jurídicos.

> Entende-se perfeitamente que o ordenamento jurídico, uma vez que autoriza a parte, ou as partes, a emitir declaração de vontade, à qual serão atribuídos efeitos jurídicos de acordo com o que foi manifestado como querido, procure cercar a formação desse especialíssimo fato jurídico de certas garantias, tanto no interesse das próprias partes, quanto no de terceiros e no de toda a ordem jurídica. Afinal – e, nesse ponto, as análises das definições 'objetivas', 'preceptivas' ou 'normativistas' do negócio são esclarecedoras – se a parte ou as partes podem criar direitos, obrigações e outros efeitos jurídicos (relações

jurídicas em sentido amplo, ditas erroneamente 'normas jurídicas concretas'), através do negócio, isto é, formulando declaração de vontade, essa verdadeira fonte jurídica não pode entrar a funcionar, dentro do ordenamento como um todo, sem qualquer regulamentação, sob pena de ser total anarquia; há de se proibir a declaração contrária às normas superiores, há de se cercar de segurança certas declarações que interessam a todos. Se, sob outro ângulo, se permite à vontade humana fixar, em larga escala, o conteúdo da declaração – e aqui são as definições 'voluntaristas' que muito revelam –, e se os efeitos são imputados à declaração segundo o seu conteúdo, é evidente que se há de tentar evitar que ocorram declarações decorrentes de vontades débeis, ou não correspondentes à exata consciência da realidade, ou provenientes de violência imposta sobre a pessoa que a emitiu etc. Pois bem, o direito, ao estabelecer as exigências, para que o negócio entre no mundo jurídico com formação inteiramente regular, está determinando os requisitos de sua validade[380].

Esse plano está relacionado à verificação de elementos complementares, especificamente ao agente capaz, ao objeto lícito, possível, determinado ou determinável e à forma prescrita ou não contrária à lei (art. 104 do Código Civil). Assim, os requisitos de validade se referem às qualidades dos elementos de existência e visam apurar se, apesar de o negócio existir no mundo jurídico, está de acordo com as normas do ordenamento. Portanto, são as exigências previstas pela própria lei para cada um dos elementos do negócio jurídico[381] e que, se presentes, será considerado válido[382].

[380] AZEVEDO, Antônio Junqueira de. **Negócio jurídico**: existência, validade e eficácia. 3. ed. São Paulo: Saraiva, 2000, p. 40-41.

[381] "Em consequência, a conceituação de invalidade deve abranger todos os aspectos que a fomentam, razão por que, para nós, será inválido o negócio desafinado ou destoante com as exigências legais, mercê da inobservância dos pressupostos, ou quando a vontade seja emitida defeituosamente ou, finalmente, quando violados princípios de proteção a certas pessoas. A invalidade, portanto, será sempre um efeito resultante de circunstâncias diversas, de maior ou menor gravidade. Segundo o registro de Passarelli, o negócio jurídico se reputa inválido toda vez que falte um dos elementos constitutivos do negócio típico – vontade, forma ou causa – ou quando a própria causa ou um dos elementos acessórios do negócio concreto – motivos, modalidade – dentro dos limites em que este tem relevância jurídica, seja ilícito, ou a modalidade impossível, ou o objeto ou o sujeito não tenha os requisitos estabelecidos pela lei, ou finalmente, a vontade esteja viciada". ABREU, José. **O negócio jurídico e sua teoria geral**. 2. ed. São Paulo: Saraiva, 1988, p. 311.

[382] AZEVEDO, Antônio Junqueira de. **Negócio jurídico**: existência, validade e eficácia. 4. ed. São Paulo: Saraiva, 2007, p. 42.

Em relação aos elementos intrínsecos, o plano da validade estabelece que a declaração de vontade deve decorrer de um processo volitivo, desenvolvido com consciência da realidade, escolhida mediante liberdade das partes e sem má-fé. O objeto deve ser lícito, possível determinado ou determinável e a forma poderá ser livre, se não estiver prevista em lei.

> O caso mais franco de ileicidade de objeto é o da contravenção a disposição legal expressa. Mas igualmente ilícito é o que envolve contrariedade indireta a norma de ordem pública, pois que não se pode jamais obter por linha travessa aquilo que às escâncaras não pode ser obtido. E nem pode a lei ser minuciosa e casuística, ao ponto de minudenciar a enumeração de tudo que é proibido ou do que é permitido. Dever-se-á apurar, conseguintemente, se o objeto da obrigação afronta diretamente a lei, ou contraria os princípios que compõem a conduta social pautada pelas normas da moral e dos bons costumes. Caberá então apreciar *in concreto* as espécies, a ver se o objeto, por uma ou outra razão, é lícito[383].

Em relação aos elementos extrínsecos, o agente deverá ser capaz e legitimado para exercer determinada função. Ainda, se a lei prever algum tempo ou local adequado para determinada relação jurídica, isso deverá ser observado pelas partes.

A capacidade do agente é um elemento que se torna ainda mais relevante nos contratos eletrônicos, uma vez que os indivíduos podem acessá-lo com grande facilidade, firmando-os a todo o momento mediante simples cliques ou toques. Isso ocorre, por exemplo, nos *videogames*, que possibilitam que agentes relativamente ou absolutamente incapazes firmem contratos na realidade digital.

Nos termos dos arts. 3º e 166 do Código Civil, o negócio jurídico firmado com sujeito absolutamente incapaz (*i.e.*, menor de 16 anos) é nulo – ou seja, não será considerado válido pelo ordenamento jurídico brasileiro. Parte da doutrina esclarece que os "detentores da incapacidade absoluta só podem praticar atos da vida civil mediante o instituto da representação, como regra geral. Supre-se a incapacidade dos absolutamente incapazes pela representação"[384].

[383] PEREIRA, Caio Mário da Silva. **Instituições de direito civil**. v. 2. 10. ed. Rio de Janeiro: Forense, 1990, p. 15.

[384] VENOSA, Sílvio de Salvo. **Direito civil**: parte geral. São Paulo: Atlas, 2018 (*ebook*).

Apesar de nulos, esses negócios produzem efeitos até que essa nulidade seja declarada em procedimento judicial[385]. Segundo a doutrina[386], nos casos de negócios jurídicos celebrados por incapazes, aplica-se a "teoria do ato-fato", segundo a qual, embora o sujeito não tenha capacidade jurídica para a prática de negócio jurídico válido (ato jurídico), esse tem repercussões no mundo jurídico, tal qual um fato da natureza que cause efeito na esfera de direitos dos particulares (por exemplo, uma enchente que cause perda de uma propriedade). Nesses casos, embora o direito não reconheça a validade do negócio jurídico em si, em razão da ausência de requisito de validade do negócio (capacidade do agente), não se nega que o fato produz efeitos no mundo jurídico, como quando um menor adquire bens por meio da internet. Não se nega a validade da compra e venda, ainda que o menor seja absolutamente incapaz.

Ou seja, conclui-se que os negócios jurídicos praticados por absolutamente incapazes, apesar de não serem válidos, excepcionalmente, produzem efeitos. Essa, contudo, é precária[387] – isto é, pode ser alterada a

385 "Duas objeções podem ser levantadas: a) os negócios nulos, que, por produzirem eventualmente efeitos, parece que passam para o plano da eficácia, quando, na verdade, deveriam ficar no plano da validade; [...] é inegável que os casos de efeitos do nulo são exceções no sistema de nulidades e como tais devem ser tratadas. Os efeitos do nulo não são, em sua maior parte, também como havíamos salientado, os efeitos próprios do ato (isto é, os efeitos manifestados como queridos), e, portanto, nesses casos, não se pode dizer que o negócio tenha passado para o plano da eficácia; todavia, ainda quando se trate de eficácia própria, tal e qual ocorre no casamento putativo e em algumas outras poucas hipóteses, tem-se, se pudermos expressar-nos assim, um "furo" na técnica de eliminação com que os negócios são tratados; é a exceção que confirma a regra, tanto mais que, depois de o negócio haver entrado no plano seguinte, o sistema jurídico corrige a falha, impedindo que o negócio continue a produzir efeitos (a entrada dos negócios nulos no plano da eficácia não é, pois, definitiva)". Azevedo, Antônio Junqueira de. **Negócio jurídico**: existência, validade e eficácia. 3. ed. São Paulo: Saraiva, 2000, p. 64.

386 "Excelente exemplo de ato-fato jurídico encontramos na compra e venda feita por crianças. Ninguém discute que a criança, ao comprar o doce no boteco da esquina, não tem a vontade direcionada à celebração do contrato de consumo. Melhor do que considerar, ainda que apenas formalmente, esse ato como negócio jurídico, portador de intrínseca nulidade por força da incapacidade absoluta do agente, é enquadrá-lo na noção de ato-fato jurídico, dotado de ampla aceitação social". Gagliano, Pablo Stolze; Pamplona Filho, Rodolfo. **Novo curso de direito civil**. v. 1. São Paulo: Saraiva, 2003, p. 134.

387 DISTRITO FEDERAL E TERRITÓRIOS. Tribunal de Justiça (6ª Turma Cível). Apelação n. 20150510003653. [...] ATOS PRATICADOS POR RELATIVAMENTE INCAPAZ. NULIDADE. DANO MORAL. INCLUSÃO NO SPC. INEXISTENTE. NOTIFICAÇÃO

qualquer momento se o Poder Judiciário decretar a nulidade do negócio jurídico firmado entre as partes, inclusive com efeitos retroativos.

Já para os negócios jurídicos formados por relativamente incapazes (maiores de 16 anos e menores de 18 anos), o Código Civil estabelece que ele poderá ser anulável[388]. A jurisprudência dos Tribunais de Justiça de Minas Gerais e do Rio Grande do Sul tem se fortalecido no sentido de que os contratos firmados por relativamente incapazes são válidos, desde que o negócio jurídico tenha (i) gerado benefícios ao menor contratante durante a utilização do serviço e; (ii) a contratação tenha ocorrido de forma espontânea, consciente e com pleno conhecimento da obrigação assumida[389]. Esse entendimento decorre do fato de que, a partir dos 16 anos, já existe consciência para compreensão dos atos de contratação:

> há plena consciência para exteriorizar a sua vontade e para compreender um ato de contratação nos moldes aqui configurados, sobretudo, hodiernamente, quando as informações e a tecnologia encontram-se globalmente acessíveis. A doutrina civilista vem elucidando que a limitação ao exercício dos atos civis possui caráter excepcional, devendo a mesma incidir somente nos casos em que o incapaz não apresenta razoável compreensão da vida e dos atos cotidianos[390].

PRÉVIA. I – Os atos praticados por pessoa relativamente capaz não são nulos de pleno direito, produzindo efeitos até que sobrevenha decisão judicial anulando-os [...]. Apelante: Manoel Dias de Sousa Neto. Apelado: Telefonica Brasil S/A. Rel. Des. José Divino de Oliveira, 09 de março de 2016. **Diário da Justiça Eletrônico**, Brasília, n. 51, p. 366, 17 mar. 2016. Disponível em: https://pesquisadje-api.tjdft.jus.br/v1/diarios/pdf/2016/51.pdf#page=366. Acesso em: 20 jul. 2022.

388 BRASIL. Código Civil (2002). "Art. 171.a "Além dos casos expressamente declarados na lei, é anulável o negócio jurídico: I – por incapacidade relativa do agente; II – por vício resultante de erro, dolo, coação, estado de perigo, lesão ou fraude contra credores".

389 Nesse sentido são as apelações n. 1.0521.11.004735-9/001, 1.0713.10.005.182-8/001, 1.0521.11.004735-9/001, 1.0024.06.230049-6/001, 2.0000.00.310990-8/000/TJMG e 1.0000.19.161064-1/001 julgadas pelo Tribunal de Justiça de Minas Gerais e a apelação n. 70051745263 julgada pelo Tribunal de Justiça do Rio Grande do Sul.

390 MINAS GERAIS. Tribunal de Justiça (18ª Câmara Cível). Apelação Cível 1.0702.14.071427-1/001. APELAÇÃO – CONTRATAÇÃO DE SERVIÇO DE TELEFONIA MÓVEL POR RELATIVAMENTE INCAPAZ – CONTRATAÇÃO ESPONTÂNEA E CONSCIENTE – VALIDADE – DÉBITO RECONHECIDO – COMUNICAÇÃO ENVIADA PELO ÓRGÃO MANTENEDOR DO CADASTRO DE RESTRIÇÃO AO CRÉDITO – DANO MORAL – NÃO CONFIGURAÇÃO [...]. Apelante: Heloisa Alves Rodrigues. Apelada: TIM CELULAR S/A.

Será considerado prejudicial apenas o negócio não utilizado sob qualquer forma pelo relativamente incapaz. Assim, se o contrato envolver um serviço efetivamente prestado e utilizado por aquele, será considerado benéfico, consequentemente, o negócio não deverá ser anulado.

Em relação aos elementos categoriais inderrogáveis, decorrentes de uma exigência prevista em lei, as partes não terão a possibilidade de discuti-los. Assim, não há qualquer exigência a impactar diretamente no plano da validade[391]. Por fim, quanto aos elementos particulares, os requisitos de validade devem ser observados nas situações em que o nexo causal esteja vinculado a um evento lícito e não seja contrário à ordem pública, ou quanto à possibilidade de ser exequível[392].

Se alguma das qualidades acima não estiver presente nos elementos do negócio jurídico, esse será inválido, nulo ou anulável: "a ineficácia se traduz sempre numa improdutividade de efeitos, quer se trate de uma negociação válida, regularmente constituída, cujos efeitos não se produzem de logo ou mesmo nunca se produzem, quer se trate de um negócio inválido, anulável ou nulo"[393].

Especificamente tratando dos *smart contracts*, o ordenamento jurídico brasileiro não veda a formação e a execução de contratos no meio eletrônico. Assim, a análise da sua validade deve ser feita como se fossem quaisquer outros negócios jurídicos.

Nos *smart contracts* interativos, em que uma parte oferece condições pré-estabelecidas para outra, não há diferença das características consideradas em relação aos contratos por adesão. Isso porque não é possível negociar os termos determinados por uma das partes, o que é considerado válido pelo ordenamento jurídico brasileiro.

Já em relação aos *smart contracts* intersistêmicos, a automação das obrigações e prestações por intermédio do sistema de programação prévia não alterará os requisitos de validade. Deve, porém, ser observada a boa-fé objetiva, pois é possível que uma das partes tenha um conhecimento

Rel. Des. Mota e Silva, 15 de julho de 2015. **Diário do Judiciário eletrônico**, 22 jun. 2015. Disponível em: https://is.gd/b8WhdR. Acesso em: 29 jun. 2022.

391 AZEVEDO, Antônio Junqueira de. **Negócio jurídico**: existência, validade e eficácia. 3. ed. São Paulo: Saraiva, 2000, p. 69.

392 MELLO, Marco Bernardes de. **Teoria do fato jurídico**: plano da existência. 15. ed. São Paulo: Saraiva, 2008, p. 120-121.

393 ABREU, José. **O negócio jurídico e sua teoria geral**. 2. ed. São Paulo: Saraiva, 1988, p. 312.

muito superior sobre a programação do *smart contract*, gerando uma assimetria de informações, aumentando a possibilidade de uma parte induzir a outra a erro e, eventualmente, prejudicando as relações. Nesse caso, o *smart contract* poderia ser considerado inválido, em razão do dolo de uma das partes, que optou por prejudicar a outra.

Assim, o erro ou a ignorância também poderiam gerar a invalidade do *smart contract*, pois uma parte poderá estabelecer ordens não desejadas no protocolo informacional, por simples desconhecimento das linguagens de programação[394]. Isso se torna ainda mais relevante nos *smart contracts* em razão da imutabilidade das condições acordadas. Nesses casos, eles poderiam ser anulados.

Em relação ao objeto, o fato de o *smart contract* ser executado em um sistema descentralizado – o que permite o anonimato das partes envolvidas – possibilita a existência de contratações envolvendo objetos ilícitos. Esse negócio seria considerado nulo pelo ordenamento jurídico brasileiro, independentemente de se tratar ou não de um *smart contract*.

Por fim, em relação à forma de exteriorização da vontade[395], não há qualquer proibição no ordenamento jurídico brasileiro ao fato de que a contratação seja manifestada e executada eletronicamente, ainda que em linguagem computacional. Compreendido o *smart contract* válido, passa-se a conhecer seu plano de eficácia.

[394] BLOCKCHAIN.COM. Can my transaction be canceled or reversed? **Blockchain support center**, s. l., 07 mar. 2022. Disponível em: https://support.blockchain.com/hc/en-us/articles/211162263-Can-my-transaction-be-canceled-or-reversed-. Acesso em: 29 jun. 2022.

[395] "Trata de ato volitivo, negocial (negócio jurídico) ou mesmo não negocial (ato jurídico *stricto sensu*), é preciso que a vontade tenha sido exteriorizada, declaradamente ou, apenas, manifestada simplesmente, inclusive de modo silente e até tácito. Somente vontade que se pode, ao menos, perceber como dado da experiência é bastante à concreção de suporte factício, não a vontade que permanece interna, as intenções não reveladas, a reserva mental (Código Civil, art. 110). Mesmo quando a norma jurídica faz elemento de seu suporte factício dados psíquicos, como a má-fé, o dolo, o erro etc., há necessidade de que a sua existência possa ser provada, ou, se permitido, ao menos presumida. É possível que a norma jurídica exija que a vontade seja declarada, sem se satisfazer com as manifestações simples, apenas, mas esse é problema que se reveste de importância quando se trata da suficiência e eficiência do suporte factício". MELLO, Marco Bernardes de. **Teoria do fato jurídico**: plano da existência. 22. ed. São Paulo: Saraiva, 2019, p. 145.

4.3.3. Plano da eficácia

Por último, há o plano da eficácia, consistente na possibilidade de o negócio produzir efeitos no mundo jurídico da forma como as partes desejaram (eficácia própria ou típica)[396]. Os fatores de eficácia nada mais são do que os fatos jurídicos extrínsecos ao negócio jurídico, mas que contribuem para se atingir o resultado pretendido.

Sobre a diferença entre eficácia e validade, José Abreu explica:

> numa aferição final e de caráter comparativo entre duas figuras, da invalidade e da ineficácia, poderíamos assinalar que todo negócio inválido é dotado de ineficácia, ao passo que nem todo ato ineficaz é necessariamente inválido. A ineficácia, portanto, é bem mais abrangente que a invalidade e tanto assim é que o conceito de ineficácia *lato sensu* alcança as hipóteses de invalidade. Um outro critério diferencial entre uma e outra figura estaria, segundo a assinalação de Betti, no fato de que na invalidade há uma carência intrínseca do negócio, no seu conteúdo preceptivo; na ineficácia, adverte, pelo contrário, apresenta-se como a resposta mais adequada a um impedimento de caráter extrínseco, que incide sobre o projetado regulamento de interesses, na sua realização prática[397].

Humberto Theodoro Júnior menciona a existência de dois graus de eficácia para o negócio jurídico: o estático e o dinâmico.

> No primeiro, a vontade negocial cria a relação jurídica (isto é, constitui, modifica, transfere ou extingue uma relação de direito) e fixa a sua idoneidade em tese para o fim jurídico almejado. No segundo estágio, já se depara com uma relação jurídica já constituída e parte-se para a realização dos resultados práticos que lhe correspondem[398].

[396] Nesse sentido, cumpre destacar que é possível que um ato nulo seja eficaz, bem como que um ato válido seja ineficaz. Caso um negócio não cumpra os requisitos de existência, isto é, seja nulo, ele produzirá efeitos jurídicos até que haja decisão judicial em sentido contrário. Além disso, é possível que um negócio cumpra os requisitos de validade, mas não seja eficaz. AZEVEDO, Antônio Junqueira de. **Negócio jurídico**: existência, validade e eficácia. 3. ed. São Paulo: Saraiva, 2000, p. 48.

[397] ABREU, José. **O negócio jurídico e sua teoria geral**. 2. ed. São Paulo: Saraiva, 1988, p. 313.

[398] THEODORO JÚNIOR, Humberto. Lesão e fraude contra credores no projeto de novo Código Civil brasileiro. **Revista Jurídica**: doutrina, legislação, jurisprudência, Porto Alegre: Sulina, v. 47, n. 260, p. 133-161, jun. 1999. p. 134.

Já Antônio Junqueira de Azevedo[399] indica três fatores de eficácia:

a) fatores de atribuição de eficácia geral, essenciais para o ato produzir efeitos: trata-se dos contratos vinculados a uma condição suspensiva ou contratos receptícios[400];
b) fatores de atribuição da eficácia diretamente visada, necessários para a efetiva produção dos efeitos desejados pelas partes: é exemplo os fatos envolvendo a legitimidade do agente para determinado negócio jurídico;
c) fatores de atribuição de eficácia mais extensa, que envolvem negócios já plenamente eficazes e que produzem o efeito desejado pelas partes, mas que passam a ser oponíveis contra terceiros ou até a produzir efeitos *erga omnes*: é o caso previsto no art. 288 do Código Civil, ao estabelecer que a transmissão de crédito só será eficaz perante terceiros se celebrada mediante instrumento público, ou particular com as solenidades previstas pelo art. 654, § 4º[401].

Todavia, apesar de um negócio inicialmente existir, ser válido e produzir efeitos, é possível se tornar ineficaz (ineficácia superveniente). Isto ocorre no contrato que, ao longo de sua execução, torna-se extremamente oneroso para uma das partes envolvidas, por isso é desfeito e deixa de produzir efeitos. Outra hipótese seria o caso no qual a ineficácia se deve a um fator relacionado à sua origem, como ocorre com os negócios jurídicos submetidos a um evento futuro[402].

Em síntese, o negócio jurídico pode ter sua eficácia analisada mediante os seguintes fatores: (i) aqueles necessários para o ato produzir efeitos relevantes; (ii) aqueles considerados indispensáveis para o negócio produzir

[399] Azevedo, Antônio Junqueira de. **Negócio jurídico**: existência, validade e eficácia. 3. ed. São Paulo: Saraiva, 2000, p. 55.

[400] As declarações receptícias de vontade passam a produzir efeitos e se tornam eficazes quando chegam no conhecimento da pessoa a que a declaração foi direcionada e, com a integração da proposta e da aceitação, é que surge o vínculo contratual. Gomes, Orlando. **Contratos**. 25. ed. Rio de Janeiro: Forense, 2007, p. 68.

[401] BRASIL. **Lei n. 10.406, de 10 de janeiro de 2002.** Institui o Código Civil. Brasília, DF: Presidência da República, [2002]. Disponível em: http://www.planalto.gov.br/ccivil_03/leis/2002/l10406.htm. Acesso em: 23 jun. 2022.

[402] Pereira, Caio Mário da Silva. **Instituições de direito civil**: contratos. v. 3. 25. ed. Rio de Janeiro: Forense, 2022, p. 52.

os efeitos desejados, embora já seja eficaz entre as partes; e (iii) aqueles que ampliam o campo do negócio que já possui plena eficácia, tornando-o oponível contra terceiros.

No caso dos *smart contracts*, o cumprimento dos termos acordados se dá eletronicamente, evidenciando que as ordens escritas em linguagem de computação sejam feitas corretamente para produzir os efeitos desejados pelas partes. Se houver erro, os efeitos serão diferentes daqueles manifestados pelas partes – afinal, não é possível discutir a interpretação dos termos ou alterações posteriores nas cláusulas do *smart contract*. Nem mesmo os magistrados teriam a capacidade de fazê-lo deixar de produzir efeitos, ainda que o reconheça nulo.

Portanto, os fatos de eficácia dos *smart contracts* são os mesmos dos outros negócios jurídicos, com a diferença de que são indicados em linguagem de computação e protocolos informatizados autoexecutáveis. Cláusulas com condição suspensiva poderiam ser inseridas e automaticamente executadas, nos casos em que o gatilho previsto para aquela condição seja ativado. Cláusulas que sujeitem uma operação à autorização específica de um terceiro – e executadas autonomamente pelo *smart contract* – poderiam ser consideradas fator de atribuição de eficácia efetivamente visada. No caso dos fatores de atribuição de eficácia mais extensa, seria possível prever, após o registro de determinada operação, o pagamento automático dos custos notariais para serem concedidos efeitos *erga omnes* à operação desenvolvida mediante *smart contract*.

Em conclusão, este capítulo apresentou a tecnologia utilizada como base para a formação dos *smart contracts* por meio da indicação de conceitos introdutórios de *blockchain*, *machine learning* e *deep learning*, a origem histórica, a definição e os planos de existência, validade e eficácia específicos dessa forma de contratação. A seguir, será tratada a responsabilidade civil no *smart contract*. Em razão das suas características singulares, é essencial verificar os danos eventualmente gerados nesse negócio jurídico e, consequentemente, a responsabilidade dos agentes envolvidos.

5
RESPONSABILIDADE CIVIL NOS *SMART CONTRACTS*

Este capítulo trata da aplicação da responsabilidade civil como consequência dos danos gerados em relações jurídicas formalizadas por meio de *smart contracts*. A falta de conhecimento dos critérios existentes para se verificar o responsável por eventuais danos leva o direito a não apresentar uma resposta adequada aos agentes lesados, conforme será demonstrado por meio de casos concretos. Por isso, apresenta-se uma proposta de classificação da responsabilidade civil subjetiva aos agentes envolvidos nessa relação jurídica, que não são apenas as partes, mas englobam os programadores e os desenvolvedores responsáveis pela implementação da tecnologia.

5.1. Implicações decorrentes da falta de regulamentação dos critérios para verificação do responsável por danos gerados no âmbito dos *smart contracts*

Os *smart contracts* têm o potencial de gerar inúmeros benefícios para transações comerciais. Seu uso reduz a probabilidade de inadimplemento, eventuais violações contratuais e erros na observância dos termos acordados. Todavia, também leva ao enfrentamento de novos desafios, como a verificação da segurança cibernética, privacidade e eventuais atividades *hackers*, além de ser redigido em linguagem de programação, o que o torna vulnerável a falhas em seu funcionamento e a erros de programação. Esses últimos são um dos principais pontos de atenção dos *smart contracts*.

Diversamente dos contratos tradicionais, os *smart contracts* são executados autonomamente por um protocolo informacional. Assim, se houver algum erro técnico em sua linguagem, o adimplemento dos termos será prejudicado, impactando a observância da vontade das partes. Essa situação se agrava ainda mais pelo fato de o conteúdo do *smart contract* não poder ser interrompido ou modificado, facilitando a ocorrência de ataques de *hackers*.

O protocolo informacional deve refletir a real intenção dos envolvidos no negócio jurídico. Em regra, as partes não são capazes de criar o *smart contract* pois se exige o conhecimento de uma linguagem complexa, ou seja, sua efetividade dependerá da correta tradução da vontade para a linguagem de programação. Assim, é possível haver um descompasso entre aquela e o conteúdo do protocolo, seja em razão da não compreensão dos termos acordados, seja pela incapacidade do programador em descrever determinado negócio jurídico, o que evidencia ainda mais a relevância de uma comunicação efetiva entre as partes e aquele que o traduzirá.

Assim, o problema envolvido é justamente verificar a responsabilidade civil pelos danos causados como consequência das situações acima descritas. Todos os computadores que sustentam a plataforma são diretamente responsáveis pela validação dos dados e pela funcionalidade do protocolo, em razão da sistemática descentralizada de funcionamento de *blockchain*. Ao mesmo tempo, nenhum computador é de fato responsável pelos termos nele inseridos.

Como é notório, a responsabilidade civil deve se adequar ao desenvolvimento tecnológico e consequentes desafios. Isto porque, um regime jurídico deficiente pode impactar diretamente no potencial de uma tecnologia em razão da insegurança existente[403].

Assim, se o *smart contract* não for executado da forma desejada pelas partes e, consequentemente, causar algum tipo de dano aos envolvidos, será necessário verificar, segundo o ordenamento jurídico, quem será responsabilizado. É preciso confirmar: (i) a ação ou omissão que causou aquele resultado; (ii) o nexo de causalidade entre a ação e o resultado; e (iii) se o resultado é realmente um dano para uma ou ambas as partes.

Mas os *smart contracts* possuem um aspecto adicional: a capacidade de o ser humano controlar a tecnologia desenvolvida e garantir a observância dos termos acordados entre as partes, independentemente da autonomia e da complexidade da tecnologia. Assim, nessa relação estão envolvidos

[403] MONTEIRO FILHO, Carlos Edison do Rêgo; ROSENVALD, Nelson. Riscos e responsabilidades na inteligência artificial e noutras tecnologias digitais emergentes. *In*: SILVA, Rodrigo da Guia; TEPEDINO, Gustavo (coord.). **O direito civil na era da inteligência artificial**. São Paulo: Thomson Reuters Brasil, 2020, p. 543-564, p. 545.

não só os contratantes, mas desenvolvedores, programadores, proprietários e operadores dos sistemas responsáveis pela validação do protocolo informacional[404].

Nesse sentido, a Microsoft assim se manifestou na Comissão de Valores Mobiliários dos EUA em 2018, ao tratar do desenvolvimento tecnológico e impactos que seu uso pode causar:

> como muitas inovações disruptivas, a IA apresenta riscos e desafios que podem afetar sua adoção e, portanto, nossos negócios. Os algoritmos de IA podem ter falhas. Os conjuntos de dados podem ser insuficientes ou conter informações tendenciosas. Práticas inapropriadas ou controversas de dados da Microsoft ou de terceiros podem prejudicar a aceitação de soluções de IA. Essas deficiências podem minar as decisões, previsões ou análises que os aplicativos de IA produzem, sujeitando-nos a danos competitivos, responsabilidade legal e danos à marca ou à reputação. Alguns cenários de IA apresentam problemas éticos. Se habilitarmos ou oferecermos soluções de IA controversas por causa de seu impacto nos direitos humanos, na privacidade, no emprego ou em outras questões sociais, podemos sofrer danos à marca ou à reputação[405] (tradução nossa).

Isso significa que a imputação da responsabilidade civil é de fato uma preocupação dos *players* que utilizam inovações tecnológicas. Não por outro

[404] ANDRIGHI, Fátima Nancy. O surgimento da tecnologia *blockchain* e dos contratos inteligentes (*smart contracts*): funcionamento e desafios jurídicos. *In*: YARSHELL, Flávio Luiz; PEREIRA, Guilherme Setoguti J. (coord.). **Processo societário**. v. 3. São Paulo: Quartier Latin, 2018, p. 605-618, p. 614.

[405] No original: "*as with many disruptive innovations, AI presents risks and challenges that could affect its adoption, and therefore our business. AI algorithms may be flawed. Datasets may be insufficient or contain biased information. Inappropriate or controversial data practices by Microsoft or others could impair the acceptance of AI solutions. These deficiencies could undermine the decisions, predictions, or analysis AI applications produce, subjecting us to competitive harm, legal liability, and brand or reputational harm. Some AI scenarios present ethical issues. If we enable or offer AI solutions that are controversial because of their impact on human rights, privacy, employment, or other social issues, we may experience brand or reputational harm*". ESTADOS UNIDOS DA AMÉRICA. Comissão de Valores Mobiliários. **Microsoft Corporation**: Form 10-K. Annual Report Pursuant to Section 13 or 15(D) of the Securities Exchange Act of 1934 for the Fiscal Year ended June 30, 2018. Washington, D.C., 03 ago. 2018. Disponível em: https://www.sec.gov/Archives/edgar/data/789019/000156459018019062/msft-10k_20180630.htm. Acesso em: 29 jun. 2022, parte I, item 1A.

motivo, o Grupo Europeu de *Experts* em Responsabilidade Civil e Novas Tecnologias indicou que os principais desafios gerados pelas novas tecnologias digitais à responsabilidade civil são[406]:

a) complexidade: o desenvolvimento tecnológico levou os *smart contract* e outras tecnologias a serem compostas por formas de interação que exigem alta sofisticação técnica, o que é agravado com o uso da IA. A existência de diversos atores no espaço cibernético e a complexidade dos protocolos informacionais e dos algoritmos dificultam ainda mais a verificação do responsável por determinado dano;
b) opacidade: a intensificação da complexidade das tecnologias dificulta o entendimento sobre os algoritmos e os protocolos informacionais, razão pela qual recomenda-se a existência de "caixas pretas" contendo os dados das operações realizadas pela máquina – ou seja, documentos detalhados que permitam a identificação, em formato a ser lido pelos humanos, das causas geradoras daquele evento lesivo;
c) abertura: diversamente do ocorrido com produtos tradicionais, as tecnologias digitais dependem de diversos tipos de contribuições; é necessária, inclusive, a interação com outros sistemas ou fontes para a produção dos efeitos desejados, o que também impacta na responsabilidade;
d) autonomia: o *smart contract* tem dentre suas principais características a autonomia, ou seja, não depende de terceiros para o cumprimento dos seus termos. Nesse sentido, o *machine learning* e o *deep learning* garantem que a máquina aprenda por intermédio de suas próprias experiências, podendo evoluir mediante o processamento de novos dados. Assim, é possível, em algumas situações, a máquina agir de forma inesperada e imprevisível, principalmente quando ocorre o uso da IA. No caso do *smart contract*, apesar de não necessariamente haver o uso da IA, o fato de os termos serem cumpridos diretamente pela máquina leva ao risco da sua observância não estar de acordo com a efetiva vontade das partes;

[406] MONTEIRO FILHO, Carlos Edison do Rêgo; ROSENVALD, Nelson. Riscos e responsabilidades na inteligência artificial e noutras tecnologias digitais emergentes. *In*: SILVA, Rodrigo da Guia; TEPEDINO, Gustavo (coord.). **O direito civil na era da inteligência artificial**. São Paulo: Thomson Reuters Brasil, 2020, p. 543-564, p. 546-548.

e) imprevisibilidade: alguns sistemas são projetados para identificar novos estímulos, por isso, podem ter uma reação não necessariamente programada. Consequentemente, é possível ocorrerem situações não previstas pelas partes;
f) vulnerabilidade: todo sistema submetido ao mundo cibernético está sujeito a violações de segurança, o que pode prejudicar seu funcionamento ou modificar recursos, aumentando a probabilidade da ocorrência de danos.

A evolução das tecnologias digitais leva à necessidade de se verificar alguns aspectos da responsabilidade civil para se entender como se aplica aos *smart contracts*. No ordenamento jurídico brasileiro, a responsabilidade civil está prevista tanto no Código Civil quanto no Código de Defesa do Consumidor – nesta publicação, abordam-se apenas as relações regidas pelo primeiro, em que as partes envolvidas não possuem qualquer tipo de hipossuficiência e vulnerabilidade entre si.

A característica da autoexecutoriedade dos *smart contracts* determina que o dever de indenização decorrente de danos causados pelo seu uso depende da individualização da conduta lesiva. Conduta essa que pode decorrer dos programadores de *software*, daqueles que supervisionam ou manejam o sistema ou da pessoa natural ou jurídica proprietária da tecnologia, além de outros agentes eventualmente inseridos, a depender da relação[407]. Carlos Edison do Rêgo Monteiro Filho e Nelson Rosenvald exemplificam essa situação:

> alguns cenários ilustram essa variedade de possibilidades: a) quem opera tecnologia permitida, mas que acarrete agravamento de risco de violação da esfera de outras pessoas – *v.g.*, robôs movidos por IA em espaços públicos – sujeitar-se-á à responsabilidade objetiva por danos resultantes de sua operação; b) nas situações em que um fornecedor de serviços garanta a estrutura técnica necessária e tenha um grau de controle mais alto do que o real proprietário ou usuário de um produto/serviço equipado com IA, isso será levado em consideração na determinação de quem primariamente opera a tecnologia e, consequentemente, na responsabilização; c) quem utiliza tecnologia que

[407] Monteiro Filho, Carlos Edison do Rêgo; Rosenvald, Nelson. Riscos e responsabilidades na inteligência artificial e noutras tecnologias digitais emergentes. *In*: Silva, Rodrigo da Guia; Tepedino, Gustavo (coord.). **O direito civil na era da inteligência artificial**. São Paulo: Thomson Reuters Brasil, 2020, p. 543-564, p. 549.

possui um certo grau de autonomia não deve ser menos responsável pelos danos daí resultantes, em comparação com a tradicional casuística de danos causados por auxiliares humanos; d) fabricantes de produtos ou conteúdo digital que incorporam tecnologias digitais emergentes devem ser responsáveis por danos causados por defeitos em seus produtos, mesmo que o defeito tenha sido causado pelas alterações feitas no produto sob controle do fornecedor após ter sido colocado no mercado; e) nas situações que exponham terceiros a um risco aumentado de dano, o seguro obrigatório de responsabilidade civil oferece às vítimas um efeito acesso à compensação e, simultaneamente, protege possíveis infratores contra o risco de responsabilidade; f) vítimas devem contar com normas de facilitação de prova, sendo apropriado que tecnologias digitais emergentes possuam recursos de registro do fabricante, titular, características técnicas e as atividades que o robô realiza, consistindo a falha no acesso razoável aos dados registrados um dado objetivo que aponte para a inversão do ônus da prova; g) a destruição dos dados da vítima resultará em um dano compensável sob condições específicas; h) por fim, um questionamento: em futuro próximo, será necessário atribuir personalidade jurídica a dispositivos ou sistemas autônomos, ou danos que eles eventualmente causem podem e devem ser atribuídos a pessoa ou organismos existentes[408]?

A falta de regulamentação ou posicionamento doutrinário e jurisprudencial nesse sentido leva a situações que, apesar de envolverem danos, não são devidamente respondidas ou tratadas adequadamente pelo direito. Para ilustrar o problema envolvendo a responsabilidade decorrente de danos causados nos *smart contrats*, é imperioso analisar os casos a seguir.

5.1.1. Estudo de caso: Decentralized Autonomous Organization

A *Decentralized Autonomous Organization* (DAO) – em tradução nossa, Organização Autônoma Descentralizada – era um fundo de risco autônomo executado dentro da plataforma Ethereum[409]. Criada com o objetivo de

[408] Monteiro Filho, Carlos Edison do Rêgo; Rosenvald, Nelson. Riscos e responsabilidades na inteligência artificial e noutras tecnologias digitais emergentes. *In*: Silva, Rodrigo da Guia; Tepedino, Gustavo (coord.). **O direito civil na era da inteligência artificial**. São Paulo: Thomson Reuters Brasil, 2020, p. 543-564, p. 550.

[409] Jentzsch, Christoph. The history of the DAO and lessons learned. **slock.it blog**, s. l., 24 ago. 2016. Disponível em: https://blog.slock.it/the-history-of-the-dao-and-lessonslearned-d06740f8cfa5. Acesso em: 07 jul. 2022.

arrecadar fundos para financiar projetos, por meio de *crowdfunding* obteve US$ 150 milhões, e foi lançada em 2016 prometendo um novo modelo de negócio descentralizado. Após a realização de uma *Initial Coin Offering*[410], foram distribuídos *tokens* virtuais da DAO, garantindo uma participação acionária na plataforma, juntamente com direito a voto[411].

Assim, a DAO funcionava como um fundo de investimento em projetos promissores a ser executado de forma autônoma[412]. Sua organização decorria de *smart contracts* que atuavam como uma espécie de fundo de *venture capital* para criptomoedas.

Por intermédio da plataforma, os contratantes submetiam propostas no sistema para serem avaliadas pelos curadores. Se a proposta fosse aprovada, concedia-se um financiamento para executar a atividade. A plataforma não utiliza pessoas físicas em sua atividade e não há qualquer autoridade central considerada como responsável, mas apenas *softwares* e curadores[413] que auxiliam nas operações e garantem sua segurança.

Ocorre que o protocolo informacional do *smart contract* da DAO não foi protegido adequadamente, o que levou um usuário a descobrir uma combinação de vulnerabilidades do sistema que permitiu o desvio de aproximadamente US$ 50 milhões[414] investidos em Ether, a criptomoeda da

[410] Trata-se de um método que visa arrecadar fundos para serem utilizados em um projeto relacionado com o setor de criptomoedas – seu funcionamento é como um *crowdfunding* (financiamento coletivo). Aqueles que apoiarem o projeto têm acesso a um *token* na *Blockchain*. BALBI, Fernanda Menezes. Cultura, instituições e sustentabilidade: novos horizontes para a gestão de projetos. **Revista do BNDES**, Rio de Janeiro, v. 26, n. 52, p. 67-108, dez. 2019. Disponível em: https://web.bndes.gov.br/bib/jspui/bitstream/1408/19580/1/PRPer76157_RBNDES_v26n52.pdf. Acesso em: 20 jul. 2022, p. 81.

[411] A DAO não possuía diretores, gerentes ou funcionários, eis que sua estrutura de governança é constituída em *smart contracts* e executados em plataforma de *blockchain* descentralizada pública. Diante disso, seus investidores possuem controle direto e em tempo real sobre os fundos contribuídos e distribuídos. FENWICK, Mark; VERMEULEN, Erik P. M. The lawyer of the future as "transaction engineer": digital technologies and the disruption of the legal profession. *In:* CORRALES, Marcelo; FENWICK, Mark; HAAPIO, Helena. **Legal tech, smart contracts and blockchain**. Singapore: Springer, 2019, p. 253-272.

[412] KOLBER, Adam J. Not-so-smart blockchain contracts and artificial responsibility. **Stanford Technology Law Review**, Stanford, v. 21, n. 2, p. 198-234, 2018. Disponível em: https://www-cdn.law.stanford.edu/wp-content/uploads/2018/09/Kolber_LL_20180910.pdf. Acesso em: 07 jul. 2022, p. 200.

[413] Grupo de signatários da plataforma.

[414] POPPER, Nathaniel. A hacking of more than $50 million dashes hopes in the world of virtual currency. **The New York Times**, s. l., 17 jun. 2016. DealBook Business & Policy. Disponível

plataforma. Isso porque, ao programar o *smart contract* da DAO, foram estabelecidos dois fluxos de informações: o primeiro deles enviava os fundos solicitados a determinado projeto e apenas em um segundo momento era feita a contabilidade (segundo fluxo). Isso permitiu que um único contratante apresentasse diversos pedidos seguidos sem a aprovação da contabilidade, disponibilizando milhões de dólares em Ether sem que a fraude fosse apurada[415].

Isso significa que havia uma vulnerabilidade[416] na codificação do *smart contract* da DAO a permitir uma transferência sucessiva de fundos para um indivíduo ou organização. Não foi possível ter acesso à informação de quem seria o destinatário dos valores em razão da anonimização garantida pelo sistema *blockchain*[417].

Parte dos integrantes da organização e dos mineradores[418] indicaram que isso seria uma previsão do próprio *smart contract* e, com isso, a transferência dos valores, ainda que tivesse ocorrido de forma fraudulenta, deveria ser considerada válida e respeitada, já que o "código é lei" e deve ser observado. O restante dos integrantes optou por desfazer suas operações[419].

em: http://nytimes.com/2016/06/18/business/dealbook/hacker-may-have-removed-more-than-50-million-from-experimental-cybercurrency-project.html. Acesso em: 05 jun. 2020.

[415] Kolber, Adam J. Not-so-smart blockchain contracts and artificial responsibility. **Stanford Technology Law Review**, Stanford, v. 21, n. 2, p. 198-234, 2018. Disponível em: https://www-cdn.law.stanford.edu/wp-content/uploads/2018/09/Kolber_LL_20180910.pdf. Acesso em: 07 jul. 2022, p. 202.

[416] Mukhopadhyay, Mayukh. **Ethereum smart contract development**. Mumbai: Packt, 2018, p. 162.

[417] Cardoso, André Guskow; Talamini, Eduardo. *Smart contracts*, "autotutela" e tutela jurisdicional. *In*: Alvim, Teresa Arruda; Belizze, Marco Aurélio; Cabral, Trícia Navarro Xavier; Mendes, Aluisio Gonçalves de Castro (coord.). **Execução civil**: novas tendências. Indaiatuba: Foco, 2022, p. 163-211, p. 173.

[418] Mineradores são sujeitos que integram a rede de *blockchain* com o objetivo de utilizar a capacidade computacional para encontrar soluções para problemas matemáticos que forem estabelecidos pela rede para que informações sejam registradas em blocos. Ao "minerar" o bloco e, com isso, resolver os problemas matemáticos, o indivíduo receberá uma recompensa em criptoativos ou criptomoedas. Piscitelli, Tathiane. Criptomoedas e os possíveis encaminhamentos tributários à luz da legislação nacional. **Revista Direito Tributário Atual**. São Paulo: Instituto Brasileiro de Direito Tributário, n. 40, p. 537-554, 2018. Doutrina nacional. Disponível em: https://revista.ibdt.org.br/index.php/RDTA/article/view/1507. Acesso em: 07 jul. 2022, p. 541-542.

[419] Cardoso, André Guskow; Talamini, Eduardo. *Smart contracts*, "autotutela" e tutela jurisdicional. *In*: Alvim, Teresa Arruda; Belizze, Marco Aurélio; Cabral, Trícia Navarro

A situação gerou uma divisão no Ethereum[420], que deu origem ao *Ethereum classic*, mantida por aqueles que acreditavam que o desvio de fundos não poderia ser alterado, visto que isso estava previsto no *smart contract*. No *Ethereum* atual, foram desfeitas as transferências indevidas.

Isso significa que na hipótese de haver uma grande mobilização da comunidade mantenedora de uma rede, os desenvolvedores e programadores da plataforma poderão alterar os registros de blocos que executam os comandos, o que diverge da afirmação da impossibilidade de interrupção de comandos nos *smart contracts*. De toda forma, não se trata de algo simples a ser feito, mesmo se houver decisão judicial nesse sentido, até porque as plataformas estão distribuídas em diversos países e jurisdições.

No caso em referência, não houve perda real dos valores, pois a rede Ethereum garantia como mecanismo de segurança um período de retenção se houvesse tentativa de desvio ou invasão do sistema. No entanto, houve questionamentos acerca da responsabilidade decorrente da invasão ao sistema da DAO e, consequentemente, de quem deveria responder pelos danos causados aos usuários da plataforma, por conta de uma vulnerabilidade causada exclusivamente pelo próprio sistema.

O fato de a plataforma ter sido concebida como uma rede descentralizada fez com que não houvesse uma estrutura hierárquica para se tomar decisões que demandassem respostas imediatas. "A falta de autoridade centralizada necessária para tomar decisões rápidas foi sentida fortemente ao longo da história da DAO. Esta é, no entanto, a natureza dos sistemas descentralizados, e é ao mesmo tempo uma bênção e uma maldição"[421].

O caso analisado da DAO evidencia que as organizações descentralizadas podem sofrer com problemas de governança, já que não há uma autoridade a tomar decisões no momento de crise. Essa situação gera uma delegação do controle da relação existente entre as partes para o *smart*

Xavier; Mendes, Aluisio Gonçalves de Castro (coord.). **Execução civil**: novas tendências. Indaiatuba: Foco, 2022, p. 163-211, p. 174.

420 Mukhopadhyay, Mayukh. **Ethereum smart contract development**. Mumbai: Packt, 2018, p. 162.

421 Jentzsch, Christoph. The history of the DAO and lessons learned. Slock.it Blog, s. l., Aug. 24, 2016 *apud* Lima Junior, João Manoel; Porto, Antônio Maristrello; Silva, Gabriela Borges. Tecnologia blockchain e direito societário – aplicações práticas e desafios para a regulação. **Revista de Informação Legislativa**, Brasília, ano 56, n. 223, p. 11-30, jul.-set. 2019. Disponível em: https://www12.senado.leg.br/ril/edicoes/56/223/ril_v56_n223_p11. Acesso em: 25 jun. 2022, p. 19.

contract, o que impacta na determinação da responsabilidade decorrente dos danos gerados, já que não há ação ou omissão de um sujeito ou instituição específica que possa se relacionar diretamente ao dano. A falta de regulamentação nesse sentido impossibilitou aos integrantes da plataforma serem compensados em razão dos danos gerados pela sistemática do *smart contract* da DAO.

5.1.2. Estudo de caso: Parity

Além do exemplo da DAO, outras situações evidenciaram a falha no sistema autoexecutável do *smart contract*. É o caso *Parity*, que envolveu um prejuízo de aproximadamente US$ 150 milhões[422] referente à *Parity Technologies*, uma organização sem fins lucrativos que desenvolvia *softwares* para a infraestrutura da rede, criada por um dos cofundadores da Ethereum.

Nesse sistema, foi criado o produto *Parity*, que possibilitava o acesso às funções básicas do Ether (criptomoeda da plataforma) e a interação com outros *smart contracts*. Além disso, foram projetadas as Carteiras *Multisignature*, (*multi-sig*) – *smart contracts* que gerenciavam criptoativos mediante diversas aprovações e assinaturas para a realização de transações e funcionava como uma proteção contra ataques *hackers* direcionados a detentores de ativos.

Todavia, uma vulnerabilidade no protocolo informacional do *smart contract* permitiu que, em novembro de 2017, um usuário de uma carteira tradicional a transformasse em uma carteira *muti-sig*. Em razão dessa vulnerabilidade, esse usuário passou a ser membro de todas as carteiras *multi-sig* do sistema. Posteriormente, ele desativou a própria conta, congelando todos os ativos incluídos no *Parity*[423], totalizando aproximadamente US$ 150 milhões de dólares em Ether[424].

Para liberar o referido valor, seria necessária a aprovação desse usuário que não era mais um integrante da rede, o que inviabilizou qualquer solução cabível para a situação. Ademais, como os *smart contracts* são imu-

[422] Fuertes, Rechelle Ann. $150 million worth of ethereum frozen due to parity vulnerability. **Edgy**, s. l., 08 nov. 2017. Technology. Disponível em: https://edgy.app/parity-vulnerability-saw-over-150-million-worth-of-ethereum-inaccessible. Acesso em: 07 jul. 2022.

[423] Mukhopadhyay, Mayukh. **Ethereum smart contract development**. Mumbai: Packt, 2018, p. 263.

[424] Alois, JD. Ethereum parity hack may impact ETH 500,000 or $ 146 million. **Crowdfund insider**, s. l., 07 nov. 2017. Disponível em: https://www.crowdfundinsider.com/2017/11/124200-ethereum-parity-hack-may-impact-eth-500000-146-million/. Acesso em: 29 jun. 2022.

táveis e, nesse caso, não foi prevista nenhuma possibilidade de alteração dos seus termos, não foi possível descongelar o montante, que permanece bloqueado até hoje.

Portanto, essa vulnerabilidade crítica na *Parity* permitiu um usuário impossibilitar o uso de algumas carteiras *multi-sig* e bloquear o acesso de outros aos seus fundos. A extensão desse prejuízo superou o maior *hack* de *smart contracts* até então, que havia resultado na perda de mais de US$ 50 milhões em valor – o caso DAO, indicado acima.

A partir disso, é necessário explorar a responsabilidade civil decorrente dos danos causados por falhas no protocolo informacional do *smart contract*, que, consequentemente, causam danos aos sujeitos envolvidos naquela relação. A falta de compreensão da tecnologia utilizada e sua forma de funcionamento levam o direito a não garantir a restituição ao *status quo ante* aos sujeitos prejudicados, razão pela qual trata-se a seguir da responsabilidade pelos danos gerados em um negócio jurídico formalizado via *smart contract*.

5.2. Possível solução no âmbito da responsabilidade civil decorrente de danos gerados pela autoexecutoriedade do *smart contract*

Os riscos e eventuais danos decorrentes da utilização de novas tecnologias se submetem ao sistema clássico de responsabilidade civil. Isso porque, diversamente do ocorrido na Europa, o ordenamento jurídico brasileiro não possui regras específicas para tratar da responsabilidade civil aplicável aos danos decorrentes de tecnologias emergentes, todavia, possui elementos suficientes para tratar dos desafios gerados pelos avanços tecnológicos.

Como reiterado ao longo desta obra, os *smart contracts* são formados por protocolos informacionais sofisticados, escritos por desenvolvedores e programadores que conhecem tanto os potenciais quanto as fraquezas da linguagem utilizada na definição dos termos acordados. É possível, porém, que o programador cometa equívocos ao definir seus termos, ou que as partes não transmitam precisamente o que de fato pretendiam com aquele negócio jurídico.

Assim, as partes devem considerar as consequências decorrentes dessas hipóteses para garantir uma alocação apropriada do risco, além de verificar a responsabilidade dos envolvidos. Paralelamente, os desenvolvedores e programadores também devem confirmar que o objeto do *smart contract* é lícito e será utilizado para fins legais, sob pena de também serem responsabilizados.

Em razão da relevância da figura do programador (pessoa jurídica ou física responsável pelo desenvolvimento e programação do *smart contract*) nessa relação jurídica, a responsabilidade civil poderá ser-lhe imputada se as partes sofrerem danos pela execução do contrato. Isso porque o adimplemento não depende das partes, mas da autoexecutoriedade garantida pelo sistema.

Antes de tratar do dano decorrente do inadimplemento ou das consequências negativas em razão do cumprimento inadequado do *smart contract* – principal objeto dessa publicação – destaca-se a responsabilidade das partes pela inobservância do contrato preliminar que antecede o desenvolvimento do *smart contract*.

Nessa hipótese, caso as partes tenham negociado e definido o texto final a ser utilizado para estabelecer as premissas e as cláusulas do *smart contract* e uma delas interrompa as negociações antes da finalização do seu desenvolvimento, a parte prejudicada poderá requerer a execução específica dos termos acordados, seja por meio da utilização do contrato preliminar como contrato definitivo, seja por meio da elaboração e da finalização do *smart contract* em si. Caso não seja o interesse das partes, poderá estar previsto no próprio contrato preliminar, evitando eventual execução específica, inclusive com a indicação do valor devido a título de danos decorrentes de responsabilidade pré-contratual[425].

O *smart contract* é uma tecnologia emergente, que envolve risco, o que não significa ser uma tecnologia perigosa. Hoje, a maior parte das atividades empresariais – senão todas – envolvem riscos ou possuem algum risco inerente a sua atividade, o que não necessariamente justifica a imputação de responsabilidade objetiva.

> A aplicação generalizada do regime objetivo a toda e qualquer atividade em tempos de novas tecnologias, pela suposta onipresença do risco, levaria ao abandono definitivo da culpa na responsabilidade civil – tendência com a qual se deve ter cautela à luz do modelo de responsabilidade civil subjetiva (ao menos ainda) presente nos arts. 186 e 927, *caput*, do Código Civil Brasileiro[426].

[425] GENTILE, Nicolino; LORUSSO, Donato Silvano; TOMASSETTI, Bianca. Responsabilità e danno nell'ambito degli smart legal contrract. *In*: BENEDETTI, Mario. **Manuale responsabilità e risarcimento** – profili sostanziali e processual. Milão: Gruppo24Ore, 2022, p. 557-584.

[426] QUEIROZ, João Quinelato de. Responsabilidade civil no uso da inteligência artificial. *In:* SILVA, Rodrigo da Guia; TEPEDINO, Gustavo (coord.). **O direito civil na era da Inteligência Artificial**. São Paulo: Thomson Reuters Brasil, 2020, p. 585-608, p. 590.

Otavio Luiz Rodrigues Júnior, Gladston Mamede e Maria Vital da Rocha criticam a aplicação generalizada do art. 927, parágrafo único, do Código Civil sinalizando que "há riscos socialmente aceitáveis e não parece justo impor regra fixa que aloque os custos relativos a esses riscos exclusivamente na conta de um grupo social"[427].

Portanto, para se aprofundar no tema, é necessário analisar as diversas teorias relacionadas ao risco do negócio jurídico[428], dentre elas: (i) teoria do risco da atividade; (ii) teoria do risco proveito; (iii) teoria do risco criado; (iv) teoria do risco integral; (v) teoria do risco excepcional; (vi) teoria do risco de desenvolvimento. Cada uma delas é trabalhada a seguir.

Segundo a teoria do risco da atividade, "alguém incorre na obrigação de indenizar, independentemente de culpa, sempre que produzidos danos no decurso de atividades determinadas"[429] – ou seja, aquele que cria o risco deve suportar sua efetivação, independente de culpa. Assim, quem exercer uma atividade que gerar um risco para terceiros deverá repará-lo, deslocando a noção de culpa para a ideia do risco da atividade.

Nesse mesmo sentido, há também a teoria do risco proveito, fundamentada no princípio *ubi emolimentum ibi onus*. Ela prevê que todo aquele que obtém lucro ou benefício econômico por um produto ou serviço oferecido responderá por eventuais danos, independentemente da comprovação de dolo ou culpa.

> A teoria do risco-proveito é adotada nas situações em que o risco decorre de uma atividade lucrativa, ou seja, o agente retira um proveito do risco criado, como nos casos envolvendo os riscos de um produto, relacionados com a res-

[427] MAMEDE, Gladston; ROCHA, Maria Vital da; RODRIGUES JÚNIOR, Otavio Luis. **Responsabilidade civil contemporânea**. São Paulo: Atlas, 2011, p. 93.

[428] "A ascensão da responsabilidade objetiva, posto tenha conduzido à retração da responsabilidade subjetiva, não a eliminou ou a substituiu. Culpa e risco encerram, contemporaneamente, dois paradigmas sobre os quais se erguem, de um lado, a responsabilidade subjetiva, tendo por fonte o ato ilícito, e, de outro, a responsabilidade objetiva, mediante opção legislativa de alocação de riscos a certos agentes econômicos ou a certas atividades. Assim é que, no âmbito de relações interindividuais, a aplicação das regras da responsabilidade subjetiva se afigura necessária e bastante frequente, ao passo que a incidência da responsabilidade objetiva tem sido reservada às hipóteses especificamente previstas em lei". GUEDES, Gisela Sampaio da C.; TEPEDINO, Gustavo; TERRA, Aline de Miranda V. **Fundamentos do direito civil**: responsabilidade civil. v. 4. Rio de Janeiro: Forense, 2020, p. 131.

[429] MORAES, Maria Celina Bodin de. Risco, solidariedade e responsabilidade objetiva. **Revista Trimestral de Direito Civil**, São Paulo: RT, v. 95, n. 854, p. 11-37, dez. 2006, p. 15.

ponsabilidade objetiva decorrente do Código de Defesa do Consumidor. Dentro da ideia de risco-proveito estão os riscos de desenvolvimento. Exemplificando, deve uma empresa farmacêutica responder por um novo produto que coloca no mercado ou que ainda esteja em fase de testes[430].

Já segundo a teoria do risco criado, ainda que não haja lucro, aquele que desenvolveu uma atividade expondo terceiros deverá responder por eventuais danos causados: "compreende a reparação de todos os fatos prejudiciais decorrentes de uma atividade exercida em proveito do causador do dano"[431], conforme esclarece Caio Mário da Silva Pereira:

> A teoria do risco criado importa em ampliação do conceito do risco proveito. Aumenta os encargos do agente; é, porém, mais equitativa para a vítima, que não tem de provar que o dano resultou de uma vantagem ou de um benefício obtido pelo causador do dano. Deve este assumir as consequências de sua atividade. O exemplo do automobilista é esclarecedor: na doutrina do risco proveito a vítima somente teria direito ao ressarcimento se o agente obtivesse proveito, enquanto que na do risco criado a indenização é devida mesmo no caso de o automobilista estar passeando por prazer[432].

A teoria do risco integral, por sua vez, indica que a simples existência de um dano é capaz de configurar a responsabilidade civil, devendo ser aplicada inclusive nas hipóteses envolvendo caso fortuito e força maior. Apesar disso não estar previsto na legislação especificamente, essa teoria normalmente se aplica às questões relacionadas às atividades nucleares[433] e danos ambientais[434], portanto, sua aplicação é excepcional.

[430] Tartuce, Flávio. **Responsabilidade civil**. Rio de Janeiro: Forense, 2021, p. 585.

[431] Lopes, Miguel Maria de Serpa. **Curso de direito civil**. v. 5. 5. ed. Rio de Janeiro: Freitas Bastos, 1962, p. 200.

[432] Pereira, Caio Mário da Silva. **Responsabilidade civil**. Atual. Gustavo Tepedino.12. ed. Rio de Janeiro: Forense, 2018, p. 359.

[433] "A responsabilidade atômica há de ser sempre fundada na doutrina objetiva, e mais precisamente na teoria do risco integral, especialmente quando se pretende determinar se o dano sofrido pelo queixoso adveio de um acidente, ou de uma explosão, ou da descarga do lixo atômico". Pereira, Caio Mário da Silva. **Responsabilidade civil**. Atual. Gustavo Tepedino.12. ed. Rio de Janeiro: Forense, 2018, p. 178.

[434] No tratamento do dano ambiental, o STJ efetivamente aplica a teoria do risco integral, afirmando ser descabida a invocação, pela empresa responsável pelo dano ambiental, de excludentes de responsabilidade civil para afastar sua obrigação de indenizar. Pereira,

Em contrapartida, a teoria do risco excepcional indica que apenas riscos anormais e exacerbados seriam capazes de atrair o regime objetivo de responsabilidade. Nesse sentido, Agostinho Alvim afirma que a análise da normalidade do risco poderia "deslizar para o terreno do ilícito, do abuso do direito: a atividade irregular, que causa dano a terceiro. Estaremos então no campo da culpa, porque a anormalidade do procedimento é uma forma de culpa"[435]. Essa análise se torna ainda mais complexa quando da utilização de sistemas emergentes envolvendo novas tecnologias, já que não seria possível indicar o que estaria ou não incluído no plano da normalidade.

A teoria do risco de desenvolvimento, por último, trata da responsabilidade decorrente de potenciais danos não conhecidos quando o produto ou serviço foi disponibilizado no mercado. Esses riscos passam a ser cognoscíveis apenas após um determinado período, em razão do desenvolvimento da ciência. Sérgio Cavalieri Filho indica que os riscos de desenvolvimento devem ser considerados como fortuito interno, integrante da atividade, o que não exoneraria o desenvolvedor de sua responsabilidade[436] (art. 931 do Código Civil)[437].

Por outro lado, para Gustavo Tepedino, os riscos do desenvolvimento deveriam ser considerados excludente de responsabilidade, ao tratar expressamente de hipóteses envolvendo relações de consumo:

> o conceito de defeito é essencialmente relativo, antepondo duas noções, em determinado contexto histórico: segurança e expectativa dos consumidores. Assim, no risco de desenvolvimento, não existe defeito, por inexistir uma reversão de expectativa em face dos conhecimentos atuais. Não se pode esperar algo que se desconhece. Há, sim, neste caso, periculosidade ou nocividade, objetivamente consideradas, embora desconhecidas pela ciência no momento do oferecimento do produto ou serviço[438].

Caio Mário da Silva. **Responsabilidade civil**. Atual. Gustavo Tepedino.12. ed. Rio de Janeiro: Forense, 2018, p. 352.

435 ALVIM, Agostinho. **Da inexecução das obrigações e suas consequências**. 5. ed. São Paulo: Saraiva, 1980, p. 308.

436 CAVALIERI FILHO, Sérgio. **Programa de responsabilidade civil**. 15. ed. São Paulo: Atlas, 2022, p. 585.

437 BRASIL. Código Civil (2002). "Art. 931. Ressalvados outros casos previstos em lei especial, os empresários individuais e as empresas respondem independentemente de culpa pelos danos causados pelos produtos postos em circulação".

438 TEPEDINO, Gustavo. **Temas de direito civil**. t. 2. Rio de Janeiro: Renovar, 2006, p. 114.

Diante disso, seria necessário verificar se a teoria do risco de desenvolvimento isentaria a responsabilidade dos programadores e desenvolvedores que atuam diretamente com inovações tecnológicas. Isso porque, "o atual estado da ciência talvez não seja, de fato, capaz de prever que novos avanços podem evitar os danos atuais, reacendendo o debate da previsibilidade do dano como um eventual requisito do dever de indenizar"[439].

Apesar da existência de diversas teorias do risco, nenhuma delas oferece critérios precisos para conceituar o "risco" previsto no parágrafo único do art. 927 do Código Civil[440]. Na realidade, todas indicam que qualquer atividade minimamente arriscada possibilitaria a incidência do regime de responsabilidade objetiva[441].

> O uso de critérios genéricos – como normalidade, anormalidade, organizado e lucrativo – não parecem ser, ainda, as ferramentas ideais para auxiliar o julgador em tempos de inteligência artificial, *big data*, nanochips e novas tecnologias, contrapondo-se a generalidade desses conceitos com a especificidade de cada sistema de IA, que deterá um certo grau de independência e autonomia a depender do grau de desenvolvimento daquele sistema[442].

Atualmente, vigora o conceito de "sociedade de risco", criado por Ulrich Beck em 1986[443], que retrata a principal característica da sociedade atual: o constante risco a que todos estão submetidos. Essa situação é ainda mais

[439] QUEIROZ, João Quinelato de. Responsabilidade civil no uso da inteligência artificial. *In:* SILVA, Rodrigo da Guia; TEPEDINO, Gustavo (coord.). **O direito civil na era da Inteligência Artificial**. São Paulo: Thomson Reuters Brasil, 2020, p. 585-608, p. 597.

[440] BRASIL. Código Civil (2002). "Art. 927. Aquele que, por ato ilícito (arts. 186 e 187), causar dano a outrem, fica obrigado a repará-lo. Parágrafo único. Haverá obrigação de reparar o dano, independentemente de culpa, nos casos especificados em lei, ou quando a atividade normalmente desenvolvida pelo autor do dano implicar, por sua natureza, risco para os direitos de outrem".

[441] QUEIROZ, João Quinelato de. Responsabilidade civil no uso da inteligência artificial. *In:* SILVA, Rodrigo da Guia; TEPEDINO, Gustavo (coord.). **O direito civil na era da Inteligência Artificial**. São Paulo: Thomson Reuters Brasil, 2020, p. 585-608, p. 597.

[442] QUEIROZ, João Quinelato de. Responsabilidade civil no uso da inteligência artificial. *In:* SILVA, Rodrigo da Guia; TEPEDINO, Gustavo (coord.). **O direito civil na era da Inteligência Artificial**. São Paulo: Thomson Reuters Brasil, 2020, p. 585-608, p. 597.

[443] BECK, Ulrich. **Sociedade de risco**: rumo a uma outra modernidade. Trad. Sebastião Nascimento. São Paulo: 34, 2011. Disponível em: https://edisciplinas.usp.br/pluginfile.php/5299999/mod_resource/content/1/Ulrich%20Beck%20-%20Sociedade%20de%20risco_%20Rumo%20a%20uma%20Outra%20Modernidade.pdf. Acesso em: 07 jul. 2022, p. 43.

impactada pelo desenvolvimento tecnológico e industrial[444], o que fez com que o risco esteja onipresente no mundo, inexistindo relações ou negócios jurídicos sem qualquer incidência dele.

Portanto, a mera existência de um risco não é suficiente para concluir que a responsabilidade aplicável é objetiva. É preciso fazer uma investigação casuística sobre o grau de risco de certa atividade[445]. Logo, as teorias do risco do negócio não devem ser aplicadas aos programadores que responderão apenas nos casos em que a falha na programação do sistema do *smart contract* for demonstrada ou quando o dano decorrer de uma conduta que poderia ter sido tanto prevista quanto evitada pelo programador[446].

Diante disso, podem ser considerados dois tipos de responsabilidade envolvendo o programador: (i) responsabilidade por falha ou erro no protocolo informacional do *smart contract*; e (ii) responsabilidade baseada na inobservância dos deveres de cuidados razoáveis. Independentemente do caso, o programador será responsabilizado apenas quando demonstrado que agiu com culpa, negligência, imprudência ou imperícia. As partes têm o ônus de demonstrar que o profissional não tomou os cuidados necessários ou omitiu informações imprescindíveis à relação jurídica.

[444] Nesse sentido, Genvième Viney indica que "a aparição e a multiplicação de danos completamente novos, tanto por sua origem quanto por sua amplitude – os acidentes de toda natureza que atingem o homem e seu ambiente em razão do desenvolvimento da indústria, dos meios de transporte, da difusão de produtos complexos e perigosos, da explicação de energias mais ou menos controladas etc." (tradução nossa). No original: "*l'apparition et la multiplication des dommages complètement nouveaux, aussi bien par leur origine que par leur ampleur – les accidents de toutes natures qui atteignent k'homme et son enviromnement du fait du développement de l'industrie, des moyens de transport, de la duffucion de produits complexes et dangereux l'eploitation denergies plus ou moin bién maitrisées, etc*". VINEY, Geneviève. De la codification du droit de la responsabilité civile: l'expérience franceise. *In*: Colloque International de Droit Civil Comparé, 1., 02-03 out. 1981, Montreal. **Codification**: Valeurs Et Langage, Toronto, 1986.

[445] "Em outras palavras, não se pode concluir pela mera existência de risco apto a atrair a imputação objetiva sem uma profícua investigação, inescapavelmente casuística, acerca da relevância ou não do grau de risco de certa atividade, da particularidade de cada sistema de IA". QUEIROZ, João Quinelato de. Responsabilidade civil no uso da inteligência artificial. *In:* SILVA, Rodrigo da Guia; TEPEDINO, Gustavo (coord.). **O direito civil na era da Inteligência Artificial**. São Paulo: Thomson Reuters Brasil, 2020, p. 585-608, p. 598.

[446] CHAVES, Natália Cristina. Inteligência artificial: os novos rumos da responsabilidade civil. *In:* Encontro Internacional do Conpedi, 8, Braga, 2017. FERREIRA, Gustavo Assed; GONÇALVES, Anabela Susana de Sousa; POLI, Luciana Costa; SILVA, Eva Sónia Moreira da (coord.). **Direito civil contemporâneo**. Florianópolis: CONPEDI, 2017, p. 54-76. Disponível em: http://conpedi.danilolr.info/publicacoes/pi88duoz/c3el8e5u/7M14BT72Q86shvFL.pdf. Acesso em: 25 jun. 2022, p. 65.

Ou seja, a responsabilidade do programador ou do desenvolvedor do *smart contract* é subjetiva, isto é, devem ser comprovadas a ação ou omissão, dano, nexo de causalidade e culpa. Se fosse objetiva, os valores cobrados pelos desenvolvedores seriam tão altos que a inovação não seria viável financeiramente. Isso ainda reduziria o número de profissionais interessados nessa atividade[447], o que poderia impactar inclusive na viabilidade jurídica dessa contratação, desincentivando o desenvolvimento dos *smart contracts* e das tecnologias de *blockchain*.

Essa não seria a primeira situação em que determinações legais prejudicariam o desenvolvimento de uma inovação ou instituto jurídico. Em 1999, a população brasileira foi surpreendida com a desvalorização do real e a valorização do dólar, o que atingiu diretamente clientes que tinham contratos de *leasing mercantil* com reajuste de prestações baseados na variação cambial. Essa situação levou a um reajuste de aproximadamente 80% aos clientes, o que foi julgado como onerosidade excessiva e passou a ser analisado pelo Poder Judiciário.

Após diversas discussões, o Superior Tribunal de Justiça pacificou o entendimento para indicar que a diferença entre a soma das prestações devidas com base na variação cambial e de acordo com o Índice Nacional de Preços ao Consumidor deveria ser dividida entre cliente e empresa – ou seja, os prejuízos foram divididos entre as partes. Como resultado dessa decisão, o *leasing cambial* desapareceu do ordenamento jurídico brasileiro, o que gerou um impacto tão relevante às empresas que elas pararam de fornecer esse produto[448].

Esse raciocínio também foi utilizado pela Convenção Internacional de Varsóvia, promulgada no Brasil[449], que tratou da responsabilidade limitada do transportador aéreo para assegurar que as companhias aéreas manti-

[447] COMISSÃO EUROPEIA. **Study on blockchains**: legal, governance and interoperability aspects (SMART 2018/0038). Luxemburgo, 08 mar. 2021. Disponível em: https://digital-strategy.ec.europa.eu/en/library/study-blockchains-legal-governance-and-interoperability-aspects-smart-20180038. Acesso em: 25 jun. 2022, p. 48.

[448] INSTITUTO BRASILEIRO DE DEFESA DO CONSUMIDOR. ***Leasing* e câmbio**: o que aconteceu? E uma posição da justiça, s. l., 25 jul. 2011. Disponível em: https://idec.org.br/consultas/dicas-e-direitos/leasing-e-cambio-o-que-aconteceu-e-uma-posicao-da-justica. Acesso em: 07 jul. 2022.

[449] Prevista no Decreto n. 20.704/1931, atualizada pelo Protocolo de Haia de 1955, Protocolo de Guadalajara de 1961, Protocolo da Guatemala de 1971 e, por fim, Convenção de Montreal em 1999 (promulgada no Brasil pelo Decreto n. 5.910/2006).

vessem sua saúde financeira se tivessem que indenizar integralmente vítimas de acidentes aéreos, além de prever excludente de responsabilidade para o transportador se demonstrado que todos os deveres de cuidado e medidas necessárias para prevenir o dano foram adotadas, ou que não teria sido possível adotá-las. Caso assim não fosse, as empresas estariam submetidas à possibilidade de ruína financeira em caso de acidentes, o que certamente impactaria negativamente seu desenvolvimento tecnológico[450], justamente o que deve ser evitado por meio das tecnologias emergentes, como o *smart contract*.

Ressalta-se a posição de Maria Celina Bodin de Moraes, para quem esse é um

> falso dilema, pois a história já demonstrou que a adoção dos modelos de culpa presumida ou de responsabilidade objetiva, que flexibilizaram a dificuldade da prova de culpa, não limitaram o desenvolvimento de novas tecnologias. Ao contrário: assegurou-se o pleno desenvolvimento tecnológico e industrial e os custos dos modelos de responsabilização objetivos, em especial nas relações de consumo, foram incorporados pelo mercado sem prejuízo do ressarcimento das vítimas de danos injustos, implementando-se o modelo solidarista de responsabilidade fundado na atenção e no cuidado para com o lesado[451].

Porém, fato é que a determinação de responsabilidade objetiva contrariaria o princípio da Lei n. 10.973/2004[452], que visa fomentar a inovação e a pesquisa científica e tecnológica. Esse contexto seria prejudicado se a responsabilidade objetiva fosse aplicada àquele que desenvolveu a inovação. Esse é o posicionamento adotado nesta obra.

[450] CONSELHO DA UNIÃO EUROPEIA; PARLAMENTO EUROPEU. Regulamento (CE) n. 889/2002 do Parlamento Europeu e do Conselho, de 13 de maio de 2002, que altera o Regulamento (CE) n. 2027/1997 do Conselho relativo à responsabilidade das transportadoras aéreas em caso de acidente. **Jornal Oficial da União Europeia**, [Bruxelas], L140, p. 2-5, 30 maio 2002. Disponível em: https://eur-lex.europa.eu/legal-content/PT/TXT/HTML/?uri=CELEX:32002R0889&from=HU. Acesso em: 07 jul. 2022.

[451] MORAES, Maria Celina Bodin de. LGPD: um novo regime de responsabilização civil dito proativo. **civilistica.com**, Rio de Janeiro, v. 8, n. 3, 15 dez. 2019. Editorial. Disponível em: https://civilistica.emnuvens.com.br/redc/article/view/448. Acesso em: 30 jun. 2022, p. 4.

[452] BRASIL. **Lei n. 10.973, de 2 de dezembro de 2004**. Dispõe sobre incentivos à inovação e à pesquisa científica e tecnológica no ambiente produtivo e dá outras providências. Brasília, DF: Presidência da República, [2004]. Disponível em: http://www.planalto.gov.br/ccivil_03/_ato2004-2006/2004/lei/l10.973.htm. Acesso em: 30 jun. 2022.

Ainda, para Susan Brenner, diante da grande quantidade de tecnologias emergentes, como o *smart contract*, o direito deveria deixar de se relacionar com a ideia de uso indevido. Isso porque as novas tecnologias se baseiam na interação e não no uso em si, razão pela qual o foco do direito deveria estar no comportamento daqueles envolvidos na relação, e não na tecnologia utilizada[453], o que demonstra, mais uma vez, a necessidade de aplicação da responsabilidade subjetiva nesses casos.

A partir disso, as seções a seguir irão analisar os fundamentos adicionais que justificam o reconhecimento da aplicação da responsabilidade subjetiva para os danos gerados em negócios que usam a tecnologia do *smart contracts*. São eles a relevância da análise econômica do direito, para não haver o impedimento do desenvolvimento tecnológico, e a relação existente com a regulamentação referente à IA.

5.2.1. A responsabilidade objetiva sob a análise econômica do direito

O impacto da responsabilidade objetiva como um desincentivo para inovações tecnológicas também é estudado a partir da análise econômica do direito[454]. Dentre as várias escolas que tratam desse aspecto, faz-se uma análise com base na Escola de Chicago[455] para fins desta obra, sem qualquer intenção de esgotar o tema.

[453] Brenner, Susan W. **Law in an era of "smart" technology"**. Inglaterra: Oxford University Press, 2007, p. 137-183.

[454] "A Análise Econômica do Direito (AED) [...] se vale de ferramentas da Ciência Econômica – fundamentalmente da Microeconomia, mas mais recentemente da Economia comportamental – para explicar o Direito e resolver problemas jurídicos a partir de "outro olhar da catedral" (para usar a metáfora do Prof. de Yale, Guido Calabresi – isto é, para além da dogmática jurídica, entendida essa como descrição lógico-sistemática do direito positivo". Timm, Luciano Benetti. Análise econômica do direito: breves notas. **Revista Jurídica UNIGRAN**, Dourados, v. 20, n. 40, p. 13-18, jul.-dez. 2018. Disponível em: https://www.unigran.br/dourados/revista_juridica/ed_anteriores/40/artigos/artigo01.php. Acesso em: 30 jun. 2022, p. 13.

[455] "*The greatest successes in the field of law and economics generated from Chicago: from the work of Aaron Director, who founded the Journal of Law & Economics; from the achievements, as his successor as Editor of that Journal, of Ronald H. Coase; from the work of Richard A. Posner, and from many others*". Em tradução nossa: "os maiores sucessos no campo do direito e da economia gerados a partir de Chicago: a partir do trabalho de Aaron Director, que fundou o Journal of Law & Economia; das conquistas, como seu sucessor como Editor daquela Revista, de Ronald H. Coase; do trabalho de Richard A. Posner, e de muitos outros". Além dos indicados no trecho, os principais expoentes da Escola de Chicago foram Milton Friedman (Prêmio Nobel de Economia de 1976), Theodore Schultz (Prêmio Nobel de Economia de 1979), George Stigler

Inicialmente, destaca-se a importância de avaliar as implicações econômicas das decisões proferidas pelos tribunais, pois elas impactam diretamente na atividade econômica desenvolvida por terceiros, conforme observado por Ronald Coase:

> Por isso, é desejável que os tribunais entendam consequências econômicas de suas decisões e, na medida do possível, evitem criar incertezas sobre a própria situação jurídica, levando em conta essas implicações econômicas ao tomar suas decisões. Mesmo quando é possível alterar a delimitação legal de direitos por meio de operações de mercado, é obviamente desejável reduzir a necessidade de tais transações e, assim, reduzir o emprego de recursos na execução dos mesmos[456] (tradução nossa).

Assim, o objetivo da análise econômica do direito é garantir que os postulados econômicos sejam aplicados na interpretação de conceitos jurídicos, promovendo a previsibilidade e a eficiência das relações[457]. E, apesar de o efeito econômico da legislação mercantilista já ter sido discutido por Adam Smith desde o século XVIII, a aplicação da economia para análise das atividades não diretamente relacionadas ao mercado passou a ser feita apenas recentemente, sobretudo por intermédio de Ronald Coase e Richard Posner.

Em relação à responsabilidade civil, a análise econômica propõe uma abordagem mais simples e objetiva, para se verificar o risco racionalmente, com fundamento em aspectos econômicos.

(Prêmio Nobel de Economia de 1982), Merton Miller (Prêmio Nobel de Economia de 1990) e Gary Becker (Prêmio Nobel de Economia de 1992). PRIEST, George. **The rise of law and economics**: an intellectual history. Nova Iorque: Routledge, 2020, p. 15.

[456] No original, "*it would therefore seem desirable that the courts should understand the economic consequences of their decisions and should, insofar as this is possible without creating too much uncertainty about the legal position itself, take these consequences into account when making their decisions. Even when it is possible to change the legal delimitation of rights through market transactions, it is obviously desirable to reduce the need for such transactions and thus reduce the employment of resources in carrying them out*". COASE, Ronald H. The problem of social cost. **The Journal of Law and Economics**. [Chicago]: University of Chicago, v. 3, p. 1-44, 01 out. 1960. Disponível em: https://www.law.uchicago.edu/files/file/coase-problem.pdf. Acesso em: 26 maio 2022, p. 19.

[457] TIMM, Luciano Benetti. Análise econômica do Direito: breves notas. **Revista Jurídica UNIGRAN**, Dourados, v. 20, n. 40, p. 13-18, jul.-dez. 2018. Disponível em: https://www.unigran.br/dourados/revista_juridica/ed_anteriores/40/artigos/artigo01.php. Acesso em: 30 jun. 2022, p. 13.

> Do ponto de vista da análise econômica, determinada regra de responsabilização é desejável se fornece incentivos adequados para que os agentes adotem níveis ótimos de precaução no exercício de suas atividades. Desta forma, a análise econômica se propõe a responder questões como: "de que forma podemos definir o nível ótimo de precaução para uma determinada atividade?"; ou "que regras oferecem os incentivos adequados para que os agentes adotem níveis ótimos de precaução?"[458].

A dificuldade dessa análise está em verificar o nível de precaução apropriado para uma determinada atividade. Em uma análise preliminar, entende-se que qualquer medida de precaução que reduza a chance de um acidente deve ser adotada. Todavia, em algumas situações, essas precauções são ineficientes, como as medidas de prevenção excessivamente custosas e que não reduzem significativamente a chance da ocorrência de danos. Em contrapartida, não adotar medidas razoáveis para precaução também gera resultados negativos[459].

Assim, a análise econômica do direito se fundamenta em um conceito de precaução instrumental diretamente relacionado à capacidade de promover uma eficiência econômica. Já a doutrina jurídica tradicional está firmada em uma conceituação deontológica do dever geral de cuidado, relacionada ao nível ótimo de precaução referente à conduta praticada[460]. Essa é a principal diferença entre elas.

Nesse sentido, Posner destaca que tanto a responsabilidade objetiva quanto a subjetiva oferecem soluções eficientes aos diversos cenários existentes. Todavia, os efeitos e os impactos econômicos de cada tipo de responsabilidade são diferentes, principalmente quanto às atividades envolvendo riscos[461]. A responsabilidade civil, portanto, relaciona-se ao custo de transação, aqueles "que de alguma forma oneram a operação, mesmo quando não representados por dispêndios financeiros feitos pelos

[458] PORTO, Antônio José Maristrello. Análise econômica da responsabilidade civil. *In:* TIMM, Luciano Benetti (coord.). **Direito e economia no Brasil**: estudos sobre a análise econômica do direito. 2. ed. São Paulo: Atlas, 2014, p. 180-200, p. 181.

[459] POSNER, Richard A. **Economic analysis of law**. 8. ed. Nova Iorque: Aspen, 2011, p. 220.

[460] PORTO, Antônio José Maristrello. Análise econômica da responsabilidade civil. *In:* TIMM, Luciano Benetti (coord.). **Direito e economia no Brasil**: estudos sobre a análise econômica do direito. 2. ed. São Paulo: Atlas, 2014, p. 180-200, p. 181.

[461] POSNER, Richard A. **Economic analysis of law**. 8. ed. Nova Iorque: Aspen, 2011, p. 220.

agentes, mas que decorrem do conjunto de medidas tomadas para realizar uma transação"[462].

Nos casos em que os danos são dificilmente evitáveis, os custos de prevenção, tanto para aquele que causou o dano quanto para aquele que o sofreu, poderão exceder o custo decorrente do acidente[463]. Isso faz existir um fundamento racional denominado "eficiência", a indicar que é mais favorável pagar indenização decorrente do eventual dano a adotar medidas preventivas. Nesse cenário, sob o sistema da responsabilidade subjetiva, aquele que deixou de adotar a prevenção extremamente custosa não será considerado responsável – todavia, o será sob a responsabilidade objetiva.

Nesse aspecto, a prevenção não deve ser considerada apenas sob o enfoque daquele que desenvolveu a atividade, mas também daquele que inicialmente se beneficiou dela. Assim, uma solução realmente eficiente aos envolvidos decorre de um incentivo de que ambas as partes tomem precauções para evitar a ocorrência de danos civis[464].

A grande diferença está no fato de que, tanto na responsabilidade objetiva quanto na subjetiva, aquele que causou o dano não tentará evitá-lo nos casos em que o custo da prevenção exceder o custo da indenização, pois será mais benéfico economicamente apenas pagar a indenização por eventuais danos ocasionados. No entanto, no caso da responsabilidade subjetiva, o agente terá um grande incentivo para desenvolver pesquisas objetivando encontrar um método de prevenção com um custo justificado.

É natural acreditar que a responsabilidade objetiva incentiva níveis de segurança mais altos e mais eficientes do que a responsabilidade subjetiva. Todavia, no entendimento de Posner, isso está incorreto, pois a responsabilidade objetiva deixa de ser um incentivo ao desenvolvimento de pesquisas relacionadas às regras de segurança; afinal, a responsabilização ocorrerá independentemente de qualquer conduta seguida ou observada.

[462] SZTAJN, Rachel. Externalidades e custos de transação: a redistribuição de direitos no Código Civil de 2002. *In:* ÁVILA, Humberto (org.). **Fundamentos do Estado de Direito**: estudo em homenagem ao Professor Almiro do Couto e Silva. São Paulo: Malheiros, 2005, p. 367-398, p. 320.

[463] PORTO, Antônio José Maristrello. Análise econômica da responsabilidade civil. *In:* TIMM, Luciano Benetti (coord.). **Direito e economia no Brasil**: estudos sobre a análise econômica do direito. 2. ed. São Paulo: Atlas, 2014, p. 180-200, p. 184.

[464] POSNER, Richard A. **Economic analysis of law**. 8. ed. Nova Iorque: Aspen, 2011, p. 220.

> um equívoco relacionado envolve a questão do nível comparativo de segurança no longo prazo sob responsabilidade objetiva *versus* responsabilidade por negligência. O nível de segurança não é afetado no curto prazo em que a regra de responsabilidade é escolhida. Mesmo que o causador do dano seja efetivamente responsável, ele não tentará evitar um acidente quando o custo da prevenção exceder o custo do acidente; ele preferirá pagar os danos da vítima. Todavia, **haverá incentivo para investir em pesquisas destinadas a desenvolver um método de prevenção de acidentes com custo justificado, pois tal método reduziria o custo do cumprimento de uma regra de responsabilidade objetiva**. **É tentador concluir que a responsabilidade objetiva incentiva níveis de segurança mais altos e, a longo prazo, mais eficientes, mas isso não está correto**. Em vez de criar um incentivo para se envolver em pesquisas sobre segurança, **uma regra de responsabilidade objetiva apenas exclui esse incentivo**[465] (tradução nossa) (grifos nossos).

Assim, um excessivo nível de prevenção por meio da responsabilidade objetiva (*overdeterrence*) impactará diretamente nas áreas que atuam com novas tecnologias e inovações. Os riscos existentes nesses casos são previsíveis, mas podem ser imprevisíveis, o que significa que a aplicação da responsabilidade objetiva diminuirá o investimento em novas tecnologias, pois os valores relativos à indenização levam em conta cenários nem ao menos imaginados em um primeiro momento.

Deborah La Freta destaca que "a inovação depende da capacidade de experimentar e cometer erros. Um sistema legal justo deve prever a evolução da tecnologia ou arriscar a perda de invenções que beneficiem todos

[465] No original: "*a related misconception involves the question of the comparative safety level in the long run under strict liability versus negligence liability. The level of safety is unaffected in the short run by which liability rule is chosen. Even if the injurer is strictly liable, he will not try to prevent an accident where the cost of prevention exceeds the accident cost; he will prefer to pay the victim's smaller damages. However,* ***he will have an incentive to invest in research and development efforts designed to develop a cost-justified method of accident prevention, for such a method would lower the cost of complying with a rule of strict liability****. It is* ***tempting to conclude that strict liability encourages higher, and in the long run more efficient, levels of safety, but this is incorrect****. Rather than creating an incentive to engage in research on safety,* ***a rule of strict liability merely shifts that incentive***" (grifos nossos). POSNER, Richard A. Strict liability: a comment. **The Journal of Legal Studies**, s. l., v. 2, p. 205-221, 1973. Disponível em: https://chicagounbound.uchicago.edu/cgi/viewcontent.cgi?article=12682&context=journal_articles. Acesso em: 30 jun. 2022, p. 209.

os membros da sociedade"[466]. Diante disso, sustenta-se que, sob a ótica da análise econômica do direito, também deve prevalecer a aplicação da responsabilidade subjetiva nos casos envolvendo novas tecnologias e inovações, sob pena de impactar diretamente seu desenvolvimento.

5.2.2. Regulamentação relacionada à Inteligência Artificial

Destaca-se o Projeto de Lei n. 21/2020 (PL n. 21/2020), que traz "fundamentos, princípios e diretrizes para o desenvolvimento e a aplicação da inteligência artificial no Brasil"[467], em trâmite no Congresso Nacional até o momento da finalização desta obra (março de 2023).

Apesar de não ser necessária a aplicação de IA no *smart contract*, o PL n. 21/2020 tem potencial de impactar na definição da responsabilidade civil dos agentes envolvidos na sua construção, pois o seu art. 6º, VI, estabelece que a responsabilidade de quem atua no planejamento, desenvolvimento, programação e implementação do sistema de IA é subjetiva:

> as normas sobre responsabilidade dos agentes que atuam na cadeia de desenvolvimento e operação de sistemas de inteligência artificial deverão, salvo disposição legal em contrário, pautar-se na responsabilidade subjetiva e levar em consideração a efetiva participação desses agentes, os danos específicos que se deseja evitar ou remediar e a forma como esses agentes podem demonstrar adequação às normas aplicáveis, por meio de esforços razoáveis compatíveis com os padrões internacionais e as melhores práticas de mercado[468].

[466] No original: "*innovation depends on the ability to experiment and make mistakes. A fair legal system must provide for the evolution of technology and manufacturing or risk the loss of inventions that benefit all members of society*". LA FETRA, Deborah J. Freedom, responsibility and risk: fundamental principles supporting tort reform. **Indiana Law Review**, s. l., v. 36, n. 3, p. 645-685, 01 mar. 2003. Articles. Disponível em: https://journals.iupui.edu/index.php/inlawrev/article/view/3598. Acesso em: 30 jun. 2022, p. 647.

[467] CANZIANI, Luisa. **Projeto de Lei n. 21-A de 2020**: redação final. Estabelece fundamentos, princípios e diretrizes para o desenvolvimento e a aplicação da inteligência artificial no Brasil; e dá outras providências. [Brasília]: Câmara dos Deputados, 29 set. 2021. Disponível em: https://www.camara.leg.br/proposicoesWeb/prop_mostrarintegra?codteor=2129459. Acesso em: 30 jun. 2022, p. 1.

[468] CANZIANI, Luisa. **Projeto de Lei n. 21-A de 2020**: redação final. Estabelece fundamentos, princípios e diretrizes para o desenvolvimento e a aplicação da inteligência artificial no Brasil; e dá outras providências. [Brasília]: Câmara dos Deputados, 29 set. 2021. Disponível em:

O PL n. 21/2020 está de acordo com a proposta apresentada pelo Parlamento Europeu em outubro de 2020, que determina a responsabilidade objetiva apenas nos casos em que a atividade da IA gerar alto risco[469].

Essas disposições são relevantes para se definir a responsabilidade civil dos agentes envolvidos porque o uso da IA envolve riscos muito mais ele-

https://www.camara.leg.br/proposicoesWeb/prop_mostrarintegra?codteor=2129459. Acesso em: 30 jun. 2022, p. 7.

[469] "Artigo 4º Responsabilidade objetiva pelos sistemas de IA de alto risco. 1. O operador de um sistema de IA de alto risco tem a responsabilidade objetiva por quaisquer prejuízos ou danos causados por uma atividade, um dispositivo ou um processo físico ou virtual baseado nesse sistema de IA. 2. Todos os sistemas de IA de alto risco e todos os setores críticos em que são utilizados são enumerados no anexo do presente regulamento. A Comissão fica habilitada a adotar atos delegados, nos termos do artigo 13º, para modificar essa lista exaustiva: a) incluindo novos tipos de sistemas de IA de alto risco e os setores críticos em que são implantados; b) suprimindo os tipos de sistemas de IA que deixam de poder ser considerados de alto risco; e/ou c) mudando os setores críticos para os sistemas de IA de alto risco existentes. Os atos delegados que alterem o anexo entram em vigor seis meses após a sua adoção. Ao decidir inserir no anexo novos sistemas de IA de alto risco e/ou setores críticos por meio de atos delegados, a Comissão deve ter plenamente em conta os critérios estabelecidos no presente regulamento, nomeadamente os referidos no artigo 3º, alínea c). 3. Os operadores de sistemas de IA de alto risco não podem eximir-se da sua responsabilidade, alegando que agiram com a devida diligência ou que os prejuízos ou danos foram causados por uma atividade, um dispositivo ou um processo autónomo baseado no seu sistema de IA. Os operadores não são considerados responsáveis pelos prejuízos ou danos se estes tiverem sido causados por motivos de força maior. 4. O operador de *frontend* de um sistema de IA de alto risco deve assegurar que todas as operações desse sistema de IA estejam cobertas por um seguro de responsabilidade adequado aos montantes e à dimensão das indemnizações previstos nos artigos 5º e 6º do presente regulamento. O operador de *backend* deve assegurar que os seus serviços estejam cobertos por um seguro de responsabilidade empresa ou produtos, adequado aos montantes e à dimensão das indemnizações previstos nos artigos 5º e 6º do presente regulamento. Se se considerar que os regimes de seguro obrigatório do operador de *frontend* e de *backend* já vigentes em virtude de outra legislação da União ou nacional ou de fundos voluntários existentes de seguro das sociedades cobrem a operação do sistema de IA ou o serviço prestado, reputa-se cumprida a obrigação de subscrever um seguro para o sistema de IA ou o serviço prestado nos termos do presente regulamento, desde que o seguro obrigatório existente ou o fundo de seguro voluntário da sociedade cubra os montantes e a dimensão das indemnizações previstos nos artigos 5º e 6º do presente regulamento. 5. O presente regulamento prevalece sobre os regimes nacionais de responsabilidade em caso de classificação divergente da responsabilidade objetiva dos sistemas de IA". PARLAMENTO EUROPEU. **Resolução do Parlamento Europeu, de 20 de outubro de 2020**, que contém recomendações à Comissão sobre o regime de responsabilidade civil aplicável à inteligência artificial (2020/2014(INL)). Bruxelas, 22 jan. 2021. Disponível em: https://www.europarl.europa.eu/doceo/document/TA-9-2020-0276_PT.html. Acesso em: 30 jun. 2022.

vados se comparados ao protocolo informacional do *smart contract*. Assim, não haveria motivos para a responsabilidade do desenvolvedor e do programador do *smart contract* ser objetiva, pois seria mais gravosa para esses do que para aqueles que desenvolvem atividade de maior risco – no caso, uso de IA.

Assim, por ser uma atividade envolvendo menos riscos, a responsabilidade nos *smart contracts* também deve ser subjetiva, logo, as partes devem demonstrar que os danos gerados decorreram de culpa, negligência, imprudência ou imperícia daquele que programou o protocolo informacional.

O *smart contract* não é intrinsecamente perigoso, na realidade, seu uso garante segurança e previsibilidade aos envolvidos, razão pela qual essa relação não se sujeita aos termos do art. 927, parágrafo único, do Código Civil.

A autonomia do *smart contract* não é uma autonomia decisória. Significa dizer que todas as decisões e riscos foram previstos expressamente pelas partes ao acordarem seus termos. Há risco de invasão *hacker* em todas as tecnologias submetidas ao espaço cibernético, e, se houver algum erro na programação, as partes poderão demonstrá-lo, evidenciando assim a imperícia do programador ou do desenvolvedor.

Portanto, a dificuldade de se provar a culpa em casos envolvendo tecnologias emergentes não é suficiente para desconsiderá-la nessa relação jurídica. Todas as informações dos *smart contracts* estão inseridas nas "caixas pretas", que registram integralmente as etapas de produção e operação do protocolo informacional, logo, não há dificuldade de se comprovar eventual culpa do programador ou desenvolvedor. Assim, não existirá obstáculo da prova da culpa, por consequência, não será um empecilho insuperável para se indenizar os danos decorrentes dessa relação.

Diante disso, entende-se que a segurança jurídica é fundamental no desenvolvimento tecnológico e na utilização do *smart contract* no ordenamento jurídico, segurança essa que será garantida pela observância do regime de responsabilidade subjetiva dos programadores e desenvolvedores.

Para garantir uma segurança ainda maior, propõe-se a criação de uma autorregulação a determinar os parâmetros mínimos que evidenciariam a observância do dever de cuidado dos programadores e desenvolvedores do protocolo informacional, a serem utilizados para orientar códigos de condutas específicos e a boa governança, além de auxiliar na verificação da responsabilidade dos programadores no desenvolvimento do *smart contract*. A responsabilidade objetiva do programador e desenvolvedor poderá ser aplicada apenas nas hipóteses em que houver uma atividade com um elevado risco inerente, o que não é o caso da tecnologia do *smart contract* no estágio atual. Além disso, é apropriado que o papel do programador esteja regulado, com a delimitação específica do seu perímetro de atuação, o que auxiliará e evidenciará o entendimento das partes sobre sua responsabilidade em caso de dano[470].

Por fim, destaca-se que dificilmente haverá um cenário no qual alguma das partes envolvidas no *smart contract* dê causa ao inadimplemento, em razão da autoexecutoriedade do protocolo informacional. Diante disso, haverá responsabilização apenas na hipótese de a elaboração do *smart contract* ter sido viabilizada por apenas uma parte – a outra apenas aderiu aos seus termos. Nesse caso, se houver algum dano decorrente do *smart contract*, a parte que apenas aderiu aos termos do protocolo informacional poderá litigar diretamente contra a parte que o forneceu. De toda forma, como o prejuízo teria decorrido do protocolo informacional do *smart contract*, a parte que o contratou terá direito de regresso se demonstrados a culpa ou o dolo do programador e desenvolvedor dos seus termos.

Neste capítulo, apresentou-se a relevância da análise da responsabilidade civil no âmbito do *smart contract*, por meio da análise de casos nos quais, apesar de o dano existir, o direito não ter conseguido apresentar resposta adequada à situação. Diante disso, analisou-se as implicações da responsabilidade civil em razão das especificidades tecnológicas do *smart contract* para concluir que deve ser considerada a responsabilidade subjetiva pelo protocolo informacional, com a necessidade de se demonstrar dolo ou culpa para sua caracterização.

[470] GENTILE, Nicolino; LORUSSO, Donato Silvano; TOMASSETTI, Bianca. Responsabilità e danno nell'ambito degli smart legal contract. *In*: BENEDETTI, Mario. **Manuale responsabilità e risarcimento** – profili sostanziali e processual. Milão: Gruppo24Ore, 2022, p. 557-584.

CONCLUSÕES

A Revolução Digital tem feito a sociedade da informação se desenvolver em velocidade extremamente acelerada, permeada por relações comerciais complexas e dinâmicas, interligadas em uma rede na qual toda a população global está conectada, em constante intercâmbio de informações e de capital, movimentando a economia do mundo. Assim, a confiança existente nas transações ocorridas nesse meio digital é de suma importância para o desenvolvimento das relações comerciais negociais tecnológicas. Daí ser imprescindível a existência de mecanismos de garantia sólidos e seguros para a tecnologia se desenvolver tal como vem ocorrendo.

O direito, diante da função de regular as expectativas e de conferir durabilidade às relações sociais em transformação, precisa criar mecanismos em consonância às constantes mutações da dinâmica negocial, a fim de conferir segurança para viabilizar o uso cada vez maior da tecnologia.

O interesse social de haver meios céleres à celebração de negócio jurídico é comum a todos os agentes de mercado. Por um lado, cada vez mais, o meio eletrônico é utilizado pela população para a celebração de negócios jurídicos. Por outro, há grande insegurança jurídica sobre as consequências do contrato celebrado por intermédio de uma plataforma *online*, principalmente se se tratar de um contrato autoexecutável como o *smart contract*.

Como defendido e sustentado nesta obra, sob o ponto de vista do direito civil, o *smart contract* é uma forma de contratação válida a produzir efeitos no ordenamento jurídico brasileiro. Além disso, a segurança propiciada acerca da aplicação da responsabilidade civil subjetiva aos sujeitos que integram essa relação impacta positivamente a sociedade da informação, pois permite que aqueles que propiciam o desenvolvimento tecnológico continuem trabalhando sem gerar risco excessivo para sua atividade. Com a diminuição da incerteza e do risco, a tendência é existirem mais desenvolvedores dessa tecnologia, por consequência, a população se utilizar do *smart contract* com mais frequência, garantindo a fluidez das contratações essenciais para a nova realidade social.

As modalidades clássicas dos contratos se mostram, em diversas situações, complexas demais e obsoletas na nova dinâmica negocial. Nessa, o fator tempo, seja para efetivar o negócio jurídico, seja para as partes acordarem seus termos, é de suma relevância à tomada de decisão. A rapidez tem sido cada vez mais apreciada pela sociedade da informação. Assim, os *smart contracts* são uma alternativa positiva para os agentes envolvidos na cadeia negocial, sobretudo quando comparados às formas de contratação tradicional, conferindo maior celeridade e segurança quanto ao cumprimento dos termos fixados para o negócio jurídico.

Diante disso, e com base no conceito de *smart contract*, se houver dano decorrente de uma relação jurídica estabelecida mediante essa forma de contratação, será necessário comprovar a culpa do agente envolvido – caracterizando, assim, a aplicação da responsabilidade subjetiva. Na hipótese de não se demonstrar negligência, imprudência ou imperícia, não há que se falar em responsabilização da empresa que desenvolveu o *smart contract* ou dos agentes da relação, sob pena de impedir o desenvolvimento tecnológico da sociedade brasileira. Ainda, defende-se que a natureza do risco não é suficiente para se aplicar a teoria do risco e, por consequência, da responsabilidade objetiva.

REFERÊNCIAS

ABREU, José. **O negócio jurídico e sua teoria geral**. 2. ed. São Paulo: Saraiva, 1988.

AGUIAR JUNIOR, Ruy Rosado de (coord. científico). **Jornadas de Direito Civil I, III, IV e V**: enunciados aprovados. Brasília: Conselho da Justiça Federal, Centro de Estudos Judiciários, 2012. Disponível em: https://www.cjf.jus.br/cjf/corregedoria-da-justica-federal/centro-de-estudos-judiciarios-1/publicacoes-1/jornadas-cej/EnunciadosAprovados-Jornadas-1345.pdf. Acesso em: 28 jun. 2022.

AGUIRRE, João Ricardo Brandão. **Responsabilidade e informação**: efeitos jurídicos das informações, conselhos e recomendações entre particulares. São Paulo: RT, 2011.

ALEIXO, Gabriel. Como o *bitcoin* e os *smart contracts* estão transformando os modelos de negócios. **E-gov**, Florianópolis, 05 nov. 2017. Disponível em: https://egov.ufsc.br/portal/conteudo/como-o-bitcoin-e-os-smart-contracts-est%C3%A3o-transformando-os-modelos-de-neg%C3%B3cios. Acesso em: 27 jun. 2022.

ALMEIDA, Guilherme da Franca Couto Fernandes de. Coordenação social, confiança e Estado: revisitando os pressupostos do contratualismo liberal à luz da *blockchain*. *In:* ALMEIDA, Danilo dos Santos; MARCHIORI NETO, Daniel Lena. **Revisitando o liberalismo político**. Rio Grande: FURG, 2018, p. 41-67.

ALMEIDA, Juliana Evangelista de. A evolução histórica do conceito de contrato: em busca de um modelo democrático de contrato. **Âmbito Jurídico**, Rio Grande, 01 abr. 2012. Disponível em: https://ambitojuridico.com.br/cadernos/direito-civil/a-evolucao-historica-do-conceito-de-contrato-em-busca-de-um-modelo-democratico-de-contrato/. Acesso em: 21 abr. 2022.

ALOIS, JD. Ethereum parity hack may impact ETH 500,000 or $ 146 million. **Crowdfund insider**, s. l., 07 nov. 2017. Disponível em: https://www.crowdfundinsider.com/2017/11/124200-ethereum-parity-hack-may-impact-eth-500000-146-million/. Acesso em: 29 jun. 2022.

ALVES, Francisco Glauber Pessoa; ANDRADE, Ronaldo Alves de; ASSIS, Araken de. **Comentários ao Código Civil brasileiro**: do direito das obrigações. Rio de Janeiro: Forense, 2007.

ALVES, José Carlos Moreira. **Direito romano**. v. 1. 3. ed. Rio de Janeiro: Forense, 1971.

ALVES, José Carlos Moreira. **Direito romano**. 20. ed. Rio de Janeiro: Forense, 2021.

ALVIM, Agostinho. **Da inexecução das obrigações e suas consequências**. 4. ed. São Paulo: Saraiva, 1972.

ALVIM, Agostinho. **Da inexecução das obrigações e suas consequências**. 5. ed. São Paulo: Saraiva, 1980.

ALVIM, José Manuel de Arruda. **Manual de direito processual civil**. v. 2. 11. ed. São Paulo: RT, 2007.

AMARAL, Francisco. **Direito civil**: introdução. São Paulo: Saraiva, 2018.

AMARAL, Sylvio de. **Falsidade documental**. 4. ed. Campinas: Imprenta, 2000.

ANDRADE, Manuel Antônio Domingues de. **Teoria geral da relação jurídica**: fato jurídico, em especial negócio jurídico. Coimbra: Almedina, 1992.

ANDRIGHI, Fátima Nancy. O surgimento da tecnologia *blockchain* e dos contratos inteligentes (*smart contracts*): funcionamento e desafios jurídicos. *In*: YARSHELL, Flávio Luiz; PEREIRA, Guilherme Setoguti J. (coord.). **Processo societário**. v. 3. São Paulo: Quartier Latin, 2018, p. 605-618.

ARIZONA. **HB 2417**. signatures; electronic transactions; blockchain technology. Phoenix: House of Representatives, 2017. Disponível em: https://www.azleg.gov/legtext/53leg/1r/bills/hb2417p.pdf. Acesso em: 06 jul. 2022.

ASSINATURAS digitais na ICP-Brasil. **Doc-ICP-15**. Versão 1.0., s. l, 20 fev. 2008. Disponível em: http://iti.gov.br/images/repositorio/consulta-publica/encerradas/DOC-ICP-15-Assinaturas_digitais_na_ICP-Brasil.pdf. Acesso em: 05 jul. 2022.

ASQUINI, Alberto. Perfis da empresa. Trad. Fábio Konder Comparato. **Revista de Direito Mercantil**, São Paulo: Malheiros, v. 104, p. 109-126, out.-dez. 1996. Disponível em: https://is.gd/U5WhjV. Acesso em: 25 jun. 2022.

ÁVILA, Yeisson Coronel; SIERRA, Juan Jorge Almonacid. Aplicabilidad de la inteligência artificial y la tecnologia blockchain en el derecho contractual privado. **Revista de Derecho Privado**, Bogotá, n. 38, p. 119-142, jan.-jun. 2020. Disponível em: https://doi.org/10.18601/01234366.n38.05. Acesso em: 28 jun. 2022.

AZEVEDO, Álvaro Villaça. **Teoria geral dos contratos típicos e atípicos**. São Paulo: Atlas, 2002.

AZEVEDO, Antônio Junqueira de. **Negócio jurídico**: existência, validade e eficácia. 3. ed. São Paulo: Saraiva, 2000.

AZEVEDO, Antônio Junqueira de. **Negócio jurídico**: existência, validade e eficácia. 4. ed. São Paulo: Saraiva, 2007.

AZEVEDO, Antônio Junqueira de. **Negócio juridico e declaração negocial**: noções gerais e formação de declaração negocial. 1986. Tese (Professor Titular) – Universidade de São Paulo (USP), São Paulo, 1986.

AZEVEDO, Antônio Junqueira de. **Novos estudos e pareceres de direito privado**. São Paulo: Saraiva, 2004.

BAKSHI, Vikram A.; BRAINE, Lee; CLARK, Christopher D. Smart Contract Templates: foundations, design landscape and research directions. **ArXiv**, s. l.: Cornell University, 15 mar. 2017. Disponível em https://arxiv.org/abs/1608.00771. Acesso em: 08 jun. 2020.

BALBI, Fernanda Menezes. Cultura, instituições e sustentabilidade: novos horizontes para a gestão de projetos. **Revista do BNDES**, Rio de Janeiro, v. 26, n. 52, p. 67-108, dez. 2019. Disponível em: https://web.bndes.gov.br/bib/jspui/bitstream/1408/19580/1/PRPer76157_RBNDES_v26n52.pdf. Acesso em: 20 jul. 2022.

BANDEIRA, Paula G. Os *smart contracts* no direito contratual contemporâneo. *In:*

PINHO, Anna Carolina (coord.). **Discussões sobre direito na era digital**. Rio de Janeiro: GZ, 2021, p. 557-576.

BANDEIRA, Paula G.; KONDER, Carlos N.; TEPEDINO, Gustavo. **Fundamentos do direito civil**: contratos. v. 3. 3. ed. Rio de Janeiro: Forense, 2022.

BANK FOR INTERNATIONAL SETTLEMENTS. Committee on payments and market infrastructures. **Distributed ledger technology in payment, clearing and settlement**: An analytical framework. s. l., fev. 2017. Disponível em: http://www.bis.org/cpmi/publ/d157.pdf. Acesso em: 25 jun. 2022.

BARBAGALO, Erica Brandini. **Contratos eletrônicos**: contratos formados por meio de redes de computadores – peculiaridades da formação do vínculo. São Paulo: Saraiva, 2001.

BARCELLOS, João. Além da ficção: como a inteligência artificial tem sido essencial para os negócios. **Revista Brasileira de Comércio Eletrônico** (*E-commerce* Brasil), São Paulo, n. 8, p. 44-47, fev. 2018.

BARRETO JUNIOR, Irineu Francisco. Proteção da privacidade e de dados pessoais na internet: o marco civil da rede examinado com fundamento nas teorias de Zygmunt Bauman e Manuel Castells. *In:* LIMA, Cíntia Rosa Pereira de; LUCCA, Newton de; SIMÃO FILHO, Adalberto (coord.). **Direito & Internet III**. t. 1. São Paulo: Quartier Latin, 2015, p. 405-430.

BASSO, Maristela. **Contratos internacionais do comércio**: negociação, conclusão, prática. 2. ed. Porto Alegre: Livraria do Advogado, 1998.

BECK, Ulrich. **Sociedade de risco**: rumo a uma outra modernidade. Trad. Sebastião Nascimento. São Paulo: 34, 2011.

BELL, Daniel. **The coming of post-industrial society**. s. l. Basic Books, 1999.

BENEDETTI, Mario. **Manuale responsabilità e risarcimento** – profili sostanziali e processual. Milão: Gruppo24Ore, 2022.

BETTI, Emilio. **Teoria geral do negócio jurídico**. t. 1. Trad. Ricardo Rodrigues Gama. Campinas: LZN, 2003.

BETTI, Emílio. **Teoria geral do negócio jurídico**. Trad. Fernando de Miranda. 2. ed. Coimbra: Coimbra, 1996.

BIONI, Bruno Ricardo; LISBOA, Roberto Senise. A formação e a conclusão dos contratos eletrônicos. **Revista FMU Direito**, São Paulo, ano 24, n. 32, p. 123-140, 2010. Disponível em: https://www.academia.edu/42642627/A_forma%C3%A7%C3%A3o_e_a_conclus%C3%A3o_dos_contratos_eletr%C3%B4nicos. Acesso em: 25 jun. 2022.

BISON, Thaís; MIRA, José Eugênio de; NASCIMENTO, Leonardo Brendo Gomes; RODRIGUES, Thiago Nascimento. **Criptomoedas e *blockchain***. Porto Alegre: Grupo A, 2022.

BLEMUS, Stéphane. Law and blockchain: a legal perspective on current regulatory trends worldwide. **Revue Trimestrielle de Droit Financier**, Paris, v. 4, p. 1-15, 2017.

BLOCKCHAIN.COM. Can my transaction be canceled or reversed? **Blockchain support center**, s. l., 07 mar. 2022. Disponível em: https://support.blockchain.com/hc/en-us/articles/211162263-Can-my-transaction-be-canceled-or-reversed-. Acesso em: 29 jun. 2022.

BRAGA, Paula Sarno; DIDIER JUNIOR, Fredie; OLIVEIRA, Rafael. **Curso de direito processual civil**. v. 2. Salvador: JusPodivm, 2018.

BRANCHER, Paulo Marcos Rodrigues. Contrato eletrônico. *In:* CAMPILONGO, Celso Fernandes; FREIRE, André Luiz; GONZAGA, Alvaro de Azevedo (coord.).

Enciclopédia jurídica da PUC-SP. Tomo: Direito Comercial. Fábio Ulhoa Coelho, Marcus Elidius Michelli de Almeida (coord. de tomo). São Paulo: Pontifícia Universidade Católica de São Paulo, 2017. Disponível em: https://enciclopediajuridica.pucsp.br/verbete/259/edicao-1/contrato-eletronico. Acesso em: 25 jun. 2022.

BRASIL. [Constituição (1988)]. **Constituição da República Federativa do Brasil de 1988.** Brasília, DF: Senado Federal, [1988]. Disponível em: http://www.planalto.gov.br/ccivil_03/constituicao/constituicao.htm. Acesso em: 25 jun. 2022.

BRASIL. **Lei n. 3.071, de 1º de janeiro de 1916**. Código Civil dos Estados Unidos do Brasil. Brasília, DF: Presidência da República, [1916]. Disponível em: http://www.planalto.gov.br/ccivil_03/leis/l3071.htm. Acesso em: 25 jun. 2022.

BRASIL. **Lei n. 8.078, de 11 de setembro de 1990**. Dispõe sobre a proteção do consumidor e dá outras providências. Brasília, DF: Senado Federal, [1990]. Disponível em: http://www.planalto.gov.br/ccivil_03/leis/l8078compilado.htm. Acesso em: 05 jul. 2022.

BRASIL. **Lei n. 10.406, de 10 de janeiro de 2002**. Institui o Código Civil. Brasília, DF: Presidência da República, [2002]. Disponível em: http://www.planalto.gov.br/ccivil_03/leis/2002/l10406.htm. Acesso em: 23 jun. 2022.

BRASIL. **Lei n. 10.973, de 2 de dezembro de 2004**. Dispõe sobre incentivos à inovação e à pesquisa científica e tecnológica no ambiente produtivo e dá outras providências. Brasília, DF: Presidência da República, [2004]. Disponível em: http://www.planalto.gov.br/ccivil_03/_ato2004-2006/2004/lei/l10.973.htm. Acesso em: 30 jun. 2022.

BRASIL. **Lei n. 12.965, de 23 de abril de 2014**. Estabelece princípios, garantias, direitos e deveres para o uso da Internet no Brasil. Brasília, DF: Presidência da República, [2014]. Disponível em: http://www.planalto.gov.br/ccivil_03/_ato2011-2014/2014/lei/l12965.htm. Acesso em: 23 jun. 2022.

BRASIL. **Lei n. 13.105, de 16 de março de 2015**. Código de Processo Civil. Brasília, DF: Presidência da República, [2015]. Disponível em: http://www.planalto.gov.br/ccivil_03/_ato2015-2018/2015/lei/l13105.htm. Acesso em: 25 jun. 2022.

BRASIL. **Medida Provisória n. 2.200-2, de 24 de agosto de 2001**. Institui a Infra-Estrutura de Chaves Públicas Brasileira – ICP-Brasil, transforma o Instituto Nacional de Tecnologia da Informação em autarquia, e dá outras providências. Brasília, DF: Presidência da República, [2001]. Disponível em: http://www.planalto.gov.br/ccivil_03/mpv/antigas_2001/2200-2.htm. Acesso em: 25 jun. 2022.

BRASIL. Ministério da Justiça. **Diretrizes para a presunção de autenticidade de documentos arquivísticos digitais**. [Brasília]: Conselho Nacional de Arquivos, Câmara Técnica de Documentos Eletrônicos, dez. 2012. Disponível em: https://www.gov.br/conarq/pt-br/centrais-de-conteudo/publicacoes/conarq_presuncao_autenticidade_completa.pdf. Acesso em: 25 jun. 2022.

BRASIL. Supremo Tribunal Federal (2ª Turma). Recurso Extraordinário n. 88.716-5-RJ. FORMAÇÃO DE CONTRATO PRELIMINAR SUSCEPTÍVEL DE ADJUDICAÇÃO COMPULSÓRIA. [...] O ART-639 DO CÓDIGO DE PROCESSO CIVIL PRESSUPÕE A EXISTÊNCIA DE CONTRATO PRELIMINAR QUE TENHA O MESMO CONTEÚDO

(ELEMENTOS ESSENCIAIS E ACIDENTAIS ENCARADOS OBJETIVAMENTE) QUE O CONTRATO DEFINITIVO QUE AS PARTES SE COMPROMETERAM A CELEBRAR. [...]. Recorrente: DISTRIBUIDORA DE COMESTÍVEIS "DISCO" S.A. e outros. Recorrido: SUPERMERCADOS PÃO DE AÇUCAR S.A. Rel. Min. Moreira Alves, 11 de setembro de 1979. **Diário da Justiça**, [Brasília], 30 nov. 1979. Disponível em: https://redir.stf.jus.br/paginadorpub/paginador.jsp?docTP=AC&docID=182517. Acesso em: 25 jun. 2022.

BRASIL. Tribunal de Contas da União (Plenário). **Acórdão 1.613/2020**. Processo 031.044/2019-0. [...] IDENTIFICAÇÃO DE OPORTUNIDADES E RISCOS NA ADOÇÃO DA TECNOLOGIA *BLOCKCHAIN*/DLT. DESCRIÇÃO DE FATORES CRÍTICOS DE SUCESSO E ÁRVORE DE DECISÃO DE APOIO A GESTORES. POSSÍVEIS IMPACTOS PARA O CONTROLE. [...]. Rel. Min. Aroldo Cedraz, 26 de abril de 2020. [Brasília, 2020]. Disponível em: https://pesquisa.apps.tcu.gov.br/#/redireciona/acordao-completo/%22ACORDAO-COMPLETO-2406748%22. Acesso em: 27 jun. 2022.

BREDA, Marília Barros; MARQUESI, Roberto Wagner. A força maior como excludente de responsabilidade civil e a pandemia de COVID-19. **Revista Brasileira de Direito Civil em Perspectiva**, s. l., v. 7, n. 2, p. 58-77, jul.-dez. 2021. Disponível em: https://indexlaw.org/index.php/direitocivil/article/download/8248/pdf. Acesso em: 25 jun. 2022.

BRENNER, Susan W. **Law in an era of "smart" technology"**. Inglaterra: Oxford University Press, 2007.

BRITTO, Marcelo Silva. Alguns aspectos polêmicos da responsabilidade civil objetiva no novo Código Civil. **Revista Jus Navigandi**, Teresina, ano 9, n. 314, 17 maio 2004. Disponível em: https://jus.com.br/artigos/5159/. Acesso em: 07 jul. 2022.

CALIXTO, Marcelo Junqueira. **A culpa na responsabilidade civil**: estrutura e função. Rio de Janeiro: Renovar, 2008.

CANZIANI, Luisa. **Projeto de Lei n. 21-A de 2020**: redação final. Estabelece fundamentos, princípios e diretrizes para o desenvolvimento e a aplicação da inteligência artificial no Brasil; e dá outras providências. [Brasília]: Câmara dos Deputados, 29 set. 2021. Disponível em: https://www.camara.leg.br/proposicoesWeb/prop_mostrarintegra?codteor=2129459. Acesso em: 30 jun. 2022.

CARDOSO, André Guskow; TALAMINI, Eduardo. *Smart contracts*, "autotutela" e tutela jurisdicional. *In*: ALVIM, Teresa Arruda; BELIZZE, Marco Aurélio; CABRAL, Trícia Navarro Xavier; MENDES, Aluisio Gonçalves de Castro (coord.). **Execução civil**: novas tendências. Indaiatuba: Foco, 2022, p. 163-211.

CARVALO, Ana Paula Cambogi. **Contratos via internet**. Belo Horizonte: Del Rey, 2001.

CARVALHO, Washington Rocha de; MARTINS, Pedro A. Batista; DONNINI, Rogério; OLIVEIRA, Gleydson Kleber Lopes de. *In*: ALVIM, Arruda; ALVIM Thereza (coord.). **Comentários ao Código Civil brasileiro**. v. III: dos atos unilaterais; dos títulos de crédito; da responsabilidade civil. Rio de Janeiro: Forense, 2013.

CASCALDI, Luis de Carvalho. **A reparação autônoma do dano por tempo perdido**. 2018. Tese (Doutorado em Direito) – Pontifícia Universidade Católica de São Paulo, São Paulo, 15 mar. 2019. Disponível em: https://tede2.

pucsp.br/handle/handle/22245. Acesso em: 25 jun. 2022.

CASTELLS, Manuel. **Sociedade em rede**: a era da informação: economia, sociedade e cultura. 17. ed. Trad. Roneide Venancio Majer. v. 1. São Paulo: Paz e Terra, 2016.

CAVALIERI FILHO, Sérgio. **Programa de responsabilidade civil**. 15. ed. São Paulo: Atlas, 2022.

CHARNIAK, Eugene. **Introduction to deep learning**. Cambridge: MIT, 2018.

CHAVES, João Leandro Pereira. A aplicação dos *smart contracts* nos contratos derivativos. **Revista de Direito Bancário e do Mercado de Capitais**, v. 87, p. 151-168, São Paulo: RT, jan.-mar. 2020.

CHAVES, Natália Cristina. Inteligência artificial: os novos rumos da responsabilidade civil. *In:* Encontro Internacional do Conpedi, 8, Braga, 2017. FERREIRA, Gustavo Assed; GONÇALVES, Anabela Susana de Sousa; POLI, Luciana Costa; SILVA, Eva Sónia Moreira da (coord.). **Direito civil contemporâneo**. Florianópolis: CONPEDI, 2017, p. 54-76. Disponível em: http://conpedi.danilolr.info/publicacoes/pi88duoz/c3e18e5u/7M14BT72Q86shvFL.pdf. Acesso em: 25 jun. 2022.

COASE, Ronald H. The problem of social cost. **The Journal of Law and Economics**. Chicago, University of Chicago, v. 3, p. 1-44, 01 out. 1960. Disponível em: https://www.law.uchicago.edu/files/file/coase-problem.pdf. Acesso em: 26 maio 2022.

COELHO, Fábio Ulhoa. **Manual de direito comercial**: direito de empresa. 33. ed. São Paulo: Saraiva, 2021 (*ebook*).

COMISSÃO DAS NAÇÕES UNIDAS PARA O DIREITO COMERCIAL INTERNACIONAL. **Eletronic Commerce**. s. l. [201-?]. Disponível em: https://uncitral.un.org/en/texts/ecommerce. Acesso em: 06 jul. 2022.

COMISSÃO DAS NAÇÕES UNIDAS PARA O DIREITO COMERCIAL INTERNACIONAL. **Lei Modelo da UNCITRAL sobre Arbitragem Comercial Internacional**. Trad. Flavia Foz Mange, Gustavo Santos Kulesza, Rafael Bittencourt Silva e Rafael Vicente Soares. s. l., 2006. Disponível em: https://es.conjur.com.br/dl/lei-modelo-arbitragem-elaborada.pdf. Acesso em: 25 jun. 2022.

COMISSÃO DAS NAÇÕES UNIDAS PARA O DIREITO COMERCIAL INTERNACIONAL. **Lei Modelo da UNCITRAL sobre Comércio Eletrônico**. Trad. Claudio Mikio Suzuki. [s. l., 1997]. Disponível em: https://vlex.com.br/vid/lei-modelo-da-uncitral-comercio-nico-399591914. Acesso em: 25 jun. 2022.

COMISSÃO EUROPEIA. **Comunicação da Comissão ao Parlamento Europeu, ao Conselho Europeu, ao Conselho, ao Comité Económico e Social Europeu e ao Comité das Regiões**. Bruxelas, 25 abr. 2018. Disponível em: https://ec.europa.eu/transparency/documents-register/detail?ref=COM(2018)237&lang=pt. Acesso em: 27 jun. 2022.

COMISSÃO EUROPEIA. **Excelência e confiança na inteligência artificial**. [s. l., 2020]. Disponível em: https://ec.europa.eu/info/strategy/priorities-2019-2024/europe-fit-digital-age/excellence-trust-artificial-intelligence_pt. Acesso em: 06 jul. 2022.

COMISSÃO EUROPEIA. **Livro branco sobre a inteligência artificial**: uma abordagem europeia virada para a excelência e a confiança. Bruxelas, 19 fev. 2020. Disponível em: https://ec.europa.eu/info/sites/default/files/commission-white-paper-artificial-intelligence-feb2020_pt.pdf. Acesso em: 06 jul. 2022.

COMISSÃO EUROPEIA. **Study on blockchains**: legal, governance and interoperability aspects (SMART 2018/0038). Luxemburgo, 08 mar. 2021. Disponível em: https://digital-strategy.ec.europa.eu/en/library/study-blockchains-legal-governance-and-interoperability-aspects-smart-20180038. Acesso em: 25 jun. 2022.

COMISSÃO EUROPEIA. **Uma Europa preparada para a era digital**: comissão propõe novas regras e ações para promover a excelência e a confiança na inteligência artificial. Bruxelas, 21 abr. 2021. Comunicado de Imprensa. Disponível em: https://ec.europa.eu/commission/presscorner/detail/pt/ip_21_1682. Acesso em: 27 jun. 2022.

CONSELHO DA UNIÃO EUROPEIA. Ad hoc Committee on Artificial Intelligence. **Consultation on the elements of a legal framework on AI**. [Estrasburgo, 2021]. Disponível em: https://www.coe.int/en/web/artificial-intelligence/cahai-multi-stakeholder-consultation. Acesso em: 23 jul. 2022.

CONSELHO DA UNIÃO EUROPEIA. Comissão Europeia para a eficiência da justiça. **European ethical charter on the use of artificial intelligence (AI) in judicial systems and their environment**. Estrasburgo, fev. 2019. Disponível em: https://rm.coe.int/ethical-charter-en-for-publication-4-december-2018/16808f699c. Acesso em: 27 jun. 2022.

CONSELHO DA UNIÃO EUROPEIA; PARLAMENTO EUROPEU. Directiva 2000/31/CE do Parlamento Europeu e do Conselho de 8 de Junho de 2000 relativa a certos aspectos legais dos serviços da sociedade de informação, em especial do comércio electrónico, no mercado interno. **Jornal Oficial da União Europeia**, s. l., L 178, p. 1-16, 17 jul. 2000. Disponível em: https://eur-lex.europa.eu/legal-content/PT/TXT/?uri=CELEX:32000L0031. Acesso em: 25 jun. 2022.

CONSELHO DA UNIÃO EUROPEIA; PARLAMENTO EUROPEU. Regulamento (CE) n. 889/2002 do Parlamento Europeu e do Conselho, de 13 de maio de 2002, que altera o Regulamento (CE) n. 2027/97 do Conselho relativo à responsabilidade das transportadoras aéreas em caso de acidente. **Jornal Oficial da União Europeia**, [Bruxelas], L140, p. 2-5, 30 maio 2002. Disponível em: https://eur-lex.europa.eu/legal-content/PT/TXT/HTML/?uri=CELEX:32002R0889&from=HU. Acesso em: 07 jul. 2022.

CORNELL, Nicolas; WERBACH, Kevin. Contracts ex machina. **Duke Law Journal**, s. l., v. 67, n. 2, p. 313-382, nov. 2017. Disponível em: https://scholarship.law.duke.edu/dlj/vol67/iss2/2/. Acesso em: 28 jun. 2022.

CORRALES, Marcelo; FENWICK, Mark; HAAPIO, Helena. **Legal tech, smart contracts and blockchain**. Singapore: Springer, 2019.

CORREIA, Francisco Mendes. A tecnologia descentralizada de registro de dados (*blockchain*) no sector financeiro. *In:* DUARTE, Diogo Pereira; MENEZES CORDEIRO, António; OLIVEIRA, Ana Perestrelo de. **FinTech**: desafios da tecnologia financeira. Coimbra: Almedina, 2017, p. 69-74.

COSTA, Mariana Fontes da. *Decentralized smart contracts*: entre a autotutela preventiva e a heterotutela reconstitutiva. *In:* ARAUJO, Fernando; LUPIOR, Ricardo (org.). **Direito, tecnologia e empreendedorismo**: uma visão luso-brasileira. Porto Alegre: Fi, 2020.

De Filippi, Primavera; Wright, Aaron. **Decentralized blockchain technology and the rise of lex cryptographia**. Cambridge: Harvard University, 25 jul. 2017. Disponível em: https://papers.ssrn.com/sol3/papers.cfm?abstract_id=2580664. Acesso em: 06 jun. 2022.

De Lucca, Newton. Aspectos da responsabilidade civil no âmbito da internet. *In:* Diniz, Maria Helena; Lisboa, Roberto Senise (org.). **O direito civil no século XXI**. São Paulo: Saraiva, 2003.

De Lucca, Newton. **Aspectos jurídicos da contratação informática e telemática**. São Paulo: Saraiva, 2003.

Dias, José de Aguiar. **Da responsabilidade civil**. v. 1. Rio de Janeiro: Forense, 1944.

Dias, José de Aguiar. **Da responsabilidade civil**. t. 1. 3. ed. Rio de Janeiro: Forense, 1954.

Dias, José de Aguiar. **Da responsabilidade civil**. v. 1. 10. ed. Rio e Janeiro: Forense, 1995.

Diniz, Maria Helena. **Código Civil anotado**. 12. ed. São Paulo: Saraiva, 2006.

Diniz, Maria Helena. **Curso de direito civil brasileiro**: responsabilidade civil. v. 7. São Paulo: Saraiva, 1994.

Diniz, Maria Helena. **Curso de direito civil brasileiro**: responsabilidade civil. v. 7. 15. ed. São Paulo: Saraiva, 2001.

Diniz, Maria Helena. **Curso de direito civil brasileiro**: teoria geral das obrigações contratuais e extracontratuais. v. 3. 36. ed. São Paulo: Saraiva, 2020.

DISTRITO FEDERAL E TERRITÓRIOS. Tribunal de Justiça (6ª Turma Cível). Apelação n. 20150510003653. [...] ATOS PRATICADOS POR RELATIVAMENTE INCAPAZ. NULIDADE. DANO MORAL. INCLUSÃO NO SPC. INEXISTENTE. NOTIFICAÇÃO PRÉVIA. I – Os atos praticados por pessoa relativamente capaz não são nulos de pleno direito, produzindo efeitos até que sobrevenha decisão judicial anulando-os [...]. Apelante: Manoel Dias de Sousa Neto. Apelado: Telefonica Brasil S/A. Rel. Des. José Divino de Oliveira, 09 de março de 2016. **Diário da Justiça Eletrônico**, Brasília, n. 51, p. 366, 17 mar. 2016. Disponível em: https://pesquisadje-api.tjdft.jus.br/v1/diarios/pdf/2016/51.pdf#page=366. Acesso em: 20 jul. 2022.

Divino, Sthéfano Bruno Santos. Considerações críticas sobre os *smart contracts*. **Juris Plenum**, Caxias do Sul: Plenum, ano 15, n. 87, p. 137-158, maio-jun. 2019. Disponível em: https://www.academia.edu/39099898/Considera%C3%A7%C3%B5es_cr%C3%ADticas_sobre_os_smart_contracts. Acesso em: 27 jun. 2022.

Divino, Sthéfano Bruno Santos. *Smart contracts*: conceito, limitações, aplicabilidade e desafios. **Revista Jurídica Luso-Brasileira**. Lisboa: Centro de Investigação de Direito Privado da Faculdade de Direito da Universidade de Lisboa, ano 4, n. 6, p. 2771-2808, 2018. Disponível em: https://www.cidp.pt/publicacao/revista-juridica-lusobrasileira-ano-4-2018-n6/182. Acesso em: 25 jun. 2022.

Donnini, Rogério. **Responsabilidade civil na pós-modernidade**: felicidade, proteção, enriquecimento com causa e tempo perdido. Porto Alegre: Sergio Antonio Fabris, 2015.

Donnini, Rogério. **Responsabilidade civil pós-contratual**: no direito civil, no direito do consumidor, no direito do trabalho e no direito ambiental e no direito administrativo. 3. ed. São Paulo: Saraiva, 2010.

Dudley, Joel T.; Kidd, Brian A.; Li, Li; Miotto, Riccardo. Deep patient: an unsupervised representation to predict the future of patients from the electronic health records. **Scientific Reports**, s. l., n. 6, article number: 26094, 17 maio 2016. Disponível em: https://www.nature.com/articles/srep26094. Acesso em: 06 jul. 2022.

EFING, Antonio Carlos; SANTOS, Adrielly Pinho dos. Análise dos *smart contracts* à luz do princípio da função social dos contratos no direito brasileiro. **Direito e Desenvolvimento**, s. l., v. 9, n. 2, p. 49-64, ago. 2018. Disponível em: https://periodicos.unipe.br/index.php/direitoedesenvolvimento/article/view/755. Acesso em: 27 jun. 2022.

ELST, Christoph van der; LAFARRE, Anne. Bringing the AGM to the 21st century: blockchain and smart contracting tech for shareholder involvement. **European Corporate Governance Institute**, s. l., n. 358, p. 1-25, jun. 2017. Disponível em: https://ssrn.com/abstract=2992804. Acesso em: 16 jul. 2019.

ETHEREUM. **Introduction to smart contracts**. s. l., 14 jul. 2022. Disponível em: https://ethereum.org/en/smart-contracts/. Acesso em: 06 jul. 2022.

ETHEREUM. **Tokens não fungíveis (NFT)**. s. l., 22 jun. 2022. Disponível em: https://ethereum.org/pt-br/nft/#main-content. Acesso em: 28 jun. 2022.

ESTADOS UNIDOS DA AMÉRICA. Comissão de Valores Mobiliários. **Microsoft Corporation**: Form 10-K. Annual Report Pursuant to Section 13 or 15(D) of the Securities Exchange Act of 1934 for the Fiscal Year ended June 30, 2018. Washington, D.C., 03 ago. 2018. Disponível em: https://www.sec.gov/Archives/edgar/data/789019/000156459018019062/msft-10k_20180630.htm. Acesso em: 29 jun. 2022.

FALEIROS JÚNIOR, José Luiz de Moura. A evolução da inteligência artificial em breve retrospectiva. *In*: BRAGA NETO, Felipe *et al.* (org.). **Direito digital e inteligência artificial**: diálogos entre Brasil e Europa. Indaiatuba: Foco, 2021, p. 3-26.

FEIGN, Annika. What is blockchain technology? **CoinDesk**, s. l., 09 mar. 2022. Disponível em: https://www.coindesk.com/information/how-does-blockchain-technology-work/. Acesso em: 25 jun. 2022.

FERREIRA, Frederico Lage. **Blockchain e ethereum**: aplicações e vulnerabilidades, 2017. Trabalho de Conclusão de Curso (Bacharelado em Ciência da Computação) – Instituto de Matemática e Estatística, Universidade de São Paulo, São Paulo, 27 nov. 2017. Disponível em: https://linux.ime.usp.br/~fredlage/mac0499/Monografia.pdf. Acesso em: 27 jun. 2022.

FINCK, Michele. **Blockchain regulation and governance in Europe**. Cambridge: Cambridge University, 2019.

FINKELSTEIN, Maria Eugênia. **Direito do comércio eletrônico**. 2. ed. Rio de Janeiro: Campus Elsevier, 2011.

FLORES, Daniel; ROCCO, Brenda Couto de Brito; SANTOS, Henrique Machado dos. Cadeia de custódia para documentos arquivísticos digitais. **Acervo**: Revista do Arquivo Nacional, s. l., v. 29, n. 2, p. 117-132, 17 nov. 2016. Disponível em: https://revista.an.gov.br//index.php/revistaacervo/article/view/717. Acesso em: 05 jul. 2022.

FRAZÃO, Ana. O que são contratos inteligentes ou *smart contracts*? **Jota**, s. l., 10 abr. 2019. Constituição, empresa e mercado. Disponível em: https://www.jota.info/opiniao-e-analise/colunas/constituicao-empresa-e-mercado/o-

-que-sao-contratos-inteligentes-ou--smart-contracts-10042019. Acesso em: 28 jun. 2022.

FUERTES, Rechelle Ann. $150 million worth of ethereum frozen due to parity vulnerability. **Edgy**, s. l., 08 nov. 2017. Technology. Disponível em: https://edgy.app/parity-vulnerability-saw--over-150-million-worth-of-ethereum--inaccessible. Acesso em: 07 jul. 2022.

GAGLIANO, Pablo Stolze; PAMPLONA FILHO, Rodolfo. **Novo curso de direito civil**. v. 1. São Paulo: Saraiva, 2003.

GAGLIANO, Pablo Stolze; PAMPLONA FILHO, Rodolfo. **Novo curso de direito civil**. v. 2. São Paulo: Saraiva, 2003.

GARCIA, Enéas Costa. **Responsabilidade pré e pós-contratual à luz da boa-fé**. São Paulo: Juarez de Oliveira, 2003.

GOETTENAUER, Carlos Eduardo. Algoritmos, inteligência artificial, mercados: desafio ao arcabouço jurídico. *In:* CARVALHO, Angelo Gamba Prata; FRAZÃO, Ana (coord.). **Empresa, mercado e tecnologia**. Belo Horizonte: Fórum, 2019, p. 269-284.

GOMES, Orlando. **Contratos**. 18. ed. Rio de Janeiro: Forense, 1999.

GOMES, Orlando. **Contratos**. 25. ed. Rio de Janeiro: Forense, 2007.

GOMES, Orlando. **Contratos**. 28. ed. Rio de Janeiro: Forense, 2022.

GONÇALVES, Carlos Roberto. **Direito civil brasileiro**. 3. ed. São Paulo: Saraiva, 2007.

GONÇALVES, Carlos Roberto. **Responsabilidade civil**. 11. ed. São Paulo: Saraiva, 2009.

GRECCO, Renato. **O momento da formação do contrato**: das negociações preliminares ao vínculo contratual. Coimbra: Almedina, 2019.

GRINBERG, Reuben. Bitcoin: An innovative alternative digital currency, **Hastings Science and Technology Law Journal**. Hastings: University of California, v. 4, n. 1, p. 159-207, 2012. Disponível em: https://repository.uchastings.edu/hastings_science_technology_law_journal/vol4/iss1/3. Acesso em: 25 jun. 2022.

GRAMSTRUP, Erik Frederico. Contratos eletrônicos: formação, consentimento, lei e jurisdição aplicável. **Revista de Direito Recuperacional e Empresa**. São Paulo: RT, abr.-jun. 2018 (*ebook*).

GUEDES, Gisela Sampaio da C.; TEPEDINO, Gustavo; TERRA, Aline de Miranda V. **Fundamentos do direito civil**: responsabilidade civil. v. 4. Rio de Janeiro: Forense, 2020.

HAUSER, Larry. Artificial Intelligence. **Internet Encyclopedia of Philosophy**, [s. l., 200-?]. Disponível em: https://iep.utm.edu/articicial-intelligence/. Acesso em: 27 jun. 2022.

HOESCHL, Hugo Cesar. O ciberespaço e o direito. **Revista Trimestral de Jurisprudência dos Estados**, São Paulo, ano 22, v. 167, p. 15-28, nov.-dez. 1998.

HULICKI, Maciej. Essence of legal recognition of the smart contract in the light of american solutions. **Człowiek w Cyberprzestrzeni**, Varsóvia, v. 1, p. 16-28, 2018. Disponível em: https://czasopisma.uksw.edu.pl/index.php/cwc/article/download/6022/5523/. Acesso em: 06 jul. 2022.

INFOMONEY. **Tokens**: tudo o que você precisa saber sobre o que é e a diferença para criptomoedas, s. l., nov. 2021. Disponível em: https://www.infomoney.com.br/guias/tokens/. Acesso em: 07 jul. 2022.

INSTITUTO BRASILEIRO DE DEFESA DO CONSUMIDOR. ***Leasing* e câmbio**: o que aconteceu? E uma posição da justiça, s. l., 25 jul. 2011. Disponível em: https://idec.org.br/consultas/dicas-e-

-direitos/leasing-e-cambio-o-que-aconteceu-e-uma-posicao-da-justica. Acesso em: 07 jul. 2022.

JENTZSCH, Christoph. The history of the DAO and lessons learned. **slock.it blog**, s. l., 24 ago. 2016. Disponível em: https://blog.slock.it/the-history-of-the-dao-and-lessonslearned-d06740f8cfa5. Acesso em: 07 jul. 2022.

KASPRZYK, Karolina. The concept of smart contracts from the legal perspective. **Review Of Comparative Law**, v. 34, p. 101-118, 2018. Disponível em: https://www.kul.pl/files/1702/review_3_2018_-_pojedynczo/06_karolina_kasprzyk.pdf. Acesso em: 07 jul. 2022.

KATANO, Arthut Yuji; SILVA, Caíque Tomaz Leite da. Da formalização à informação das relações negociais: os *smart contracts*. **Revista de Direito e as Novas Tecnologias** [Recurso Eletrônico], São Paulo, n. 10, jan.-mar. 2022.

KELSEN, Hans. **Teoria pura do direito**. Trad. João Baptista Machado. São Paulo: Martins Fontes, 2009.

KLEE, Antonia Espíndola Longoni. O conceito de estabelecimento empresarial virtual e a proteção do consumidor nos contratos eletrônicos: algumas reflexões. *In:* MARTINS, Guilherme Magalhães (coord.). **Direito privado e internet**. São Paulo: Atlas, 2014, p. 195-232. Disponível em: http://www.ruyrosado.com/upload/site_producaointelectual/177.pdf. Acesso em: 05 jul. 2022.

KNIGHT, Will. The dark secret at the heart of AI: no one really knows how the most advanced algorithms do what they do – that could be a problem. **MIT Technology Review**, s. l., 11 abr. 2017. Disponível em: https://www.technologyreview.com/s/604087/the-dark-secret-at-the-heart-of-ai/. Acesso em: 27 jun. 2022.

KOLBER, Adam J. Not-so-smart blockchain contracts and artificial responsibility. **Stanford Technology Law Review**, Stanford, v. 21, n. 2, p. 198-234, 2018. Disponível em: https://www-cdn.law.stanford.edu/wp-content/uploads/2018/09/Kolber_LL_20180910.pdf. Acesso em: 07 jul. 2022.

KURZWEIL, Ray. **The age of inteligente machines**. Cambridge: MIT, 1999.

LA FETRA, Deborah J. Freedom, responsibility and risk: fundamental principles supporting tort reform. **Indiana Law Review**, s. l., v. 36, n. 3, p. 645-685, 01 mar. 2003. Articles. Disponível em: https://journals.iupui.edu/index.php/inlawrev/article/view/3598. Acesso em: 30 jun. 2022.

LARENZ, Karl. **Derecho civil**: parte general. Tratado de derecho civil alemán. Trad. Miguel Izquierdo Macías-Picavea. Madrid: Derecho Reunidas, 1978.

LIGUORI, Carlos. **Direito e criptografia**. São Paulo: Saraiva, 2022 (*ebook*).

LIMA, Alvino. **Culpa e risco**. São Paulo: RT, 1963.

LIMA JUNIOR, João Manoel; PORTO, Antônio Maristrello; SILVA, Gabriela Borges. Tecnologia *blockchain* e direito societário – aplicações práticas e desafios para a regulação. **Revista de Informação Legislativa**, Brasília, ano 56, n. 223, p. 11-30, jul.-set. 2019. Disponível em: https://www12.senado.leg.br/ril/edicoes/56/223/ril_v56_n223_p11. Acesso em: 25 jun. 2022.

LISBOA, Roberto Senise. **Manual de direito civil**: contratos. v. 3. 4. ed. São Paulo: Saraiva, 2009.

LOPES, Miguel Maria de Serpa. **Curso de direito civil**. v. 1. 7. ed. Rio de Janeiro: Freitas Bastos, 2000.

LOPES, Miguel Maria de Serpa. **Curso de direito civil**. v. 5. 5. ed. Rio de Janeiro: Freitas Bastos, 1962.

LOREGGIA, Andrea; SARTOR, Giovanni. **The impact of algorithms for online content filtering or moderation**. s. l. European Parliament, set. 2020. Disponível em: https://www.europarl.europa.eu/RegData/etudes/STUD/2020/657101/IPOL_STU(2020)657101_EN.pdf. Acesso em: 06 jul. 2022.

LORENZETTI, Ricardo Luis. **Comércio eletrônico**. Trad. Fabiano Menke. São Paulo: RT, 2004.

LORENZETTI, Ricardo Luis. **Tratado de los contratos**. t. 3. Santa Fe: Rubinzal-Culzoni, 2006.

MALAR, João Pedro. Entenda o que é o metaverso e por que ele pode não estar tão distante de você. **CNN Brasil**, São Paulo, 10 set. 2021. CNN Brasil *Business*. Disponível em: https://www.cnnbrasil.com.br/business/entenda-o-que-e-o-metaverso-e-por-que-ele-pode-nao-estar-tao-distante-de-voce/. Acesso em: 06 jul. 2022.

MAMEDE, Gladston; ROCHA, Maria Vital da; RODRIGUES JÚNIOR, Otavio Luis. **Responsabilidade civil contemporânea**. São Paulo: Atlas, 2011.

MARINO, Francisco Paulo de Crescenzo. Classificação dos contratos. *In:* JABUR, Gilberto Haddad; PEREIRA JUNIOR, Antonio Jorge (coord.). **Direito dos contratos**. São Paulo: Quatier Latin, 2006, p. 22-52.

MARINO, Francisco Paulo de Crescenzo. **Interpretação do negócio jurídico**. São Paulo: Saraiva, 2011.

MARQUES, Antônio Terêncio G. L. **A prova documental na internet**. Curitiba: Juruá, 2011.

MARQUES, Cláudia Lima. **Contratos no Código de Defesa do Consumidor**: o novo regime das relações contratuais. 5. ed. São Paulo: RT, 2006.

MARTINS-COSTA, Judith. **A boa-fé no direito privado**: critérios para a sua aplicação. São Paulo: Marcial Pons, 2015.

MARTINS-COSTA, Judith. A cláusula de *hardship* e a obrigação de renegociar nos contratos de longa duração. **Revista de Arbitragem e Mediação**, São Paulo: RT, v. 7, n. 25, p. 11-39, abr.-jun. 2010.

MELO, Diogo L. Machado de. **Cláusulas contratuais gerais**. Coleção Prof. Agostinho Alvim. São Paulo: Saraiva, 2008.

MELLO, Marco Bernardes de. **Teoria do fato jurídico**: plano da existência. 15. ed. São Paulo: Saraiva, 2008.

MELLO, Marco Bernardes de. **Teoria do fato jurídico**: plano da existência. 22. ed. São Paulo: Saraiva, 2019.

MIK, Eliza. Smart contracts: terminology, technical limitations and real world complexity. **Law, Innovations & Technology**, s. l. Taylor & Francis (Routledge), v. 9, n. 2, p. 269-300, out. 2017. Disponível em: https://ink.library.smu.edu.sg/sol_research/2341/. Acesso em: 28 jun. 2022.

MIRAGEM, Bruno. Novo paradigma tecnológico, mercado de consumo digital e o direito do consumidor. **Revista de Direito do Consumidor**, São Paulo: RT, v. 125, ano 28, p. 17-62, set.-out. 2019. Disponível em: https://revistadedireitodoconsumidor.emnuvens.com.br/rdc/article/view/1243. Acesso em: 28 jun. 2022.

MIRAGEM, Bruno. Responsabilidade por danos na sociedade de informação. *In:* NERY, Rosa Maria de Andrade; NERY JUNIOR, Nelson (org.). **Responsabilidade civil**: direito à informação. São Paulo: RT, 2010, v. 8, p. 844-845.

MIRE, Sam. Blockchain for automotive: 12 possible use cases. **Disruptor Daily**, s. l., 06 nov. 2018. Disponível em: https://www.disruptordaily.com/blockchain-use-cases-automotive/. Acesso em: 07 jul. 2022.

MINAS GERAIS. Tribunal de Justiça (18ª Câmara Cível). Apelação Cível

1.0702.14.071427-1/001. APELAÇÃO – CONTRATAÇÃO DE SERVIÇO DE TELEFONIA MÓVEL POR RELATIVAMENTE INCAPAZ – CONTRATAÇÃO ESPONTÂNEA E CONSCIENTE – VALIDADE – DÉBITO RECONHECIDO – COMUNICAÇÃO ENVIADA PELO ÓRGAO MANTENEDOR DO CADASTRO DE RESTRIÇÃO AO CRÉDITO – DANO MORAL – NÃO CONFIGURAÇÃO [...]. Apelante: Heloisa Alves Rodrigues. Apelada: TIM CELULAR S/A. Rel. Des. Mota e Silva, 15 de julho de 2015. **Diário do Judiciário eletrônico**, 22 jun. 2015. Disponível em: https://is.gd/b8WhdR. Acesso em: 29 jun. 2022.

MONTEIRO FILHO, Carlos Edison do Rêgo; ROSENVALD, Nelson. Riscos e responsabilidades na inteligência artificial e noutras tecnologias digitais emergentes. *In*: SILVA, Rodrigo da Guia; TEPEDINO, Gustavo (coord.). **O direito civil na era da inteligência artificial**. São Paulo: Thomson Reuters Brasil, 2020, p. 543-564.

MORAES, Alexandre Fernandes D. **Bitcoin e *blockchain***: a revolução das moedas digitais. São Paulo: Saraiva, 2021.

MORAES, Maria Antonieta Lynch de. O estabelecimento comercial no novo Código Civil: o direito de empresa. **Revista Jurídica Consulex**, Brasília, v. 125, n. 6, p. 44-46, mar. 2002.

MORAES, Maria Celina Bodin de. LGPD: um novo regime de responsabilização civil dito proativo. **civilistica.com**, Rio de Janeiro, v. 8, n. 3, 15 dez. 2019. Editorial. Disponível em: https://civilistica.emnuvens.com.br/redc/article/view/448. Acesso em: 30 jun. 2022.

MORAES, Maria Celina Bodin de. Risco, solidariedade e responsabilidade objetiva. **Revista Trimestral de Direito Civil**, São Paulo: RT, v. 95, n. 854, p. 11-37, dez. 2006.

MUKHOPADHYAY, Mayukh. **Ethereum smart contract development**. Mumbai: Packt, 2018.

NACH, Erika J. Blockchain and smart contract technology: alternative incentives for legal contract innovation. **Brigham Young University Law Review**, v. 2019, n. 3, p. 799-836, 27 maio 2020. Disponível em: https://digitalcommons.law.byu.edu/lawreview/vol2019/iss3/8/. Acesso em: 28 jun. 2022.

NALIN, Paulo. **Do contrato**: conceito pós-moderno. Curitiba: Juruá, 2005.

NERY, Ana Luiza; NERY, Rosa Maria de Andrade; NERY JUNIOR, Nelson. **Manual de direito civil**: contratos. São Paulo: RT, 2014 (*ebook*).

NERY, Rosa Maria de Andrade; NERY JUNIOR, Nelson. **Código Civil comentado**. São Paulo: RT, 2006.

NERY, Rosa Maria de Andrade; NERY JUNIOR, Nelson. **Código Civil comentado**. 8. ed. São Paulo: RT, 2011.

NORVIG, Peter; RUSSEL, Stuart. **Artificial inteligence**: a modern approach. 2. ed. Harlow (UK): Pearson Education, 2014. Disponível em: https://www.sti-innsbruck.at/sites/default/files/Knowledge-Representation-Search-and-Rules/Russel-&-Norvig-Inference-and-Logic-Sections-7.pdf. Acesso em: 06 jul. 2022.

NORVIG, Peter; RUSSEL, Stuart. **Inteligência artificial**. Trad. Regina Célia Simille de Macedo. 3. ed. Rio de Janeiro: Elsevier, 2013.

ORDEM DOS ADVOGADOS DO BRASIL. Conselho Federal. **Certificação Digital**. [Juiz de Fora, 201-?], Disponível em: http://www.juizdefora-oabmg.org.br/docs/cartilha-certificacao-digital-oab.pdf. Acesso em: 05 jul. 2022.

PARLAMENTO EUROPEU. Comissão dos Assuntos Jurídicos. **Relatório**

– A9-0178/2020. Relatório que contém recomendações à Comissão sobre o regime de responsabilidade civil aplicável à inteligência artificial. s. l., 19 out. 2020. Disponível em: https://www.europarl.europa.eu/doceo/document/A-9-2020-0178_PT.html. Acesso em: 06 jul. 2022.

PARLAMENTO EUROPEU. Comissão dos Assuntos Jurídicos. **Relatório** – A9-0186/2020. RELATÓRIO que contém recomendações à Comissão sobre o quadro dos aspetos éticos da inteligência artificial, da robótica e das tecnologias conexas. s. l., 19 out. 2020. Disponível em: https://www.europarl.europa.eu/doceo/document/A-9-2020-0186_PT.html. Acesso em: 06 jul. 2022.

PARLAMENTO EUROPEU. **Resolução do Parlamento Europeu, de 16 de fevereiro de 2017**, que contém recomendações à Comissão sobre disposições de direito civil sobre Robótica (2015/2103(INL)). Estrasburgo, 16 fev. 2017. Disponível em: https://www.europarl.europa.eu/doceo/document/TA-8-2017-0051_PT.html. Acesso em: 27 jun. 2022.

PARLAMENTO EUROPEU. **Resolução do Parlamento Europeu, de 20 de outubro de 2020**, que contém recomendações à Comissão sobre o regime de responsabilidade civil aplicável à inteligência artificial (2020/2014(INL)). Bruxelas, 22 jan. 2021. Disponível em: https://www.europarl.europa.eu/doceo/document/TA-9-2020-0276_PT.html. Acesso em: 30 jun. 2022.

Pereira, Caio Mário da Silva. **Instituições de direito civil**. v. 2. 10. ed. Rio de Janeiro: Forense, 1990.

Pereira, Caio Mário da Silva. **Instituições de direito civil**. 11. ed. Rio de Janeiro: Forense, 2003.

Pereira, Caio Mário da Silva. **Responsabilidade civil**. 9. ed. Rio de Janeiro: Forense, 1999.

Pereira, Caio Mário da Silva. **Responsabilidade civil**. Atual. Gustavo Tepedino. 10. ed. Rio de Janeiro: GZ, 2012.

Pereira, Caio Mário da Silva. **Responsabilidade civil**. Atual. Gustavo Tepedino. 12. ed. Rio de Janeiro: Forense, 2018.

Pereira, Caio Mário da Silva. **Instituições de direito civil**: contratos. v. 3. 25. ed. Rio de Janeiro: Forense, 2022.

Piccolotto, Letícia. Mundo pós-pandemia vai ser mais digital e, ao mesmo tempo, mais humano. **Jota**, s. l., 09 jun. 2020. Inova&Ação. Disponível em: https://www.jota.info/coberturas-especiais/inova-e-acao/mundo-pos-pandemia-vai-ser-mais-digital-e-ao-mesmo-tempo-mais-humano-09062020. Acesso em: 25 jun. 2022.

Pinheiro, Patricia Peck. **Direito digital**. São Paulo: Saraiva, 2021.

Pinheiro, Patricia Peck. Contratos digitais: apenas um meio ou nova modalidade contratual? **Consultor Jurídico**, s. l., 29 jul. 2016. Disponível em: https://www.conjur.com.br/2016-jul-29/patricia-peck-contratos-digitais-sao-modalidade-contratual. Acesso em: 25 jun. 2022.

Pinto, Carlos Alberto da Mota. **Cessão de contrato**. São Paulo: Saraiva, 1985.

Pinto, Henrique Alves. A utilização da inteligência artificial no processo de tomada de decisões – por uma necessária *accountability*. **Revista de Informação Legislativa**, Brasília: Senado Federal, v. 57, n. 225, p. 43-60, jan.-mar. 2020. Disponível em: https://www12.senado.leg.br/ril/edicoes/57/225/ril_v57_n225_p43.pdf. Acesso em: 20 jul. 2022.

Piscitelli, Tathiane. Criptomoedas e os possíveis encaminhamentos tributários à luz da legislação nacional. **Revista Direito Tributário Atual**. São Paulo: Instituto Brasileiro de Direito Tributário, n. 40, p. 537-554, 2018. Doutrina nacional. Disponível em: https://revista.ibdt.org.br/index.php/RDTA/article/view/1507. Acesso em: 07 jul. 2022.

PLANIOL, Marcel. **Traité élémentaire de droit civil**: conforme au programme officiel des facultes de droit. t. 2. 9. ed. Paris: L.G.D.J., 1923.

PONTES DE MIRANDA, Francisco Cavalcanti. **Tratado de direito privado**: Introdução. Pessoas físicas e jurídicas. t. 1. Campinas: Bookseller, 1999.

PONTES DE MIRANDA, Francisco Cavalcanti. **Tratado de direito privado**: parte geral. t. 2. Rio de Janeiro: Borsoi, 1954.

POOLE, David; MACKWORTH, Alan. **Artificial Intelligence**: foundations of computational agents. Cambridge (UK): Cambridge University, 2010.

POPPER, Nathaniel. A hacking of more than $50 million dashes hopes in the world of virtual currency. **The New York Times**, s. l., 17 jun. 2016. DealBook Business & Policy. Disponível em: http://nytimes.com/2016/06/18/business/dealbook/hacker-may-have-removed-more-than-50-million-from-experimental-cybercurrency-project.html. Acesso em: 05 jun. 2020.

PORTO, Antônio José Maristrello. Análise econômica da responsabilidade civil. *In:* TIMM, Luciano Benetti (coord.). Direito e economia no Brasil: estudos sobre a análise econômica do direito. 2. ed. São Paulo: Atlas, 2014, p. 180-200.

PORTO SEGURO. **Novo app Trânsito +gentil**. [s. l., 202-?]. Disponível em: https://www.portoseguro.com.br/transito-mais-gentil/. Acesso em: 28 jun. 2022.

POSNER, Richard A. **Economic analysis of law**. 8. ed. Nova Iorque: Aspen, 2011.

POSNER, Richard A. Strict liability: a comment. **The Journal of Legal Studies**, s. l., v. 2, p. 205-221, 1973. Disponível em: https://chicagounbound.uchicago.edu/cgi/viewcontent.cgi?article=12682&context=journal_articles. Acesso em: 30 jun. 2022.

PRIEST, George. **The rise of law and economics**: an intellectual history. Nova Iorque: Routledge, 2020.

QUEIROZ, João Quinelato de. Responsabilidade civil no uso da inteligência artificial. *In:* SILVA, Rodrigo da Guia; TEPEDINO, Gustavo (coord.). **O direito civil na era da Inteligência Artificial**. São Paulo: Thomson Reuters Brasil, 2020, p. 585-608.

RASKIN, Max. The law and legality of smart contracts. **Georgetown Law Technology Review**, Washington, v. 1, n. 2, p. 305-341, 2017. Disponível em: https://georgetownlawtechreview.org/wp-content/uploads/2017/05/Raskin-1-GEO.-L.-TECH.-REV.-305-.pdf. Acesso em: 27 jun. 2022.

REBOUÇAS, Rodrigo Fernandes. **Contratos eletrônicos**: formação e validade – aplicações práticas. 2. ed. São Paulo: Almedina, 2018.

REY, Jorge Feliu. *Smart contract*: conceito, ecossistema e principais questões de direito privado. **Revista Eletrônica Direito e Sociedade**, Canoas: UnilaSalle, v. 7, n. 3, p. 95-119, out. 2019. Disponível em: https://revistas.unilasalle.edu.br/index.php/redes/article/view/6120. Acesso em: 27 jun. 2022.

RESEK, José Francisco. **Direito internacional público**. São Paulo: Saraiva, 1993.

RIBEIRO, Rodrigo Marcial Ledra. ***Smart contracts* no ordenamento de direito privado brasileiro à luz da teoria do fato jurídico**: estudo de *lawtech* curitibana. 2020. Dissertação (Mestrado em Tecnologia e Sociedade) – Universidade Tecnológica Federal do Paraná, Curitiba, 2020. Disponível em: https://repositorio.utfpr.edu.br/jspui/bitstream/1/5073/1/smartcontractslawtechcuritibana.pdf. Acesso em: 27 jun. 2022.

RIZZARDO, Arnaldo. **Contratos**. 19. ed. Rio de Janeiro: Forense, 2020.

RIZZARDO, Arnaldo. **Responsabilidade civil**. 8. ed. São Paulo: Forense, 2019.

RORAIMA. Tribunal de Justiça (Câmara Única). Apelação n. 0010.11.700023-1. [...] AÇÃO DE INDENIZAÇÃO. CONTRATO PRELIMINAR OBJETIVANDO A PERMUTA DE IMÓVEL POR PARTICIPAÇÃO SOCIETÁRIA EM EMPREENDIMENTO. PRAZO PARA A MANIFESTAÇÃO DA OPÇÃO. DILAÇÃO POR MEIO DE DECLARAÇÃO DE VONTADE DE AMBAS AS PARTES FORMALIZADA POR MEIO ELETRÔNICO. VALIDADE. DANOS EMERGENTES CONSTATADOS. INEXISTÊNCIA DE LUCROS CESSANTES. ELEMENTOS ACIDENTAIS A SEREM DEFINIDOS NO CONTRATO DEFINITIVO. IMPOSSIBILIDADE DE EXECUÇÃO ESPECÍFICA. ALTERAÇÃO DO ÔNUS SUCUMBENCIAL. SENTENÇA REFORMADA. RECURSO PARCIALMENTE PROVIDO [...]. Apelante: Legacy Incorporadora Ltda. Apelada: Ribeiro Campos Empreendimentos Imobiliários. Rel. Juíza Convocada Elaine Cristina Bianchi, 19 de agosto de 2014. **Diário da Justiça**, [Boa Vista], 21 ago. 2014.

ROSENVALD, Nelson. **A natureza jurídica dos *smart contracts***, s. l., 11 set. 2019. Disponível em: https://www.nelsonrosenvald.info/single-post/2019/09/11/a-natureza-jurídica-dos-smart-contracts. Acesso em: 28 jun. 2022.

ROSENVALD, Nelson. **Dignidade humana e boa-fé no Código Civil**. São Paulo: Saraiva, 2005.

ROVER, Aires José (org.). **Direito societário e informática**: limites e perspectivas da vida digital. Florianópolis: Fundação Boiteux, 2000.

ROSSI, Mariza Delapieve; SANTOS, Manuel Joaquim Pereira dos. Aspectos legais do comércio eletrônico – contratos de adesão. **Revista do Direito do Consumidor**, São Paulo: RT, n. 36, p. 105-129, out. 2000.

SANTANDER BANCK. **The Fintech 2.0 paper**: rebooting financial services, 2015. Disponível em: http://santanderinnoventures.com/wp-content/uploads/2015/06/The-Fintech-2-0-Paper.pdf. Acesso em: 4 out. 2022.

SANTOLIM, Cesar Viterbo Matos. **Formação e eficácia probatória dos contratos por computador**. São Paulo: Saraiva, 1995.

SANTOS, Deborah Pereira Pinto dos; TERRA, Aline de Miranda Valverde. Do *pacta sunt servanda* ao *code is law*: breves notas sobre a codificação de comportamentos e os controles de legalidade nos *smart contracts*. *In:* SILVA, Rodrigo da Guia; TEPEDINO, Gustavo (coord.). **O direito civil na era da inteligência artificial**. São Paulo: Thomson Reuters Brasil, 2020, p. 398-409.

SANTOS, Marcela Gonçalves dos. **Algoritmos e programação**. Porto Alegre: Grupo A, 2018.

SÃO PAULO (Estado). Tribunal de Justiça (1ª Câmara de Direito Privado). Apelação n. 9129816-67.2009.8.26.0000. INDENIZAÇÃO Aquisição de Empresa [...] Negociações prévias – Na aquisição de empresas denota-se três fases bem definidas: a *due diligence*, a negociação e a integração – Mútuo Consentimento – Requisito fundamental para a formação e existência do contrato – Fase pré-contratual que, não obstante a longa e complexa tratativa, não obriga à negociação, se as partes não estiverem de acordo com os seus termos, dentre eles o preço, admitindo-se a desistência imotivada Inexistência de responsabilidade por danos materiais e moral [...]. Apelantes: Euroflex Indústria e Comércio Ltda e outros. Apelada: Graham Packaging do Brasil Indústria e Comércio S/A. Rel. Des. Alcides Leopoldo, 26 de agosto de 2014. **Diário da Justiça Eletrônico**, São Paulo, 27 ago. 2014. Disponível em: https://is.gd/DyzfQM. Acesso em: 05 jul. 2022.

SÃO PAULO (Estado). Tribunal de Justiça (2ª Câmara Reservada de Direito Empresarial). Apelação n. 0174973-42.2011.8.26.0100. CONTRATO PRELIMINAR. *JOINT VENTURE*. EXPLORAÇÃO DE ATIVO DO AUTOR, TOTEM PUBLICITÁRIO. ROMPIMENTO DAS NEGOCIAÇÕES PRELIMINARES. INDENIZAÇÃO POR DANOS MORAIS E MATERIAIS. Do exame dos autos, tornou-se claro que o autor tinha ciência de que o negócio poderia não se concretizar. Em outras palavras, ir além da operação da *joint venture*, visto que inúmeros documentos foram por ele encaminhados, a fim de que tivesse o réu efetivo conhecimento da situação financeira do autor. Não se vê, portanto, atos de deslealdade do réu em virtude de ter promovido operações conjuntas com o autor, no interregno da *due diligence*, pois tinha conhecimento o autor de que a controladora do réu impunha condições para celebração definitiva da sociedade. No entanto, a situação deficitária do autor, somada à inviabilidade da sociedade, apontada pelo réu, conforme orientação de sua controladora – RBS, impediu a constituição da sociedade. Do exame das provas, é possível concluir que as partes, ambas, contribuíram para o insucesso do empreendimento e, por isso, a sentença, que considerou exclusivamente o réu como responsável pelo rompimento do contrato preliminar deve ser modificada. Recurso do réu parcialmente provido para julgar improcedente o pedido de indenização. Recurso adesivo do autor prejudicado. Apelante/Apelado: Pontomobi Tecnologia Informática Ltda. Apelado/Apelante: R M F Publicidade e Propaganda Ltda. Rel. Des. Carlos Alberto Garbi, 28 de novembro de 2016. **Diário da Justiça Eletrônico**, São Paulo, 30 nov. 2016. Disponível em: https://esaj.tjsp.jus.br/cjsg/getArquivo.do?cdAcordao=10019106&cdForo=0. Acesso em: 05 jul. 2022.

SÃO PAULO (Estado). Tribunal de Justiça (8ª Câmara de Direito Privado). Apelação n. 9191408-83.2007.8.26.0000. [...] Pedido indenizatório decorrente de ruptura da negociação após assinatura da "Carta de Intenções". Documento que não vincula as partes ao contrato definitivo. Efeitos dependentes de condição suspensiva (conclusão positiva do *due dilligence*). Responsabilidade pré-contratual decorrente tão-somente da quebra da boa-fé objetiva, não verificada no caso. Corrés que agiram com transparência durante toda a negociação, conduzindo-se nos termos acordados. Desativação da planta industrial e demissão dos funcionários por mera precipitação da autora. Perda de mercado. Responsabilidade por eventuais prejuízos daí decorrentes que não pode ser imputada às corrés [...]. Apelante: Incobrasa Industries Ltda. Apelados: ADM do Brasil Ltda. e outra. Rel. Des. Pedro de Alcântara da Silva Leme Filho, 02 de outubro de 2013. **Diário da Justiça Eletrônico**,

São Paulo, 26 out. 2013. Disponível em: https://esaj.tjsp.jus.br/cjsg/getArquivo.do?cdAcordao=7125772&cdForo=0. Acesso em: 05 jul. 2022.

SÃO PAULO (Estado). Tribunal de Justiça (15ª Câmara de Direito Privado). Apelação n. 1000183-62.2017.8.26.0032. COBRANÇA. CRÉDITO DIRETO AO CONSUMIDOR. [...] Alegação de invalidade do contrato e ausência de assinatura. Inadmissibilidade. Contrato que foi ajustado diretamente em caixa eletrônico, com uso de senha sigilosa, pessoal e intransferível do correntista, a tornar desnecessária a assinatura manuscrita, diante do uso de assinatura eletrônica. Documento comprobatório juntado pelo banco que não foi objeto de impugnação específica pela consumidora. [...]. Apelante: Rosa Maria Gonçalves de Lima Ramos. Apelado: Banco do Brasil. Rel. Des. Jairo Oliveira Júnior, 20 de dezembro de 2017. **Diário da Justiça Eletrônico**, São Paulo, 20 dez. 2017. Disponível em: https://esaj.tjsp.jus.br/cjsg/getArquivo.do?cdAcordao=11096430&cdForo=0. Acesso em: 25 jun. 2022.

SÃO PAULO (Estado). Tribunal de Justiça (37ª Câmara de Direito Privado). Apelação n. 1000139-19.2016.8.26.0116. [...] Contrato de financiamento Giropré formalizado com "PIN". Contratação eletrônica. Depósito efetivado na conta da empresa autora. Débito existente. Ausência de verossimilhança das alegações das autoras. Não comprovação dos fatos constitutivos do seu direito [...]. Apelantes: Eliete Rabelo de Araújo Ramos e E.R. de Araújo Ramos – ME. Apelado: Itaú Unibanco S/A. Relator: Desembargador Pedro Kodama, 08 de maio de 2018. **Diário da Justiça Eletrônico**, São Paulo, 09 maio 2018. Disponível em: https://is.gd/fvR4PA. Acesso em: 25 jun. 2022.

SCHREIBER, Anderson. **Equilíbrio contratual e dever de renegociar**. 2. ed. São Paulo: Saraiva, 2020.

SCHREIBER, Anderson. **Novos paradigmas da responsabilidade civil**: da erosão dos filtros da reparação à diluição dos danos. 3. ed. São Paulo: Atlas, 2011.

SCHNEIER, Bruce. **Segurança.com**: segredos e mentiras sobre a proteção na vida digital. Trad. Daniel Vieira. Rio de Janeiro: Campus, 2001.

SCHÜPFER, Florian. **Design and implementation of a smart contract application**. 2017. Thesis (Master in Communication Systems Group) – University of Zurich, Lucern, 2017. Disponível em: https://files.ifi.uzh.ch/stiller/Thesis-F-Schuepfer-final.pdf. Acesso em: 27 jun. 2022.

SCHWAB, Klaus. **A quarta revolução industrial**. São Paulo: Edipro, 2016.

SILVA, Rodrigo da Guia; TEPEDINO, Gustavo. Desafios da inteligência artificial em matéria de responsabilidade civil. **Revista Brasileira de Direito Civil**, Rio de Janeiro: Instituto Brasileiro de Direito Civil, v. 21, n. 3, jul.-set. 2019. Doutrina nacional. Disponível em: https://rbdcivil.emnuvens.com.br/rbdc/article/view/465. Acesso em: 27 jun. 2022.

SILVA, Rodrigo da Guia; TEPEDINO, Gustavo. Inteligência artificial, *smart contracts* e gestão do risco contratual. *In:* TEPEDINO, Gustavo; SILVA, Rodrigo da Guia (coord.). **O direito civil na era da inteligência artificial**. São Paulo: Thomson Reuters Brasil, 2020, p. 373-396.

SILVA, Rodrigo da Guia; TEPEDINO, Gustavo. *Smart contracts* e as novas perspectivas de gestão do risco contratual. **Pensar**, Fortaleza, v. 26, n. 1, p. 1-12, jan.-mar. 2021. Disponível em: https://

periodicos.unifor.br/rpen/article/download/11737/pdf_1/46911. Acesso em: 28 jun. 2022.

SMITH, Corin. Gás e taxas. **Ethereum**, s. l., 23 abr. 2022. Disponível em: https://ethereum.org/pt-br/developers/docs/gas/. Acesso em: 27 jun. 2022.

SOARES, Lilian Sandra. A utilização do documento eletrônico como meio de prova. **Revista do Tribunal Regional do Trabalho 3ª Região**, Belo Horizonte, v. 60. n. 91, p. 99-112, jan.-jun. 2015. Disponível em: https://as1.trt3.jus.br/bd-trt3/handle/11103/27265. Acesso em: 25 jun. 2022.

SOUZA, Sérgio Iglesias Nunes de. **Lesão nos contratos eletrônicos na sociedade da informação**: teoria e prática da juscibernética ao Código Civil. São Paulo: Saraiva, 2009.

STARK, Josh. Making sense of blockchain smart contracts. **CoinDesk**, s. l., 11 set. 2021. Disponível em: https://www.coindesk.com/making-sense-smart-contracts/. Acesso em: 27 jun. 2022.

STAZI, Andrea. **Smart contracts and comparative law**: a western perspective. Giappichelli, 2021.

SZABO, Nick. Formalizing and securing relationships on public networks. **First Monday**, Chicago, v. 2, n. 9, 01 set. 1997. Disponível em: https://firstmonday.org/ojs/index.php/fm/article/view/548/469 . Acesso em: 27 jun. 2022.

SZTAJN, Rachel. Externalidades e custos de transação: a redistribuição de direitos no Código Civil de 2002. *In:* ÁVILA, Humberto (org.). **Fundamentos do Estado de Direito**: estudo em homenagem ao Professor Almiro do Couto e Silva. São Paulo: Malheiros, 2005, p. 367-398.

TANNO, Alessandro. Italy affirms legal effectiveness of DLTs and smart contracts. **Linklaters**, Milão, 2019. Disponível em: https://www.linklaters.com/en/insights/blogs/fintechlinks/2019/fintech-italy-affirms-legal-effectiveness-of-distributed-ledger. Acesso em: 07 jul. 2022.

TARTUCE, Flávio. **Direito civil**: teoria geral dos contratos e contratos em espécie. v. 3. 15. ed. Rio de Janeiro: Forense, 2020.

TARTUCE, Flávio. **Direito civil**: teoria geral dos contratos e contratos em espécie. v. 3. 17. ed. Rio de Janeiro: Forense, 2022.

TARTUCE, Flávio. **Responsabilidade civil**. Rio de Janeiro: Forense, 2021.

TAULLI, Tom. **Introdução à inteligência artificial**: uma abordagem não técnica. São Paulo: Novatec, 2020.

TENESSEE. **Senate Bill 1662**. AN ACT to amend Tennessee Code Annotated, Title 12; Title 47; Title 48; Title 61 and Title 66, relative to electronic transactions, s. l., 2018]. Disponível em: http://www.capitol.tn.gov/Bills/110/Bill/SB1662.pdf. Acesso em: 06 jul. 2022.

TENORIO, Oscar. **Lei de Introdução ao Código Civil Brasileiro**. 2. ed. Rio de Janeiro: Borsoi, 1955.

TEPEDINO, Gustavo. **Temas de direito civil**. t. 2. Rio de Janeiro: Renovar, 2006.

THEODORO JÚNIOR, Humberto. Lesão e fraude contra credores no projeto de novo Código Civil brasileiro. **Revista Jurídica**: doutrina, legislação, jurisprudência, Porto Alegre: Sulina, v. 47, n. 260, p. 133-161, jun. 1999.

THOMASON, Richmond. Logic and artificial intelligence. *In:* ZALTA, Edward N. **The Stanford Encyclopedia of Philosophy**. Stanford: Department of Philosophy, Stanford University, 2020. Disponível em: https://plato.stanford.edu/entries/logic-ai/. Acesso em: 27 jun. 2022.

TIMM, Luciano Benetti. Análise econômica do Direito: breves notas. **Revista Jurídica UNIGRAN**, Dourados, v. 20,

n. 40, p. 13-18, jul.-dez. 2018. Disponível em: https://www.unigran.br/dourados/revista_juridica/ed_anteriores/40/artigos/artigo01.php. Acesso em: 30 jun. 2022.

TIMM, Luciano Benetti. **Direito contratual brasileiro**: críticas e alternativas ao solidarismo jurídico. 2. ed. São Paulo: Atlas, 2015.

VENOSA, Sílvio de Salvo. **Direito civil**. v. 4. 2. ed. São Paulo: Jurídico Atlas, 2002.

VENOSA, Sílvio de Salvo. **Direito civil**: parte geral. São Paulo: Atlas, 2018 (*ebook*).

VENOSA, Sílvio de Salvo. **Direito civil**: teoria geral das obrigações e teoria geral dos contratos. 10. ed. São Paulo: Atlas, 2010.

VENOSA, Sílvio de Salvo. **Direito civil** – obrigações e responsabilidade civil. v. 2. 20. ed. São Paulo: Atlas, 2020.

VIEIRA, Tatiana Malta. **O direito à privacidade na sociedade da informação**: efetividade desse direito diante dos avanços da tecnologia da informação. Porto Alegre: Sergio Antonio Fabris, 2007.

VINEY, Geneviève. **Introduction à la responsabilité**: traité de droit civil – Sous la Direction de Jacques Ghestin. 4. ed. Paris: L.G.D.J., 2019. Disponível em: https://www.nxtbook.fr/lextenso-editions/LGDJ/978-2-275-04536-8/index.php?ap=1#/p/2. Acesso em: 13 jul. 2022.

VINEY, Geneviève. De la codification du droit de la responsabilité civile: l'expérience franceise. *In*: Colloque International de Droit Civil Comparé, 1, 02-03 out. 1981, Montreal. **Codification**: Valeurs Et Langage, Toronto, 1986.

VISINTINI, Giovanna. **Tratado de la responsabilidade civil**. v. 2. Trad. Aída Kemelmajer de Carlucci. Buenos Aires: Astrea, 1999.

VOSHMGIR, Shermin. **Token economy**: how blockchains and smart contracts revolutionize the economy. Berlim: Amazon Media, 2019.

WOLFGANG, Hoffmann-Riem. **Teoria geral do direito digital**. Trad. Italo Fuhrmann. São Paulo: Forense, 2020.

WOOD, Gavin. **Ethereum**: A secure decentralised generalised transaction ledger. s. l., 30 set. 2017. Disponível em: https://files.gitter.im/ethereum/yellowpaper/VIyt/Paper.pdf. Acesso em: 06 jul. 2022.

WRIGHT, Aaron. **Blockchain and the law**. Cambridge: Harvard University, 2018.

REFERÊNCIAS NORMATIVAS

(Associação Brasileira de Normas Técnicas – ABNT)

ABNT NBR 6023: 2018 – Informação e documentação – Referências – elaboração

ABNT NBR 6022:2018 – Informação e documentação – Artigo em publicação periódica técnica e/ou científica – Apresentação

ABNT NBR 6027: 2012 – Informação e documentação – Informação e documentação – Sumário – Apresentação

ABNT NBR 14724: 2011 – Informação e documentação – Trabalhos acadêmicos – Apresentação

ABNT NBR 15287: 2011 – Informação e documentação – Projetos de pesquisa – Apresentação

ABNT NBR 6034: 2005 – Informação e documentação – Índice – Apresentação

ABNT NBR 12225: 2004 – Informação e documentação – Lombada – Apresentação

ABNT NBR 6024: 2003 – Informação e documentação – Numeração progressiva das seções de um documento escrito – Apresentação

ABNT NBR 6028: 2003 – Informação e documentação – Resumo – Apresentação

ABNT NBR 10520: 2002 – Informação e documentação – Citações em documentos – Apresentação

Impresso por:

Docuprint

CNPJ 01.036.332/0001-99